WAS GEHT?

Para Julia,
para que encuentre cada palabra y cada expresión que necesite para entender a este loco pueblo español y llene de significado su maravilloso año Erasmus
Alles Liebe
Carmen
2014

director de la colección: **Eduard Sancho**
autoras: **Assumpta Terés Illa, Manuela Theurer**
redacción: **Eulàlia Mata Burgarolas, Eduard Sancho**
corrección: **Alba Vilches, Michael Krumm, Cvijan Tomasevic Sanz**
diseño: **La japonesa**
ilustraciones: **Sergi Padró**
agradecimientos a: **Jannis Theurer, Sebastian Cramer, Rosa Chico, Veronika Plainer, Jaime Sala, Carles Solà, Kati Wölk**

Reimpresión: abril 2013
ISBN: 978-84-8443-822-9
depósito legal: B-9943-2013
impreso en España por Novoprint

difusión
Centro de Investigación y Publicaciones de Idiomas, S. L.

C/ Trafalgar, 10, entlo. 1ª
08010 Barcelona
Tel. (+34) 93 268 03 00
Fax (+34) 93 310 33 40
editorial@difusion.com
www.difusion.com

IDIOMAS PONS

Was geht? es un diccionario de argot juvenil y coloquial que te permitirá entender y empezar a utilizar las palabras y expresiones más útiles, habituales y curiosas del alemán actual. En él se incluye esa parte de la lengua alemana que, en general, no aparece ni en los diccionarios convencionales ni en los libros de texto, y que tampoco se suele enseñar a los alumnos de alemán, porque es tabú, porque resulta políticamente incorrecta o simplemente porque es de reciente creación.

El argot alemán actual se nutre de la influencia de gran número de idiomas extranjeros, sobre todo del inglés y de las lenguas originarias de la inmigración, especialmente la turca y la kurda, por su forma de hablar elidiendo algunas sílabas o prescindiendo de los artículos, además de algunas aportaciones léxicas. Asimismo, el argot alemán está sometido a un proceso de constante revisión y renovación. Las palabras **prinzesseln** o **Saftschubse**, por ejemplo, son algunas de sus incorporaciones más recientes, mientras que palabras menos novedosas como **quarzen** (fumar) se siguen usando y otras como **Pauker** (profesor) han dejado de utilizarse por completo.

La lengua alemana cuenta con dialectos tan variados como variadas son las zonas en las que se hablan, sin embargo en **Was geht?** hemos optado siempre por el alemán estándar (*Hochdeutsch*).

Was geht? es, en definitiva, una pequeña guía práctica dirigida a todos aquellos hispanohablantes que sientan curiosidad por este tipo de lenguaje. Por su estructura bidireccional, también es ideal para todos aquellos alemanes que quieran acercarse al español que se utiliza hoy en día en España.

La editorial

Abreviaturas		Abkürzungen
a alguien (acusativo)	*jdn*	jemanden
a alguien (dativo)	*jdm*	jemandem
alguien (nominativo)	*jd*	jemand
abreviación	*abrev./Abk*	Abkürzung
acrónimo	*acrón./Akr*	Akronym
acusativo	*acus./Akk*	Akkusativ
adjetivo	*adj./Adj*	Adjektiv
adverbio	*adv./Adv*	Adverb
dativo	*dat./Dat*	Dativ
despectivo/a	*despect./abw*	abwertend
expresión	*expr./fest A*	feststehender Ausdruck
francés	*fr./frz*	französisch
inglés	*ing./engl*	englisch
irónico	*irón./iron*	ironisch
invariable	*inv./inv*	unveränderlich
irónico	*irón./iron*	ironisch
italiano	*it./it*	italienisch
literalmente	*lit./wörtl*	wörtlich
locución	*loc./Redew*	Redewendung
participio	*p./Part*	Partizip
plural	*pl./Pl*	Plural
prefijo	*pref./Präf*	Präfix
pronominal	*prnl.*	pronominal
singular	*sing./Sing*	Singular
sufijo	*suf./Suff*	Suffix
nombre	*n./N*	Nomen
nombre masculino	*m./m*	maskulines Nomen
nombre femenino	*f./f*	feminines Nomen
nombre neutro	*nt./nt*	neutrales Nomen
verbo	*v./V*	Verb
verbo pronominal	*v. prnl./r V*	reflexives Verb
vulgar	*vulg./ugs*	umgangssprachlich

DEUTSCH-ESPAÑOL

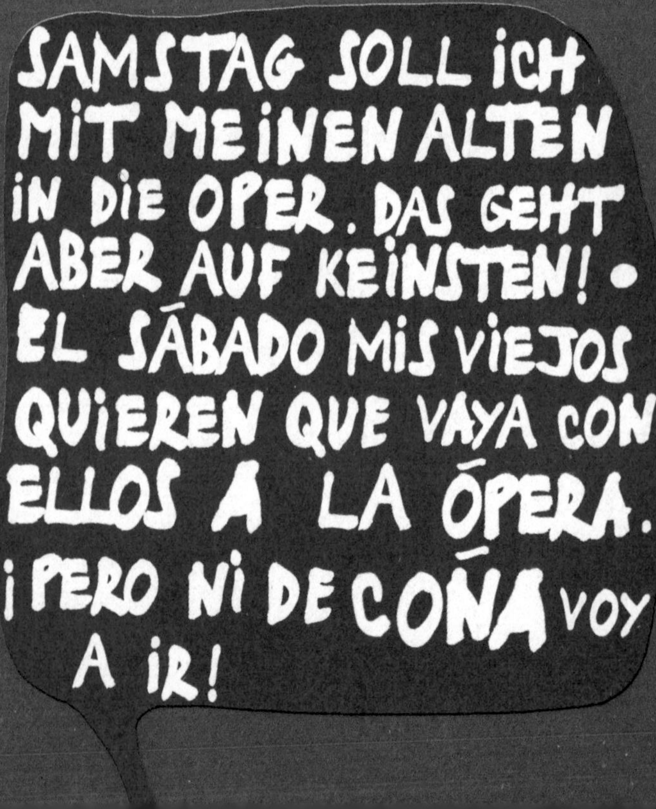
SAMSTAG SOLL ICH MIT MEINEN ALTEN IN DIE OPER. DAS GEHT ABER AUF KEINSTEN! • EL SÁBADO MIS VIEJOS QUIEREN QUE VAYA CON ELLOS A LA ÓPERA. ¡PERO NI DE COÑA VOY A IR!

A

abblitzen lassen *v.*

DEJAR TIRADO/A, DEJAR COLGADO/A, DAR PLANTÓN

*—Gestern hab ich Claudia auf ein Bier eingeladen, aber sie **hat** mich mal wieder **abblitzen lassen**. • Ayer había invitado a Claudia a tomar una birra pero me volvió a dejar tirado.*

abchecken *v.*

1 LIGAR

*—Leo **hat** am Freitag schon wieder eine **abgecheckt**. Ich weiß gar nicht, was die Bunnys an dem bloß finden. • Leo volvió a ligar con una titi el viernes. ¡No sé qué coño le ven!*

2 PIRARSE, LARGARSE, DARSE EL ZURI

*—Lust auf 'n Quicky? // **Check ab,** Alter! • ¿Te apetece echar un quiqui? // ¡Pírate, tío!*

abchillen *v.*

DESCANSAR, HACER EL MANTA, TUMBARSE A LA BARTOLA, ESTAR DE TRANQUIS

*—Nach dem Wochenende muss ich erstmal **abchillen**. Ich bin zu nichts mehr zu gebrauchen. • Después del finde tengo que descansar porque acabo pa l'arrastre.*

TAMBIÉN SE PUEDE DECIR

ABSCHIMMELN

ab die Post *loc.*

VENGA, EN MARCHA; VAMOS ALLÁ

*—Wann kommt er endlich? Wir sind verdammt spät dran. // Da bin ich! Und **ab die Post!** • ¿Cuándo coño llegará? ¡Es tardísimo! // ¡Aquí estoy! ¡Venga, en marcha!*

ABF *acrón.* (allerbeste/r Freund/in) *n.*

AMIGO/A DEL ALMA, MI MEJOR COLEGA

*—Wir kennen uns schon seit dem Sandkasten. Er ist mein **ABF**! • Nos conocemos desde la guarde. Es mi mejor amigo.*

abfahren (auf etwas) *v.*

MOLAR ALGO MOGOLLÓN, MOLAR ALGO MAZO

*—Die Mucke ist echt fett, ey. Da **fahr** ich voll drauf **ab**.* • *Esta música es una pasada. Me mola mogollón.*

abfucken *v., del ing.* fuck

¡SE PRONUNCIA "FACK"!

1 TOCAR LOS HUEVOS, TOCAR LAS PELOTAS

*—Diese Nervensäge hier blickfickt mich schon die ganze Zeit. Der **fuckt** mich vielleicht **ab**.* • *Este plasta lleva todo el rato tirándome la caña. Ya me está tocando las pelotas.*

2 PALMARLA, DIÑARLA

*—Letzte Woche **ist** der Hund von meiner Oma **abgefuckt**. // Kein Wunder, der war ja fast so alt wie sie.* • *La semana pasada la palmó el perro de mi abuela. // No me extraña, era casi tan viejo como ella.*

3 abgefuckt *adj.*

a CABRÓN/ONA

*—Der Typ ist echt das Letzte, der ist voll **abgefuckt**.* • *Ese tío es lo peor, es un cabronazo.*

b ESTAR HECHO UN ASCO, ESTAR DECAÍDO

*—Lass uns abhauen, der Laden ist total **abgefuckt**.* • *Nos las piramos, este antro está hecho un asco.*

abfüllen (sich) *v. prnl.*

TAJARSE, PONERSE CIEGO, EMBORRACHARSE

*—Auf der Party von Hannes wollte ich eigentlich gar nichts trinken. Aber letztendlich **habe** ich **mich** dann doch **abgefüllt**.* • *En la fiesta de Hannes no quería beber nada, pero al final acabé taja perdido.*

También se puede decir **bechern**, **sich enthirnen**, **sich abschießen**, **saufen**.

abgebrannt *adj.*

ESTAR SIN UN DURO, ESTAR PELADO/A, ESTAR SIN BLANCA

*—Wir waren gestern noch auf ein paar Mojitos im Big Bang und jetzt bin ich total **abgebrannt**.* • *Ayer fuimos otra vez al Big Bang a tomar unos mojitos y hoy estoy sin un duro.*

abgedreht *adj.*

ÍRSELE LA OLLA A ALGUIEN, ESTAR IDO/A

*—Die Schwester von Jan ist in letzter Zeit echt **abgedreht**. Die bringt lauter schräge Sachen!* • *A la hermana de Jan últimamente se le va la olla. Hace cosas muy raras.*

abgehen *v.*

1 MOLARLE MOGOLLÓN ALGO A ALGUIEN, MOLARLE MAZO ALGO A ALGUIEN

*—Bei der Serie „The Wire" **geht** mir voll einer **ab**. //Ich finde sie auch absolut super.* • *La serie "The Wire" me mola mogollón. // A mí también, ¡es una pasada!*

2 PASAR, OCURRIR

*—Im Winter ist dieses Dorf echt tote Hose. Da **geht** nichts **ab**.* • *En invierno este pueblo es un coñazo. No pasa nada de nada.*

abgefahren *adj.*

BRUTAL, ALUCINANTE, UNA PASADA

*—Die neue Scheibe von Coldplay ist echt **abgefahren**. Du musst sie unbedingt hören, da gehst du ab.* • *El disco nuevo de Coldplay es brutal. Tienes que oirlo, fliparás.*

abgespaced *adj.*

1 DE OTRA GALAXIA

*—Messi ist voll **abgespaced**: Er ist der beste Fußballer aller Zeiten.* • *Messi es un jugador de otra galaxia: para mí es el mejor jugador de la historia.*

2 FRIKI, RARO/A

*—Seitdem er mit den merkwürdigen Typen vom Movie rumhängt, ist er richtig **abgespaced**!* • *Desde que sale con ese tío rarito del mundo del cine se ha vuelto superfriki.*

abhauen *v.*

LARGARSE

*—Wenn ich die Schule fertig hab, werd ich hier **abhauen**.* • *Cuando termine el cole yo me largo.*

Con este sentido también podrías decir: **abdampfen, abschwirren, die Biege machen, die Kurve kratzen, den Abflug machen, Leine ziehen, 'nen Schuh machen, sich aus dem Staub machen, sich vom Acker machen, sich verdünnisieren, sich verdrücken, sich verkrümeln, sich verpieseln, sich verpissen, verduften.**

ablöffeln *v.*

DIÑARLA, PALMARLA, ESTIRAR LA PATA

*—Der Arzt sagt, wenn der Alte von Torben so weitersäuft, wird er bald **ablöffeln**.* • *El médico dijo que si el viejo Torben sigue empinando el codo como hasta ahora, pronto la diñará.*

La locución **den Löffel abgeben** significa literalmente, "devolver la cuchara".

abmelken *v.*

DARLE AL MANUBRIO, DARLE A LA ZAMBOMBA, CASCÁRSELA, MENEÁRSELA (*lit.* ORDEÑAR)

*—So 'ne Sau, der **hat** doch vorhin auf dem Klo **abgemelkt**!* • *¡Qué guarro! ¡Le ha dado al manubrio en el lavabo!*

abschleppen *v.*

LIGARSE A ALGUIEN

—Fang mit dem Typen bloß nix an. Der ***schleppt*** *jeden Abend 'ne andere* ***ab****!* • *Ni se te ocurra liarte con ese tipo. Cada noche se liga a una distinta.*

abschminken (sich etwas) *v. prnl.*

QUITARSE ALGO DE LA CABEZA

—Das mit Carla ***kannst*** *du* ***dir abschminken****. Die zieht seit Wochen mit Marko rum.* • *Lo de Carla ya te lo puedes quitar de la cabeza. Lleva semanas saliendo con Marko.*

abseilen (einen) *loc.*

PLANTAR UN PINO, JIÑAR, LANZAR UN MISIL

—Ich schnapp mir mal eben die Zeitung und geh ***einen abseilen****. Stör mich bloß nicht dabei.* • *Cojo el periódico y me voy a plantar un pino. Ni se te ocurra molestarme.*

abspacken *v.*

1 ESTAR QUE NO CAGA, ESTAR EMOCIONADÍSIMO/A CON ALGO

—Über die neue Scheibe ist Inge total ***abgespackt****. Da hast du offensichtlich voll ihren Geschmack getroffen!* • *Inge está que no caga con el disco que le regalaste. ¡La has clavao!*

2 CAGARLA

—Fabian ist in der letzten Zeit in der Schule voll ***abgespackt****. Weißt du, was mit ihm los ist?* • *Últimamente Fabian no para de cagarla en la escuela. ¿Le pasa algo?*

3 BAILAR COMO UN LOCO

—Gestern in der Disko ***hat*** *er total* ***abgespackt****.* • *Ayer en la disco bailó como un loco.*

abtanzen *v.*

ESTAR DE BAILOTEO, MOVER EL ESQUELETO

—Die Mucke war so richtig fett. Wir ***haben*** *bis in die Puppen* ***abgetanzt****.* • *La música era una pasada. Estuvimos de bailoteo hasta las tantas.*

abtörnen *v.*

CORTAR EL ROLLO

—Als ich kam, war ich noch gut drauf, aber die miese Mucke ***hat*** *mich total* ***abgetörnt****.* • *Cuando he llegado estaba de buen humor, pero esta mierda de música me ha cortado el rollo mogollón.*

abzocken *v.*

CLAVAR, ESTAFAR

—Geh bloß nicht in diesen Schuppen, die ***zocken*** *dich nach Strich und Faden* ***ab****!* • *Ni se te ocurra ir a ese local que te van a clavar.*

Ach *nt.*

mit Ach und Krach *loc.*

A TRANCAS Y BARRANCAS, POR LOS PELOS, A DURAS PENAS

*—Fabian hat **mit Ach und Krach** sein VWL-Studium geschafft. Er hat sieben Jahre dafür gebraucht.* • *Fabian terminó la carrera de Económicas a trancas y barrancas. Se tiró siete años para sacársela.*

Acker *m.*

sich vom Acker machen *loc.*

PIRARSE, PIRÁRSELAS

*—Als wir diesen Vollhorst auf der Party gesehen haben, **haben** wir **uns** sofort **vom Acker gemacht**.* • *En cuanto vimos aparecer a ese gilipollas en la fiesta, nos piramos en el acto.*

Alk *m.*

PRIVA, ALCOHOL

*—Für die Party hat Freddy den **Alk** besorgt. Alles andere sollen wir mitbringen.* • *Para la fiesta, Freddy se ha encargado del alcohol. Del resto nos tenemos que ocupar nosotros.*

alken *v.*

PRIVAR A SACO, PONERSE HASTA EL CULO

*—Am Wochenende gibts Freibier im Abgedreht. Da können wir mal wieder so richtig **alken**.* • *Durante el finde hay birra gratis en el bar Abgedreht. Vamos a privar a saco.*

Alte/r *n.*

1 TÍA/TÍO

*—Was geht, **Alter**? Kommst du nun mit ins Kino?* • *¿Qué pasa, tío? ¿Te vienes al cine?*

2 VIEJOS

*—Meine **Alten** haben wegen der Mathenote vielleicht einen Stress gemacht.* • *Mis viejos me han montado un pollo por la nota de mates que no veas.*

TAMBIÉN OLLER Y OLLE

ankotzen *v.*

TOCAR LAS PELOTAS, TOCAR LOS HUEVOS, FASTIDIAR

*—Das ständige Rumgeplärre meiner Schwester **kotzt** mich vielleicht **an**. Die nervt so richtig.* • *No sabes cómo me tocan los huevos los berridos de mi hermana. Me pone de los nervios.*

antörnen *v.*

DAR BUEN ROLLO, MOLAR

*—Mach mal die Mucke lauter. Die **törnt** mich voll **an**!* • *¡Sube la música, tío, que me da muy buen rollo!*

Apfel *m.*

in den sauren Apfel beißen *loc.*

AGUANTARSE, HACER DE TRIPAS CORAZÓN

*—Ich muss wohl **in den sauren Apfel beißen** und die Hälfte der Ferien malochen, um die Knete für*

Mallorca zusammenzukriegen. • *Me tendré que aguantar y currar la mitad de las vacaciones para ganar pasta suficiente para ir a Mallorca.*

Ärmel *m.*

die Ärmel hochkrempeln *loc.*

PONERSE LAS PILAS, PONERSE MANOS A LA OBRA (*lit.* ARREMANGARSE)

—Der Lehrer hat gesagt, wenn ich nicht die Klasse wiederholen will, muss ich ab sofort ***die Ärmel hochkrempeln****.* • *El profe me dijo que si no quiero repetir curso, tengo que ponerme las pilas ya.*

Arsch *m.*

1 am Arsch vorbeigehen *loc.*

SUDÁRSELA, RESBALARLE, IMPORTAR UNA MIERDA

—Die Tusse hat mich vielleicht blöd angemacht, aber mir ***geht*** *es* ***am Arsch vorbei****.* • *Esa tía se ha metido conmigo, pero me la suda totalmente, la verdad.*

2 ein ganzer Arsch voll *loc.*

UN MONTÓN, MOGOLLÓN

—Am Anfang war nix los, aber auf einmal kam doch ***ein ganzer Arsch voll*** *Leute auf die Party von Diego und es wurde noch richtig krass.* • *En la fiesta de Diego al principio no pasaba nada, pero de repente apareció un montón de gente y se acabó liando bastante.*

3 Hummeln im Arsch haben *loc.*

MOVERSE MÁS QUE LOS PRECIOS, SER UN CULO DE MAL ASIENTO (*lit.* TENER ABEJORROS EN EL CULO)

—Was zappelst du schon wieder hier so rum? ***Hast du Hummeln im Arsch****, oder was?* • *¿No puedes estarte quieto? ¡Te mueves más que los precios!*

4 im Arsch sein *loc.*

ESTAR/QUEDARSE HECHO POLVO, ESTAR/QUEDARSE HECHO UNA MIERDA

—Scheißkater, ich ***bin*** *total* ***im Arsch****.* • *Joder qué resacón, estoy hecho una mierda.*

5 in den Arsch gehen *loc.*

ACABAR HECHO MIERDA

—Ich kauf keine teuren Markenklamotten mehr. Am Ende ***gehen*** *die auch* ***in den Arsch****.* • *Ya no me compro más ropa de marca cara. Al final, igualmente acaba hecha mierda.*

6 jdn am Arsch haben *loc.*

PILLAR/ATRAPAR/COGER A ALGUIEN

—Beim letzten Mal Schwarzfahren haben sie mich ***am Arsch gehabt****. Seitdem kauf ich 'ne Montatskarte.* • *Desde que me pillaron colándome en el metro que me compro el abono mensual.*

7 **sich den Arsch aufreißen** *loc.*

ROMPERSE EL CULO, CURRÁRSELO UN MONTÓN, DEJARSE LA PIEL

—Für das Theaterstück haben wir ***uns*** *alle ganz schön* ***den Arsch aufgerissen****. Aber am Ende hat es sich auch gelohnt!* • *Nos rompimos el culo para preparar la obra de teatro. ¡Pero al final ha valido la pena!*

arscheckig *adj.*

CUADRICULADO/A

—Die Alten von Mario tun immer so cool, dabei sind sie total ***arscheckig****.* • *Los viejos de Mario van de superenrollados y tolerantes pero en realidad son muy cuadriculados.*

Arschgeweih *nt.*

TATUAJE ENCIMA DEL CULO (*lit.* CUERNO DEL CULO)

—Zu Weihnachten schenke ich mir ein ***Arschgeweih****. // Super Idee, das schenk ich dir dann, Mama!* • *Para Navidad me voy a regalar un tatu en el culo. // ¡Guay, ya te lo regalo yo, mamá!*

TAMBIÉN SE PUEDE DECIR
SCHLAMPENSTEMPEL

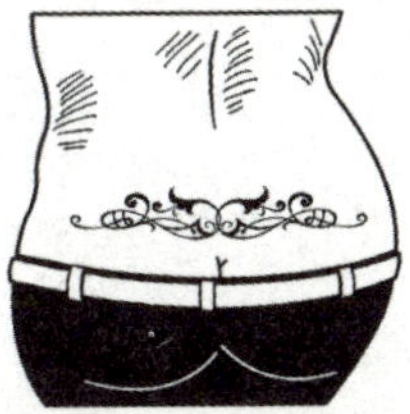

Arschkriecher/in *n.*

LAMECULOS

—Kein Wunder, dass dieser ***Arschkriecher*** *von Alex das beste Zeugnis hat.* • *No me extraña que el lameculos de Alex saque las mejores notas.*

TAMBIÉN SE PUEDE
SCHLEIMER/IN

Arschloch *nt.*

CHUNGO, HIJOPUTA, CABRÓN

—Kevins Bruder ist ein echtes ***Arschloch****. Der legt sich mit allen an.* • *El hermano de Kevin es un chungo. Tiene movidas con todo Cristo.*

Assisticker *m.*

TATU

—Fatou hat jetzt auch einen ***Assisticker*** *auf der Schulter. // Ja, einen Drachen. Gar nicht mal so übel.* • *Fatou lleva ahora un tatu en el hombro. // Sí, un dragón. Mola bastante.*

aufbitchen (sich) *v. prnl.*

PINTARRAJEARSE

—Für wen hast du ***dich*** *denn so* ***aufgebitcht****? Du siehst ja aus wie die letzte Schlampe.* • *¿Para quién te has pintarrajeado así? Pareces un putón verbenero.*

auf ex *loc.*

BEBER DEL TIRÓN, BEBER DE UN TRAGO, BEBER DE PENALTY

*—Nach dem sechsten Tequila **auf ex** war ich nur noch am Reihern.* • *Me bebí seis chupitos de tequila del tirón y acabé potando.*

aufgabeln *v.*

SACAR, LIGARSE

*—Wo **hast** du denn den Typen **aufgegabelt**? Der ist ja voll daneben.* • *¿De dónde has sacado a este tío? Se le va la olla.*

auf keinsten *loc.*

NI DE COÑA, NI HARTO/A DE VINO, NI CHALADO/A

*—Samstag soll ich mit meinen Alten in die Oper. Das geht aber **auf keinsten**!* • *El sábado mis viejos quieren que vaya con ellos a la ópera. ¡Pero ni de coña voy a ir!*

aufpimpen *v.*

MAQUEARSE, EMPERIFOLLARSE

*—Die Alte von Kai **pimpt** sich immer **auf**! // Ja, der steht auf sowas.* • *La churri de Kai siempre va muy maqueada. // Sí, a él eso le mola.*

TAMBIÉN AUFBRETZELN

Aufs Maul! *loc.*

¡A QUE TE DOY!, ¡VETE A LA MIERDA!

*—Na, du Schnecke, wie wärs mit uns beiden? // **Aufs Maul!*** • *¡Buenorra! ¿Qué tal si tú y yo…? // ¡A que te doy!*

Augenkrebs (bekommen) *loc.*

DOLER LA VISTA (*lit.* COGER CÁNCER DE OJOS)

*—Wenn ich den schon seh, bekomm ich **Augenkrebs**. Das ist der letzte Hässlon.* • *¡Solo de verlo ya me duele la vista! ¡Es el cardo borriquero más grande que me he tirado a la cara!*

ausflippen *v.*

1 FLIPAR, ALUCINAR

*—Als die Tusse da vor meinen Augen mit Tim rumgemacht hat, **bin** ich regelrecht **ausgeflippt**.* • *Flipé un montón cuando la tía esa va y, delante de mis narices, se pone a pegarse el lote con Tim.*

2 PERDER LOS ESTRIBOS, VOLVERSE LOCO

*—Als ich gesehen habe, wie er mit meinem Handy abhauen wollte, **bin** ich **ausgeflippt**.* • *Cuando vi que se iba a largar con mi móvil, perdí los estribos.*

auskotzen (sich) *v. prnl.*

SOLTAR, CONTARLO TODO

*—Los, **kotz dich** schon **aus**. Was ist passiert mit Klaus?* • *¡Venga va, suéltalo! ¿Cómo te fue con Klaus?*

B

Bahnhof *m.*

nur Bahnhof verstehen *loc.*

NO ENTENDER NI PAPA, SONARLE A UNO A CHINO UNA COSA, NO PILLAR NADA

*—Hast du etwa kapiert, was sie meint? Ich **verstehe nur Bahnhof**! • ¿Te has enterado de algo de lo que ha dicho? No he entendido ni papa.*

Ball *m.*

1 am Ball bleiben *loc.*

INSISTIR, CURRÁRSELO

*—Wenn du den Job willst, musst du **am Ball bleiben**. Ruf ruhig da an und zeig, dass du Interesse hast. • Si quieres que te den ese trabajo, tienes que insistir. Llámales y que vean que te interesa.*

2 den Ball zuschieben *loc.*

ELLOS SE LO CUECEN (, ELLOS SE LO COMEN), EXCLUIR A ALGUIEN (*lit.* PASARSE LA PELOTA)

*—Das kenn ich schon von den beiden. Sie **schieben** sich gegenseitig **den Ball zu** und du siehst kein Land mehr! • Ya me conozco el paño. Ellos se lo cuecen y te dejan fuera de juego.*

3 PASARSE LA PELOTA, ECHAR PELOTAS FUERA, PASARSE EL MUERTO, PASARSE LA PATATA CALIENTE

*—Ich hab, ich weiß nicht wie oft, bei der Kundenbetreuung angerufen, um mich abzumelden, aber es ist einfach unmöglich. Sie **schieben** sich gegenseitig **den Ball zu**, während ich weiterhin zahlen muss. Es ist eine Schande! • He llamado no sé cuantas veces al número de atención al cliente para darme de baja pero es imposible: se van pasando la pelota unos a otros y yo a seguir pagando. ¡Es vergonzoso!*

baff *adj.*

FLIPADO/A, ALUCINADO/A

*—Als sie uns gesagt hat, dass sie heiraten will, da waren wir alle ziemlich **baff**. Das hätten wir nie gedacht, weil sie doch immer dagegen war! • Cuando nos dijo que se quería casar nos quedamos flipando. Nunca lo hubiésemos imaginado porque siempre había estado en contra del matrimonio.*

baggern *v.*

LIGAR, TIRARLE LOS TEJOS/ LA CAÑA A ALGUIEN

—Der Schuppen da ist ein super Ort zum ***Baggern****. Wenn du mal wieder so richtig abchecken willst, dann lass uns da hingehen!* • *El antro ese es perfecto para ligar. Cuando tengas ganas de volver a mojar el churro, pa'llá que nos vamos.*

Bär *m.*

1 MUSCULITOS, TIPO ENORME/GRANDOTE (*lit.* OSO)

—Den ***Bären*** *da, den kenn ich. Der kommt aus meinem Kaff. Der lässt uns bestimmt umsonst rein!* • *Al musculitos ese lo conozco. Es de mi pueblo. ¡Seguro que nos deja entrar gratis!*

2 der Bär abgehen *loc.*

HABER UN AMBIENTAZO, HABER MARCHA A TOPE

—Seitdem der DJ Mike auflegt, ***geht*** *hier echt* ***der Bär ab****.* • *Desde que pincha DJ Mike, hay un ambientazo que te cagas.*

TAMBIÉN PUEDES DECIR:
HIER IST DER BÄR LOS,
HIER STEPPT DER BÄR!,
HIER STEPPT DIE LUTZIE

3 sich am Bär kratzen *loc.*

RASCARSE EL CHICHI

—Hast du das Foto von Paris Hilton gesehen, auf dem sie ***sich am Bär kratzt****?* • *¿Has visto la foto de Paris Hilton en la que sale rascándose el chichi?*

bärig *adj.*

GUAY, MONO

—Roger ist echt ***bärig****. Aber ich glaub, der hat schon was mit Nicole am Laufen.* • *Roger es muy mono, pero creo que está liado con Nicole.*

Batzen *m.*

MONTÓN, MOGOLLÓN

—Du fasst es nicht. Letzte Woche waren wir im Casino und da hab ich doch tatsächlich einen ***Batzen*** *Geld gewonnen.* • *No te lo vas a creer. La semana pasada gané mogollón de pasta en el casino.*

Bauch *m.*

1 aus dem Bauch heraus *loc.*

DE FORMA NATURAL, SIN PENSAR, POR INTUICIÓN

—Ehrlich gesagt, denk ich da nicht groß drüber nach. Ich mach das einfach ***aus dem Bauch heraus****!* • *Pues la verdad es que no me lo pienso mucho. Me sale de forma natural.*

2 aus dem hohlen Bauch *loc.*

SIN PREPARARSE

*—Auf das Referat bereite ich mich nicht vor. Das mach ich **aus dem hohlen Bauch** heraus!* • *La ponencia la voy a dar sin preparármela.*

bechern *v.*

EMPINAR EL CODO, DARLE A LA BEBIDA

*—Ich hab jetzt aufgehört zu **bechern**. Das ist echt ausgeufert und fast jeden Abend war ich besoffen!* • *Ahora ya paso de empinar el codo. Es que antes llevaba un descontrol… ¡Acababa ciego casi todos los días!*

begrabschen *v.*

MAGREAR, MANOSEAR, METER MANO

*—Erst war er ja ganz bärig. Aber als er dann anfing, mich zu **begrabschen**, hab ich ihm eine gelangt.* • *Al principio estuvo muy mono, pero cuando me empezó a magrear le pegué una hostia.*

TAMBIÉN PUEDES DECIR BEFUMMELN

bekifft *adj.*

COLOCADO/A,PUESTO/A, FUMADO/A

*—Als wir letztes Wochenende bei Tanja waren, haben wir einen nach dem anderen gebarzt. Mann, waren wir am Ende vielleicht **bekifft**!* • *El finde pasado, cuando fuimos a ver a Tania, estuvimos fumando un porro tras otro. ¡Anda que no acabamos todos colocados!*

bekloppt *adj.*

IMBÉCIL, TONTO/A, LOCO/A

*—Die Zimtzicke da baggert die ganze Zeit meinem Typen an und denkt, ich merk's nicht. Ich bin doch nicht **bekloppt**!* • *La pesada esa le está tirando los tejos a mi chorbo todo el rato y se cree que no me doy cuenta. ¡Que no soy imbécil!*

beknackt *adj.*

IDIOTA, ESTÚPIDO/A

*—Alle waren begeistert, aber ich fand den Film total **beknackt**.* • *A todos les encantó la peli, pero a mí me pareció completamente idiota.*

TAMBIÉN SE DICE BESCHEUERT

beschissen *adj.*

HECHO/A (UNA) MIERDA, HECHO/A POLVO, JODIDO/A

*—Nach dem Telefonat gings mir absolut **beschissen**. Meine Tante hat mir erzählt, dass sie Krebs hat.* • *Después de hablar con mi tía me quedé totalmente hecho una mierda. Me contó que tiene cáncer.*

Beule *f.*

eine Beule in der Hose haben *loc.*

PONÉRSELE DURA, LEVANTÁRSELE (*lit.* SALIR UNA ABOLLADURA/UN CHICHÓN EN EL PANTALÓN)

—Das ist eine scharfe Braut. Die schaut mich an und schon ***hab*** *ich* ***eine Beule in der Hose.*** • *Está buenísima. Con solo mirarla ya se me pone dura.*

Beziehungskiste *f.*

ROLLETE, ROLLO, ENROLLARSE CON ALGUIEN

—Die Alte nervt. Seitdem sie diese ***Beziehungskiste*** *mit Moritz hat, labert sie nur noch von ihm.* • *Me pone de los nervios. Desde que tiene ese rollete con Moritz que se pasa todo el día hablando de él.*

Biege *f.*

1 eine Biege fahren *loc.*

DARSE UN RULO CON EL COCHE

—Wie findest du meine neue Kiste? Lass uns ***eine Biege fahren!*** • *¿Qué te parece mi coche nuevo? ¡Vamos a darnos un rulo por ahí!*

2 die Biege machen *loc.*

LARGARSE, PIRARSE

—Der Film ist echt zum Kotzen. Lass uns ***die Biege machen.*** • *Esta peli es una mierda. ¡Larguémonos!*

Bienenkotze *f.*

MIEL (*lit.* VÓMITO DE ABEJA)

—Halsschmerzen? Da hilft heiße ***Bienenkotze*** *mit Zitrone.* • *¿Te duele la garganta? Pues tómate miel con limón.*

Bier(-chen) *nt.*

ein Bier(-chen) trinken gehen *loc.*

IR/SALIR A TOMAR UNA BIRRILLA

—Komm, lass uns ***ein Bierchen trinken gehen.*** *Ich lad dich ein!* • *¡Venga, vamos a tomarnos una birrilla! Te invito.*

En alemán, el diminutivo se forma añadiendo **-chen** a la última sílaba. ¡Atención! Si hay una vocal en la primera sílaba, esta pasa a escribirse con *Umlaut* (ä, ö, ü). Por ejemplo, **Haus > Häuschen, Bruder > Brüderchen**. En algunas zonas de Alemania también se usan los sufijos diminutivos **-lein** o **-le**.

bitchen *v.*

1 QUEJARSE DE TODO, AGOBIAR

—Svenja ist mal wieder zickig heut. Die ***bitcht*** *die ganze Zeit nur rum.* • *Svenja está de mala leche otra vez. No para de quejarse de todo.*

2 ENROLLARSE CON TODO QUISQUI (sexualmente)

—Lass bloß die Finger von dieser Braut. Die ***bitcht*** *doch mit jedem!* • *¡Pasa de esa tía! Es de las que se enrolla con el primero que pasa.*

blablibub *expr.*

BLA, BLA, BLA; ETC., ETC., ETC.

—Dann sagte er noch, wenn ich so weitermache, schiffe ich noch total ab, und ich sollte doch mehr lernen, ***blablibub*** *… • Y entonces dijo que si continuaba así acabaría mal y que sería mejor que estudiase más y bla, bla, bla…*

blasen *v.*

jdm einen blasen *loc.*

HACER UNA MAMADA, MAMÁRSELA A ALGUIEN

—Wie war's denn mit Malte am Samstag noch so? // Du wirst es nicht glauben! Als ihr weg wart, da wollte er doch tatsächlich, dass ich ***ihm einen blase,*** *da bin ich dann auch gleich abgehauen. • ¿Qué tal con Malte el sábado? // ¡Vas a flipar! Cuando os fuisteis me pidió que se la mamase y yo salí por patas, claro.*

Blatt *nt.*

1 auf einem anderen Blatt stehen *loc.*

SER OTRA HISTORIA, SER HARINA DE OTRO COSTAL

—Kai sagte, er komme so spät nach Hause, weil er Überstunden gemacht habe. Ob er die Wahrheit sagte, ***steht auf 'nem anderen Blatt!*** *• Kai me dijo que llegaba tan tarde a casa porque había hecho horas extra. Pero que fuera verdad, ya es otra historia.*

2 das Blatt wenden *loc.*

DARSE LA VUELTA A LA TORTILLA

—Erst sah's so aus, als würden wir das Spiel verlieren, aber dann ***hat*** *sich* ***das Blatt gewendet*** *und wir haben haushoch gewonnen! • Al principio parecía que íbamos a perder el partido pero luego se dio la vuelta a la tortilla y ganamos sobrados.*

3 kein Blatt vor den Mund nehmen *loc.*

NO TENER PELOS EN LA LENGUA

—Als mein Chef mich da vor allen anderen zur Sau gemacht hat, da hab ich ihm ganz schön die Meinung gegeigt. // Du ***nimmst*** *ja auch* ***kein Blatt vor den Mund.*** *• Cuando mi jefe me dejó como un trapo sucio delante de todos los compañeros le dije bien clarito lo que pensaba. // Es que tú no tienes pelos en la lengua.*

blau *adj.*

1 blaumachen *v.*

HACER CAMPANA, HACER PELLAS, FUMARSE LA CLASE

—Am Montag bin ich nicht zur Schule, ich war von der Party am Samstag noch fix und alle. // Wenn du weiterhin so oft ***blaumachst,*** *fliegst du noch raus! • El lunes no fui a la escuela porque todavía estaba hecho polvo por la fiesta del sábado. // ¡Si sigues haciendo tantas campanas, acabarán echándote!*

EN VEZ DE DECIR
BLAUMACHEN
TAMBIÉN PUEDES DECIR
BLÄUEN

2 mit einem blauen Auge davonkommen *loc.*

SALIR BIEN PARADO DE UNA SITUACIÓN CRÍTICA

*—Die Hooligans **sind** wieder **mit einem blauen Auge davongekommen**. Sie müssen nur den Schaden ersetzen.* • *Los ultras han vuelto a salir bien parados del asunto. Solo tienen que pagar los daños materiales.*

3 blau sein *loc.*

IR/ESTAR PEDO/TAJA/CIEGO/COMO UNA CUBA

*—Victor **war** schon **blau**, als er auf der Party aufgelaufen ist. // Ja, der säuft ganz schön in letzter Zeit.* • *Víctor ya iba taja cuando llegó a la fiesta. // Ya, últimamente bebe como una esponja.*

También se pueden usar los adjetivos: **besoffen**, **stockbesoffen** (borracho como una cuba), **stramm**, **dicht**, **voll (granatenvoll)**, **hacke (hackenvoll, hackedicht)**, **knülle**, **breit**, **latten**.

Blaumann *m.*

MONO AZUL (INDUMENTARIA)

*—Nimm mal deinen **Blaumann** zum Waschen mit nach Hause, der steht ja vor Dreck!* • *¡Llévate el mono a casa para lavarlo que está muy guarro!*

blickficken *v.*

TIRARLE LA CAÑA/LOS TEJOS/LOS TRASTOS A ALGUIEN (*lit.* FOLLAR CON LA MIRADA)

*—Guck mal diesen Typen da drüben, der **blickfickt** mich schon die ganze Zeit über. // Bild dir nix drauf ein, das macht der bei jeder!* • *Mira, ese tío de ahí me está tirando la caña todo el rato. // ¡No te hagas ilusiones, que lo hace con todas!*

Blindgänger/in *n.*

PRINGADO/A

*—Der Neue von Steffi ist ein echter **Blindgänger**.* • *El novio nuevo de Steffi es un pringado de la hostia.*

Blindgänger es originalmente un término militar que hace referencia a los proyectiles sin estallar procedentes sobre todo de la Segunda Guerra Mundial, que han quedado enterrados en muchas ciudades alemanas.

Blitz! *interj.*

¡NO JODAS!, ¿DE VERDAD?, ¿(VA) EN SERIO?, ¿AH, SÍ?

*—Weißt du schon, dass Nina einen neuen Macker hat? // **Blitz!*** • *¿Ya sabes que Nina se ha echado un novio nuevo? // ¡No jodas!*

Esta expresión es sinónima a **Ach echt?**

Blondes *nt.*

ein kühles Blondes *loc.*

UNA CAÑA FRÍA (*lit.* UNA RUBIA FRESCA)

*—Was für 'ne Hitze heut! Ich hätte nichts gegen ein **kühles Blondes**.* • *¡Qué calor! Me tomaría una caña bien fresquita.*

Bock *m.*

1 geiler Bock *loc.*

BABOSO, VIEJO VERDE

*—Schau mal, das Ekelpaket da drüben. Der blickfickt mal wieder die ganze Zeit. // Das ist ein **geiler Bock**, sag ich dir!* • *Mira el asqueroso ese de allí. Me tira los trastos todo el rato. // ¡Es un baboso, te lo digo yo!*

2 keinen/null Bock haben *loc.*

PASAR, PASAR DE ALGO, PASAR DE TODO

*—Kommst du mit ins Kino? // Nee, **keinen Bock**!* • *¿Te vienes al cine? // No, paso.*

bocken *v.*

MOLAR, TENER GANAS DE

*—Letztes Wochenende war ich beim Bungee Jumping, das **bockt** voll.* • *El finde pasado estuve haciendo puenting, ¡mola mogollón!*

bolle *adj.*

1 REBOTADO/A, CABREADO/A

*—Jule ist total **bolle**, weil sie nicht zur Party eingeladen wurde.* • *Jule está superrebotada porque no la invitaron a la fiesta.*

2 IMPORTAR UN CARAJO/ UN PEPINO/UN BLEDO/ UN COMINO, SUDÁRSELA A ALGUIEN, DAR IGUAL

*—Chris hat heute Geburtstag, hast du ihm schon gratuliert? // Nee, das ist mir ehrlich gesagt so ziemlich **bolle**.* • *Hoy es el cumple de Chris, ¿ya lo has felicitado? // No, la verdad es que me importa un carajo.*

bonzig *adj.*

PIJO/A, FANTASMA, FARDÓN/ONA, SOBRADO/A

*—Dieses **bonzige** Gehabe von Philip geht mir echt auf die Eier.* • *¡Philip me tiene hasta los cojones con sus gestos de pijo rematado que tiene!*

Braten *m.*

1 den Braten riechen *loc.*

OLÉRSELO, VERLO VENIR

—Gestern war ich mit Jannick verabredet, und hab meinen Alten gesagt, ich geh zu 'ner Freundin. Aber dann ***haben*** *sie* ***den Braten gerochen*** *und mir die Hölle heiß gemacht.* • *Ayer había quedado con Jannick, pero les dije a mis viejos que salía con una amiga. Ellos se lo olieron y no veas el pollo que me montaron.*

2 einen Braten in der Röhre haben *loc.*

HACERLE UN BOMBO, QUEDARSE PREÑADA

—Weißt du schon, dass Annika ***einen Braten in der Röhre hat****? // Blitz! Und von wem?* • *¿Ya sabes que a Annika le han hecho un bombo? // ¿Ah, sí? ¿Quién?*

bratze (hässlich) *adj.*

CALLO, CARDO, FETO, FEO/A

—Alle sagen, der neue Sportlehrer ist voll bärig, aber ich find ihn nur ***bratze****.* • *Todo el mundo dice que el profe de gimnasia está muy bueno pero a mí me parece un callo.*

Braut *f.*

CHURRI, CHATI (*lit.* NOVIA)

—Die ***Braut*** *dort ist echt bombe. // Vergiss es, das ist die Ische von Christoph!* • *La tía esa de ahí es espectacular. // Olvídalo, ¡es la churri de Christoph!*

Brett *nt.*

1 PIBÓN, MONUMENTO, TÍO/A BUENO/A

—Das ist vielleicht ein ***Brett*** *da drüben. Meinst du, mit der kann was laufen?* • *¡Qué buena está esa tía! ¿Tú crees que tengo alguna opción?*

2 ein Brett vor dem Kopf haben *loc.*

NO RASCAR BOLA, ESTAR ESPESO/A, ESTAR OFUSCADO/A

—Alle haben's gerallt, nur Tom nicht. // Ja, der ***hat*** *öfter* ***ein Brett vor dem Kopf****!* • *Lo han pillado todos menos Tom. // Sí, es que ese a veces está un poco espeso.*

Bullen *m. pl.*

LA PASMA, LOS MADEROS, LOS PITUFOS, LOS AZULES

—Die Party war echt super, bis die ***Bullen*** *auftauchten.* • *La fiesta estuvo superguay hasta que apareció la pasma.*

Bullenhitze *f.*

UN CALOR DE LA HOSTIA

—Mach mal ein Fenster auf, hier drin ist ja 'ne ***Bullenhitze****.* • *¡Abre la ventana que aquí dentro hace un calor de la hostia!*

Bunny *nt.*

BARBIE

—Dieses ***Bunny*** *da drüben will bestimmt was von dir.* • *Esa barbie de allí seguro que quiere algo contigo.*

C

Chateau Migraine *m., irón.*

VINO DE GARRAFA/DE GARRAFÓN

Nombre humorístico de una marca imaginaria de un vino francés barato (**migraine** significa "migraña" en francés).

*—Klasse Party am Samstag, aber danach hatten wir alle Kopfschmerzen. // Das macht der **Chateau Migraine**!* • *Fue una fiesta de puta madre, pero luego tuvimos todos dolor de cabeza. // Seguro que fue por el vino de garrafón.*

Chaya *f.*

TÍA BUENA

*—Die **Chaya** ist ja echt scharf! // Nee, zu doll aufgebretzelt!* • *Esa tía está buenísima. // ¡Qué va! Va demasiado emperifollada.*

checken *v.*

1 PASAR, DAR

*—**Checkst** du mal eben die Pulle rüber? // Klar doch!* • *¿Me pasas esa botella? // ¡Claro!*

2 ENTENDER, PILLAR

*—Der hat bei mir mal wieder alles abgekupfert. // Typisch, der **checkt** überhaupt nix.* • *Ese se me lo ha vuelto a copiar todo. // Lógico, si es que no pilla nada.*

Checker/in *n.*

1 CRAC, HACHA, MÁQUINA, LINCE

*—Sebastian ist echt ein **Checker**, den kannst du alles fragen. // Ja, selbst Physik rallt er!* • *Sebastian es un auténtico crac, le puedes preguntar lo que quieras. // ¡Sí, hasta sabe de física!*

2 COLEGA, TRONCO

*—Hey **Checker**, was geht?* • *¿Qué pasa, tronco?*

chillaxen *v.*

APALANCARSE, ESTAR DE RELAX

*—Sonntag haben wir mal so richtig **chillaxt**. Nur vor der Glotze abgehangen und Chips gefuttert!* • *El domingo estuvimos totalmente de relax, apalancados viendo la tele y comiendo patatas fritas.*

chillen *v.*

RELAJARSE, ESTAR DE TRANQUIS, HACER EL MANTA

—Genug gebüffelt. Komm, wir ***chillen*** *jetzt ein bisschen!* • *Ya basta de empollar. ¡Vamos a relajarnos un poco!*

Chiller *m.*

SUPERTRANQUI, BUEN CHAVAL

—Mit Jannis bockt es echt! Er ist voll der ***Chiller,*** *den bringt nix aus der Ruhe!* • *¡Cómo me mola estar con Jannis! Es un chaval supertranqui, nada lo inmuta.*

chillig *adj.*

TRANQUI, GENIAL, CÓMODO

—Voll ***chillig*** *die Mucke. Da kannste nebenbei noch gut quatschen.* • *¡Qué música más tranqui! No molesta nada para hablar.*

Chuck Norris *loc.*

APAÑADO/A, MANITAS, CHICO/A PARA TODO

—Micky ist echt ***Chuck Norris.*** *Der kann einfach alles.* • *Micky es muy apañado. Sabe hacer de todo.*

Compi *m.*

ORDENATA, PC

—Das hat mir grade noch gefehlt, dass dieser Scheiß- ***Compi*** *abstürzt. // Hast du denn wenigstens eine Sicherheitskopie von deiner Arbeit?* • *Solo me faltaba eso, que se me cuelgue este PC de mierda. // ¿No tienes una copia de seguridad de tu trabajo?*

cool *adj.*

1 TRANQUI (TRONCO), NO TE AGOBIES

—Bleib ***cool,*** *Mann. Du kannst sowieso nichts dran ändern!* • *¡Tranqui, tío! Tú tampoco puedes hacer nada.*

2 BRUTAL, GENIAL, QUE TE CAGAS

—Das Eis in diesem Laden ist echt ***cool!*** *Ich komm da jeden Tag her!* • *El helado de esta tienda está que te cagas. ¡Yo vengo cada día!*

Otros adjetivos parecidos son **chillig, cremig, geschmeidig, gelassen, knorke, lässig, fett, phat, locker, korall, galaktisch, gigantisch, irre, jacklässig,** etc.

copypasten *v.*

HACER UN COPYPASTE, CORTAR Y PEGAR

—Für die Englischaufgaben habe ich keine Zeit mehr, ich ***copypaste*** *einfach was aus dem Internet und das reicht.* • *Ya no me da tiempo a hacer el trabajo de inglés. Creo que voy a hacer un copypaste de internet y va que chuta.*

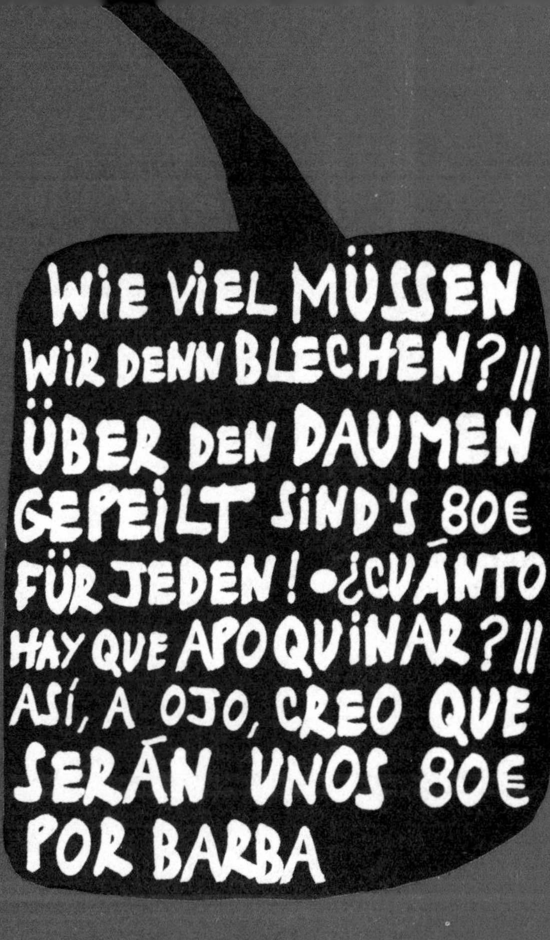
WIE VIEL MÜSSEN
WIR DENN BLECHEN? //
ÜBER DEN DAUMEN
GEPEILT SIND'S 80€
FÜR JEDEN! • ¿CUÁNTO
HAY QUE APOQUINAR? //
ASÍ, A OJO, CREO QUE
SERÁN UNOS 80€
POR BARBA

D

Dachschaden *m.*
einen Dachschaden haben *loc.*

ÍRSELE LA PINZA, ESTAR TARADO/A, ESTAR COMO UNA CHOTA, ÍRSELE LA FLAPA

—Pit hat mich letzte Woche vielleicht zur Sau gemacht! // Mach dir nichts draus, der ***hat*** *sowieso* ***'nen*** *leichten* ***Dachschaden****!* • *La semana pasada Pit me puso como un trapo. // No te lo tomes a mal, ya sabes que se le va un poco la pinza.*

daddeln *v.*

1 JUGAR A LA PLAY, JUGAR EN EL ORDENADOR, JUGAR CON LA CONSOLA (CUALQUIER TIPO DE VIDEOJUEGOS)

—Ich hab ein neues Spiel. Bock ein bisschen zu ***daddeln****?* • *Me he pillado un juego nuevo. ¿Te apetece jugar un ratillo a la Play?*

2 HACERSE UNA PAJA, MENEÁRSELA

—Frank war das vielleicht peinlich. Seine Mutter hat ihn erwischt, als er sich einen ***gedaddelt hat.*** • *¡Qué corte para Frank! Su madre lo pilló haciéndose una paja.*

Damn! *interj., del ing.*

¡JODER!

Como es habitual en alemán, todos los "préstamos" de otros idiomas (del inglés, del francés, etc.) se pronuncian igual que en su lengua original.

—Pass auf, da kommen die Bullen! // ***Damn!*** • *¡Vigila que viene la pasma! // ¡Joder!*

Dampf ablassen *loc.*

DESAHOGARSE

—Nach der versägten Mathearbeit musste ich erstmal ***Dampf ablassen****! Jetzt geht's wieder viel besser!* • *Después de lo mal que me salió el examen de mates tuve que desahogarme. Ahora me encuentro mucho mejor.*

Datenzäpfchen *nt.*

LÁPIZ USB (*lit.* SUPOSITORIO DE DATOS)

—Rück mal dein ***Datenzäpfchen*** *rüber, ich geb mir mal eben diese coole Mucke auf meinen PC!* • *¡Pásame el USB, que voy a copiarme esta música tan guapa en mi ordenador!*

Daumen *f.*

1 jdm die Daumen drücken/halten *loc.*

DESEAR SUERTE,
CRUZAR LOS DEDOS

*—Nächste Woche hab ich meine Abschlussprüfung. // Ich **drück** dir **die Daumen**, dass alles hinhaut!* • *La semana que viene tengo el último examen. // ¡Que te vaya muy bien!*

2 über den Daumen peilen *loc.*

CALCULAR A OJO,
CALCULAR A OJÍMETRO

*—Wie viel müssen wir denn blechen? // **Über den Daumen gepeilt** sind's 80 € für jeden!* • *¿Cuánto hay que apoquinar? // Así, a ojo, creo que serán unos 80 € por barba.*

Denkzettel *m.*

jdm einen Denkzettel verpassen *loc.*

DAR A ALGUIEN UNA LECCIÓN

*—Dem haben sie **einen** gehörigen **Denkzettel verpasst**. Das wird er so schnell nicht wieder machen!* • *Le han dado una buena lección. ¡La próxima vez se lo pensará dos veces!*

derb, derbe *adj.*

FUERTE, HEAVY

*—Voll **derb**, das mit Karina. Hätte ich nie von ihr gedacht!* • *¡Qué fuerte lo de Karina! Nunca me lo hubiera imaginado de ella.*

Digga, Diggah, Digger *m.*

TRONCO, COLEGA, AMIGO
(Pronunciación algo descuidada de la palabra **Dicker**, "gordo")

*—Ey **Digga**, lass uns 'ne Runde Billard spielen!* • *Eh, tronco, ¿echamos un billar?*

TAMBIÉN SE PUEDE DECIR ATZE

Ding *nt.*

1 ein dickes Ding *loc.*

ALGO MUY HEAVY

*—Ich fass es nicht, dass die ihre Alten beklaut hat. Das ist echt **ein dickes Ding**!* • *No me puedo creer que haya robado a sus viejos. ¡Es muy heavy!*

2 ein Ding drehen *loc.*

METERSE EN NEGOCIOS
TURBIOS, DAR UN GOLPE

*—Boris hat ja diese verdammten Schulden wegen dem Unfall. Und jetzt will er auch noch so **ein Ding drehen**.* • *Boris tiene la tira de deudas por culpa del accidente. Y ahora, va y se mete en negocios turbios.*

3 kein Ding *loc.*

DE NADA, NO HAY PARA
TANTO

*—Echt super, das ist richtig fett von dir. // **Kein Ding**, Mann!* • *Eh, tío, superguay, te has enrollado mogollón. // ¡No hay para tanto, tronco!*

4 POLLA, RABO, PITO

—Was fummelst du denn da die ganze Zeit an deinem ***Ding*** *rum? Denkst wohl, das kriegt niemand mit!* • *¡Deja de toquetearte la polla todo el rato! ¿Te crees que nadie se da cuenta, o qué?*

Dingsbums, Dingsda *m. o nt. o f.*

CHISME, CACHARRO

—Schmeiß mal eben dieses ***Dingsda*** *rüber!* • *¡Pásame ese cacharro, venga!*

Disse *f.*

DISCO

—Freitags spielen sie in dieser ***Disse*** *echt gute Mucke.* • *Los viernes siempre ponen buena música en esta disco.*

dissen *v.*

1 TOCAR LAS NARICES, TOCAR LOS HUEVOS, CABREAR, RAJAR DE ALGUIEN

—Bleib cremig! War keine Absicht, dich zu ***dissen****!* • *¡Tranqui, tío! No era mi intención, tocarte las narices.*

2 ESTAR PICADO/A CON ALGUIEN, TENER UNA MOVIDA CON ALGUIEN

—Die beiden ***dissen*** *sich seit ihrem letzten Streit auf der Arbeit.* • *Esos dos están picados desde que se pelearon en el curro.*

Döneria *f.*

DÖNER, PUESTO DE KEBABS

—Lass uns mal was aus der ***Döneria*** *holen. Mir knurrt schon der Magen.* • *Vamos al Döner a pillar algo de comer. Me estoy muriendo de hambre.*

drauf sein *loc.*

1 ESTAR PUESTO/A, IR HASTA EL CULO, LLEVAR UN MORADO

—Was hat Celine denn genommen? Die ***ist*** *ja total* ***drauf****.* • *¿Qué se ha tomado Celine? // Lleva un morado…*

2 ESTAR DE MALA LECHE

—Wie ***bist*** *du denn* ***drauf****? Was ist dir denn für 'ne Laus über die Leber gelaufen?* • *¿Por qué estás tan de mala leche? ¿Qué mosca te ha picado?*

Drecksau *f.*

CABRÓN/ONA

—Die ***Drecksau*** *schuldet mir noch einen Hunny.* • *El muy cabrón todavía me debe pasta.*

Para los hombres también se utiliza **Drecksack** *m.* y **Dreckskerl** *m.*

Dröhnung *f.*

MORADO

*—Was für eine **Dröhnung** gestern. Wir waren sowas von stoned! • ¡Qué morado ayer! Íbamos superfumados.*

Dünnpfiff, Dünnschiss *m.*

CAGALERA

*—Wie war's in der Türkei, Alter? // Außer einer Woche mit **Dünnschiss** echt dufte! • ¿Qué tal por Turquía, tronco? // Muy guay, pero estuve toda la semana con cagalera.*

Durchblick *m.*

den Durchblick haben *loc.*

PILLARLO TODO (A LA PRIMERA)

*—Die **hat** voll **den Durchblick**. • Esta lo pilla todo a la primera.*

Durchhänger *m.*

einen Durchhänger haben *loc.*

ESTAR DE BAJÓN, ESTAR DEPRE

*—Heut ist nix los mit mir. Ich hab den totalen **Durchhänger**! • Hoy no sé qué me pasa, pero estoy de bajón total.*

durchkneten *v.*

(*lit.* AMASAR)

HOSTIAR, DAR, METER, PEGAR UNA TUNDA

*—Als diese Faschos ins Zentrum kamen, da wurden sie von den Punks aber so richtig **durchgeknetet**. Die lassen sich da so schnell nicht mehr blicken. • Cuando esos fachas fueron al centro, los punks les hostiaron pero bien. Seguro que se les han pasado las ganas de volver a ir por allí.*

durch sein *loc.*

ÍRSELE LA OLLA, ÍRSELE LA PINZA/LA FLAPA, ESTAR COMO UNA CABRA, ESTAR COMO UNA REGADERA, ESTAR CHALADO/A, ESTAR COMO UNA CHOTA

*—Moni **ist** seit kurzem echt **durch**, die Alte! • Últimamente a Moni se le va un poco la olla.*

durchsumpfen *v.*

EMPALMAR, ESTAR DE REENGANCHE

*—Wie siehst du denn aus? // Ich bin fix und alle, wir **haben** die ganze Nacht **durchgesumpft**! • Pero ¡qué careto llevas! // Estoy hecho polvo. Hemos empalmado.*

E

Ebbe sein *loc.*

ESTAR SIN UN DURO, ESTAR PELADO/A, ESTAR SIN BLANCA

*—Nach dem Urlaub **bin** ich total **Ebbe**.* • *Me he quedado sin un duro después de las vacaciones.*

OTRAS MANERAS DE DECIR QUE ESTÁS PELADO COMO UNA RATA SON ICH BIN BLANK, ICH BIN PLEITE O ICH BIN ABGEBRANNT

Eier *nt. pl.*

HUEVOS

1 dicke Eier haben *loc.*

IR MUY SALIDO, IR MÁS CALIENTE QUE EL MANGO DE UN CHURRERO (*lit.* TENER LOS HUEVOS HINCHADOS)

*—Was ist den mit Benny los? // Der hat schon lang nicht mehr gefickt. Der **hat** total **dicke Eier**!* • *¿Qué le pasa a Benny? // Hace mucho tiempo que no echa un polvo y va supersalido.*

2 die Eier schaukeln *loc.*

TOCARSE LOS HUEVOS, RASCARSE LA BARRIGA

*—Macht jetzt mal endlich was, anstatt nur **die Eier** zu **schaukeln**!* • *A ver si dejas de tocarte los huevos todo el puto día y haces algo productivo de una vez.*

3 jdm auf die Eier gehen *loc.*

ESTAR HASTA LOS COJONES DE ALGUIEN

*—Nerv nicht, Alte. Du **gehst** mir so langsam echt **auf die Eier**!* • *No me cabrees más, tía, que ya empiezo a estar hasta los cojones de ti.*

4 jdm die Eier polieren *loc.*

DAR DE HOSTIAS, PEGAR UNA TUNDA, HOSTIAR

*—Was ist mit André los, warum kommt er nicht mit? // Letzte Woche haben sie ihm in dem Laden ordentlich **die Eier poliert**. Er hat Schiss.* • *¿Qué le pasa a André? ¿Por qué no ha venido? // Es que la semana pasada le dieron de hostias en este garito y está cagado.*

5 sich um ungelegte Eier kümmern *loc.*

PRECIPITARSE, ADELANTARSE (*lit.* OCUPARSE DE HUEVOS TODAVÍA POR PONER)

—*Was **kümmerst** du **dich um ungelegte Eier**? Wart doch erstmal ab, was passiert!* • *No te precipites. Espera primero a ver qué pasa.*

6 wie aus dem Ei gepellt *loc.*
DE PUNTA EN BLANCO, DIVINO/A, NIQUELADO/A, MAQUEADO/A

—*Weiß auch nicht, wie die das hinkriegt. Die sieht immer aus **wie aus dem Ei gepellt**!* • *No sé cómo se lo hace, pero siempre va superdivina.*

Eierkneifer *m. pl.*
MARCAPACAS

—*Franky hat so richtig scharfe **Eierkneifer**. // Die sind bestimmt sauunbequem.* • *Frank lleva unos calzoncillos marcapacas supersexis. // Deben ser incomodísimos.*

Eimer *m.*
im Eimer sein *loc.*
1 IRSE AL CARAJO, IRSE AL TRASTE, IRSE A TOMAR POL SACO, IRSE A LA MIERDA

—*Nach dem 0:10 **ist** unser guter Ruf endgültig **im Eimer**!* • *Después del 0 a 10 toda nuestra fama se ha ido definitivamente al carajo.*

2 ESTAR HECHO POLVO

—*Was siehst du heut aber abgefuckt aus. // Schieb ab Alter, ich **bin** total **im Eimer**.* • *¡Qué careto que me llevas! // Lárgate, tío. ¿No ves que estoy hecho polvo?*

einalken *v.*
COMPRAR (EL) ALCOHOL

—*Habt ihr für die Party schon alles? // **Eingealkt haben** wir schon, den Rest bringt Conny.* • *¿Ya lo tenéis todo para la fiesta? // Sí, ya hemos pillado el alcohol y el resto lo trae Conny.*

einparken *v.*
CEPILLARSE A ALGUIEN

—*Freitag hab ich versucht, bei Katja **einzuparken**. Keine Chance, Alter, da geht nur fummeln!* • *El viernes intenté cepillarme a Katja pero es imposible, tío, con esta un morreo es lo máximo que puedes conseguir.*

eintüten *v.*
CHORIZAR, MANGAR

—*Wo hast'n diese geilen Treter her? // **Hab** ich gestern bei Karstadt **eingetütet**. Haben mich fast erwischt dabei!* • *¿Dónde has pillado estos zapatos tan guays? // Los mangué ayer en Karstadt. Por poco me pillan.*

Einwegstopfen *m.*
TAMPÓN (*lit.* TAPÓN DE USAR Y TIRAR)

—*Scheiße, hab grad meine Erdbeerwoche bekommen! Hast du mal 'nen **Einwegstopfen**?* • *Mierda, me ha venido la regla. ¿Tienes un tampón?*

Eksy *m.*, Ecstasy *nt.*

PASTI, PIRULA, ÉXTASIS

*—Seitwann vertickt der den **Eksy**? Früher gabs bei dem nur Gras.* • *¿Desde cuándo vende pastis? Antes solo pasaba hierba.*

Elch *m.*

Ich glaub, mich knutscht ein Elch. *loc.*

¡UALA!, ¡JODEEEER!, ¡FLIPO! (*lit.* CREO QUE ME BESA UN ALCE)

*—Maike ist schwanger? **Ich glaub, mich knutscht ein Elch.*** • *¿Maike está embarazada? ¡Uala!*

elefantös *adj.*

LA BOMBA, BRUTAL, ESPECTACULAR

*—War fett das Konzert, was? // Ja, echt **elefantös**.* • *¡Qué pasada el concierto de ayer!, ¿no? // Sí, fue la bomba.*

entkorken *v.*

DESVIRGAR, QUITAR EL PRECINTO (*lit.* DESCORCHAR)

*—Glaubst du, Nina ist schon **entkorkt**?* • *¿A Nina tú crees que ya la han desvirgado, o qué?*

Erdbeerwoche *f.*

REGLA, PERIODO, ESOS DÍAS, (*lit.* SEMANA DE FRESAS)

*—Zum Glück hab ich heut meine **Erdbeerwoche** gekriegt. Ich war schon fünf Tage drüber.* • *Por suerte me ha venido hoy la regla. La esperaba hace cinco días.*

TAMBIÉN SE USA
KETCHUPWOCHE

Erzeugerfraktion *f.*

VIEJOS

*—Kann heut leider nicht. Muss mit der **Erzeugerfraktion** auf 'ne Faltenparty.* • *Hoy no puedo. Lo siento. Tengo que ir con mis viejos a una fiesta familiar.*

Eule *f.*

1 CALLO, CARDO (una mujer)

*—Von dieser **Eule** da kriegt man ja Augenkrebs.* • *Con solo mirar a ese callo te puede coger cáncer de ojos.*

2 PUTA

*—Gestern haben die **Eulen** dafür demonstriert, dass sie als Berufsgruppe anerkannt werden. // Find ich super, schließlich ist es das älteste Gewerbe der Welt.* • *Ayer las prostitutas se manifestaron para reclamar ser reconocidas como trabajadoras. // Me parece genial, al fin y al cabo se trata del oficio más antiguo del mundo.*

3 EMPOLLONA

*—Ina hockt nur noch am Schreibtisch und büffelt. Die ist 'ne krasse **Eule** geworden.* • *Ina se pasa el día sentada estudiando. Se ha vuelto una empollona total.*

F

fadisieren (sich) *v. prnl., Austria*

ABURRIRSE, SER UN MUERMO (*lit.* SOSEARSE)

*—Mischa meinte, die Party war stinklangweilig. // Hör nicht auf den, der **fadisiert sich** doch überall. • Mischa dijo que la fiesta fue un coñazo. // No le hagas caso, este se aburre en todas partes.*

Fahrt *f.*

1 etwas in Fahrt bringen *loc.*

METER UNA MARCHA MÁS, PONER LAS PILAS, DAR VIDILLA

*—Als Paul eingewechselt wurde, **brachte er** das Spiel **in Fahrt**. • Cuando entró Paul, metió una marcha más al partido.*

2 in Fahrt kommen *loc.*

ENTRAR EN CALOR, EMPEZAR A DIVERTIRSE

*—Erst ging's ziemlich schlapp los, aber bei der Mucke **sind** wir dann schnell in **Fahrt gekommen**. • La cosa empezó bastante amuermada pero con la música empezamos a entrar en calor.*

Falle *f.*

sich in die Falle hauen *loc.*

IRSE AL SOBRE, IRSE A PLANCHAR LA OREJA

*—Nacht Leute, ich **hau mich in die Falle**, ich fall gleich um. • Buenas noches, peña, me voy al sobre que me caigo de sueño.*

fappen *v.*

CASCÁRSELA, PELÁRSELA

*—Kim musste auch mal wieder **fappen**, seitdem ihm Nora den Laufpass gegeben hat. • Kim ha vuelto a darle al manubrio desde que Nora lo mandó a paseo.*

Fascho *m.*

FACHA, FASCISTOIDE

*—Eine halbe Stunde nach Beginn der **Fascho**-Demo sind die von der Antifa aufgetaucht und dann gab's Stress. • Al cabo de media hora de empezar la mani de los fachas se presentaron unos antisistema y se lió parda.*

Feger *m.*

1 BÓLIDO, COCHE RÁPIDO (*lit.* ESCOBA, *FEGEN* SIGNIFICA "BARRER")

*—Hast du schon den neusten **Feger** von Pit gesehen? // Echt scharfe Kiste, die macht bestimmt um die 200.* • *¿Has visto el nuevo bólido de Pit? // Superguay, seguro que alcanza los 200 por hora.*

2 BUENORRA, PIBÓN, PIBONAZO

*—Nadja ist ein echt heisser **Feger**. Schade, dass die schon 'nen Macker hat.* • *Nadja es un pibón. Lástima que tenga churri.*

fertig *adj.*

und fertig ist die Laube, und fertig ist der Lack *loc.*

¡Y LISTOS!, ¡Y FINITO!, ¡Y YA LO TENEMOS!

*—Noch zwei Schrauben und **fertig ist die Laube**. So jetzt ist dein Regal endlich aufgebaut.* • *Dos tornillos más… ¡y listos! Bueno, pues ya tienes montada por fin tu estantería.*

Festplatte löschen *loc.*

PILLAR UNA TURCA, AGARRARLA (*lit.* BORRAR EL DISCO DURO)

*—Gestern **hab** ich die **Festplatte gelöscht**. Ich kann mich nicht mal mehr dran erinnern, wie ich nach Hause kam.* • *Ayer pillé una turca… Ni me acuerdo de cómo llegué a casa.*

Fete *f. del fr.*

FIESTA

*—Geile **Überraschungsfete** gestern. Ich hatte echt keinen Schimmer davon!* • *¡Qué guay la fiesta sorpresa de ayer! No tenía ni idea.*

ficken *v.*

1 FOLLAR, ECHAR UN POLVO

*—In dem Film ging's nur ums **Ficken**. Hab dann ziemlich schnell die Biege gemacht.* • *La peli solo iba de follar, por eso nos largamos bastante pronto.*

El alemán también tiene múltiples expresiones para referirse al tema: **abgrätschen, bumsen, bürsteln, igeln, knallen, nageln, pimpern, poppen, es mit jdm treiben, vögeln**, etc.

2 Fick dich! *interj.*

¡JÓDETE!, ¡QUE TE JODAN!, ¡VETE A LA MIERDA!

*—**Fick dich**, du Arsch!* • *¡Jódete capullo!*

fickrig sein *adj.*

1 ATACARSE, PONERSE DE LOS NERVIOS

*—Katinka hat voll den Durchblick in Mathe und trotzdem **wird** sie vor den Arbeiten immer ganz **fickrig**.* • *Katinka domina un huevo de mates pero en los exámenes se pone de los nervios.*

2 IR/PONERSE CACHONDO/A, IR/PONERSE COMO UNA MOTO, PONERSE BURRO/A

*—Wenn ich Marina seh, werd ich immer ganz **fickrig**. Das ist echt 'ne geile Braut.* • *Cuando veo a Marina me pongo como una moto. Está buenísima.*

Filme schieben *loc.*

1 MONTARSE PELÍCULAS

*—**Schieb** keine **Filme** mit dem, was hätte passieren können und nicht passiert ist.* • *No te montes películas con lo que podría haber pasado y no pasó.*

2 FLIPAR (drogas)

*—Beim Konzert haben wir uns Pappen reingeschmissen und alle **haben** wir echt schräge **Filme geschoben**.* • *En el concierto nos tomamos un tripi y lo flipamos mucho.*

Filmriss *m.*

QUEDARSE EN BLANCO (*lit.* CORTE DE PELÍCULA)

*—Am Samstag hatte ich voll den **Filmriss**. Das Letzte, an das ich mich erinnere, ist, dass ich Bröckchen gelacht hab.* • *El sábado me quedé totalmente en blanco. Lo último que recuerdo es que estuve vomitando.*

fix und fertig sein *loc.*

ESTAR PARA EL ARRASTRE, ESTAR HECHO/A POLVO

*—Alter, nach dem Beach-Volley-Spiel **waren** wir vielleicht alle **fix und fertig**.* • *Cuando acabamos el partido de voley playa, tío, estábamos todos hechos polvo.*

TAMBIÉN PUEDES DECIR
FIX UND ALLE o FIX UND FOXI

fixen *v.*

PINCHARSE, CHUTARSE

*—Sag mal, der Jan hängt doch an der Nadel, oder? // Nee, der hat schon vor 'nem halben Jahr mit **Fixen** aufgehört.* • *Oye, Jan se chuta, ¿no? // No, ya hace más de seis meses que no se pincha.*

flachsen, herumflachsen *v.*

CACHONDEARSE, CHOTEARSE

*—**Flachs** nicht, das Thema ist mir ernst.* • *No te cachondees, que es un tema muy serio.*

Flappe *f.*

eine Flappe ziehen *loc.*

PONER MALA CARA, HACER MORROS

*—Was geht? Was **ziehst** du denn für **'ne Flappe**? Ist dir 'ne Laus*

über die Leber gelaufen? • *¿Qué pasa? ¿Por qué pones esa cara? ¿Qué mosca te ha picado?*

flatratelabern *v.*

CASCAR, LARGAR, DARLE AL PICO, DARLE A LA SINHUESO (*lit.* HABLAR CON TARIFA PLANA)

*—Roger ist seit Stunden schon am **flatratelabern**. Der soll endlich den Mund halten!* • *Roger lleva horas cascando. ¡Que se calle ya, coño!*

Flatrate se pronuncia */flatreit/*, como en inglés.

Flatter *f.*

1 die Flatter kriegen *loc.*

ESTAR ATACADO/A, ESTAR DE LOS NERVIOS

*—Was bin ich fickrig, ich **krieg** voll **die Flatter**. Wär die Prüfung nur schon vorbei!* • *Estoy atacado. Ojalá hubiera pasado ya el examen.*

2 die Flatter machen *loc.*

LARGARSE, PIRARSE

*—Am Ende hatte er die Schnauze voll und **machte die Flatter**!* • *Al final estaba ya hasta las narices y se largó.*

Flattermann *m.*

1 einen Flattermann haben *loc.*

ESTAR CAGADO/A, CAGARSE, JIÑARSE, ENTRAR (EL) CAGUE

*—Ich mach das jetzt zum Hundertsten, aber ich **hab** jedes Mal wieder **'nen Flattermann**!* • *Lo he hecho más de cien veces, pero cada vez que me toca hacerlo otra vez me entra el cague.*

2 PERSONA INCONSTANTE, VELEIDOSA, CAPRICHOSA, NO FIABLE

*—Hein ist ein **Flattermann**. Auf den ist kein Verlass!* • *Hein es muy inconstante. Nunca te puedes fiar de él.*

flauten *v.*

1 TOCARSE LAS PELOTAS

*—Und nun können wir ruhig etwas **flauten**. Genug malocht für heute!* • *Bueno ahora ya podemos tocarnos las pelotas, que ya hemos currado bastante.*

2 ABURRIRSE, SER UN COÑAZO

*—Der Vortrag war echt zum **Flauten**.* • *La conferencia fue un coñazo total.*

Fliege *f.*

die Fliege machen *loc.*

PIRARSE, LARGARSE

*—Wo ist Kalle? // Der **hat** schon vor 'ner Weile **die Fliege gemacht**.* • *¿Dónde está Kalle? // Ese ya hace rato que se piró.*

Flinte *f.*

1 die Flinte ins Korn werfen *loc.*

TIRAR LA TOALLA

—Alte, du wirst doch nicht etwa jetzt ***die Flinte ins Korn werfen.*** *Nach all dem Kampf …* • *Venga tía, no vas a tirar la toalla ahora. Con lo que has luchado…*

2 RABO, TRANCA, NABO, CIPOTE, POLLA (*lit.* FUSIL)

—Mach mal deinen Hosenstall zu, deine ***Flinte*** *guckt raus!* • *¡Súbete la bragueta que se te sale el fusil!*

Flimmerkasten *m.*, Flimmerkiste *f.*

TELE, CAJA TONTA

—Heut Abend mach ich nix mehr, außer vor der ***Flimmerkiste*** *abchillen.* • *Esta tarde no pienso hacer nada de provecho. Me voy a apalancar delante de la tele.*

Flippy *m. y f.*

FRIKI, PASOTA

—Mit deiner Schwester bockt das richtig fett, voll die ***Flippy****!* • *Tu hermana mola mogollón, es friki total.*

floppig *adj.*

COÑAZO, CHAPA, ROLLO, PALO

—Der Film war ***floppig****. Geh bloss nicht rein!* • *Es un coñazo de peli. ¡No vayas a verla!*

flott *adj.*

1 eine flotte Biene, ein flotter Käfer *loc.*

UNA TÍA BUENA, UN PIBÓN, UNA BUENORRA

—Sara ist ***'ne flotte Biene!*** • *¡Sara está buenorra!*

2 einen flotten Dreier *loc.*

TRÍO

—Ich fass es nicht! Tina mit den zwei Typen bei ***einem flotten Dreier****!?* • *¡¿Tina ha hecho un trío con esos dos tíos!? ¡Yo flipo!*

Fluppe *f.*

PITI

—Hast du mal Feuer? // Wenn du 'ne ***Fluppe*** *für mich hast …* • *¿Tienes fuego? // Si me das un piti…*

TAMBIÉN KIPPE, LUNTE

Fotze *f.*

1 POTORRO, CHIRRI, COÑO

—Wusstest du, dass Lady Gaga bei den Brit Awards ihre ***Fotze*** *gezeigt hat? // Nicht im Ernst!* • *¿Sabías que Lady Gaga enseñó el potorro en los Brit Awards? // ¡Qué heavy!*

2 MALA PUTA, ZORRA, HIJA DE PUTA

—Die alte ***Fotze*** *nervt ohne Ende, ich könnt sie killen!* • *Esa mala puta me pone de los nervios. ¡La mataría!*

3 PICO

*—Halt die **Fotze,** Honk! • ¡Cierra el pico, Quico!*

fresh *adj.*

LA CAÑA, LA LECHE, LA POLLA

*—Fetzige Klamotten, voll **fresh!** • Mola tu look. Es la polla.*

fressen *v.*

1 einen Narren gefressen haben *loc.*

ESTAR UNO QUE NO CAGA CON ALGUIEN

*—An dem Baby von Uli **haben** alle **einen Narren gefressen.** Ich find's aber ziemlich bratzig. • Están todos que no cagan con el bebé de Uli, pero a mí me parece bastante feúcho.*

2 etwas gefressen haben *loc.*

TRAGARSE EL ANZUELO

*—Karen wollte mit zum Zelten kommen, aber wir haben gesagt, dass wir superbeschäftigt sind und das Ganze abgeblasen haben. Die Alte **hat's** nicht nur **gefressen,** sondern hat sogar noch angeboten, uns zu helfen! • Karen quería venir con nosotros de camping, pero le dijimos que estábamos superliados y que lo habíamos anulado. ¡Y la tía va, y no solo se lo traga, sino que además se ofreció para ayudarnos!*

3 jdn zum Fressen gern haben *loc.*

CAER BIEN

*—Mario ist voll bärig. Ich hab ihn zum **Fressen** gern! • Mario es muy mono. Me cae superbién.*

Fresskick, Fressanfall *m.*

ATAQUE DE HAMBRE

*—Nach dem Volleyball hatte ich voll den **Fresskick.** Hab den ganzen Kühlschrank leergemacht. • Después del partido de voleibol me cogió un ataque de hambre y vacié toda la nevera.*

froggy *adj.*

ALEGRE, DIVERTIDO, DESENFADADO

*—Auf der Klassenfete war echt 'ne **froggy** Stimmung. • En la fiesta estudiantil había un ambiente muy alegre.*

Frosch *m.*

einen Frosch im Hals haben *loc.*

ESTAR RONCO/A, NO TENER VOZ (*lit.* TENER UNA RANA EN LA GARGANTA)

*—Beim Referat gestern brachte ich zuerst keinen Ton raus. // Passiert mir auch oft, dann hab ich erstmal **'nen Frosch im Hals.** • Cuando empecé la ponencia ayer, casi no tenía voz. // A mí también me pasa bastantes veces. Al principio estoy ronco.*

Fummelbunker *m.*

DISCO (*lit.* BÚNKER DE TOQUETEOS)

—*Seitdem in dem* ***Fummelbunker*** *ein neuer DJ auflegt, ist es dort zum Brüllen voll.* • *Desde que han puesto al dj nuevo la disco está a petar.*

funzen *v.*

CHUTAR, FURULAR

—***Funzt*** *dein Compi wieder? // Nee, der ist endgültig abgestürzt!* • *¿Ya vuelve a chutar tu ordenador? // No. Creo que se ha colgado definitivamente.*

Furz *m.*

einen Furz gefrühstückt haben *loc.*

ESTAR DE MALA LECHE (*lit.* HABER DESAYUNADO UN PEDO)

—*Wie bist du denn drauf?* ***Hast wohl 'nen Furz gefrühstückt****!?* • *¿Qué te pasa? ¿Por qué estás de mala leche?*

Fuß *m.*

1 die Füße in die Hand nehmen, die Füße unter den Arm klemmen *loc.*

SALIR PITANDO, SALIR CAGANDO LECHES

—*Scheiße, schon drei Uhr. Jetzt muss ich* ***die Füße untern Arm*** *klemmen.* • *Mierda, ya son las tres. Me voy cagando leches.*

2 kalte Füße haben, kalte Füße kriegen *loc.*

ACOJONARSE, RAJARSE, JIÑARSE, CAGARSE

— *Am Samstag wollten wir Fallschirmspringen gehen, aber am Ende* ***habe*** *ich* ***kalte Füße gekriegt*** *und gekniffen.* • *El sábado fuimos a saltar en paracaídas pero al final me acojoné y no me tiré.*

Para las dos acepciones también se puede decir **Flosse** *f.* en lugar de **Füße**.

Fusel *m.*

GARRAFÓN, MATARRATAS

—*Von diesem billigen* ***Fusel*** *hier kriegen wir nur Schädelficken. Lass uns was anderes bestellen!* • *Con este garrafón lo único que vamos a sacar es un dolor de tarro de la hostia. ¡Vamos a pedir otra cosa!*

futsch *adv.*

AL CARAJO, A LA MIERDA

—*Mein Computer ist hängen geblieben! Die ganze Arbeit … alles* ***futsch****.* • *¡Se me ha colgado el ordenador! Todo lo que había hecho… a la mierda.*

Fuzzi *m.*

PRINGADO/A

—*Was will denn der* ***Fuzzi*** *von deiner Schwester. Der soll verduften!* • *¿Qué quiere el pringado ese con tu hermana? ¡Que se pire, ya!*

G

gaga *adj.*

PA'LLÁ, CHALADO/A

*—Hast du Leyla schon gesprochen? Die läuft jetzt voll **gaga** rum!* • *¿Has visto a Leyla últimamente? Está completamente pa'llá.*

Gammelfleisch-party *f.*

FIESTA DE PURETAS

*—Das war vielleicht ein Flopp. Die reinste **Gammelfleischparty**!* • *Qué fracaso la fiesta. Solo había puretas.*

Procede del verbo **gammeln**, que referido a los alimentos significa "estar pasado" o "podrirse". En Alemania a partir del año 2005 hubo una serie de escándalos relacionados con la comercialización de carne podrida que había sido declarada apta para su consumo.

gammeln *v.*

TOCARSE LOS HUEVOS, TOCARSE LAS PELOTAS, RASCARSE LA BARRIGA

*—Ihr seid nur am **Gammeln**. Wird Zeit, dass ihr mal was losmacht!* • *Os tocáis las pelotas todo el día. ¡A ver si os ponéis las pilas, joder!*

gamsig *adj., Austria*

SALIDO/A, CACHONDO/A

*—Was bin ich **gamsig**, Alter. Hab richtig dicke Eier!* • *Voy muy cachondo, tío. ¡Me van a explotar los huevos!*

Gas geben *loc.*

1 METERLE CAÑA, DAR GAS, METERLE ZAPATILLA

*—Los, **gib Gas**, sonst juckeln wir noch ewig hinter dem Lahmarsch her!* • *Va, métele caña, que si no vamos a quedarnos todo el rato detrás de este apalancado.*

2 PONERSE LAS PILAS, APRETAR

*—Wenn du Chemie noch schaffen willst, musst du so langsam mal **Gas geben**!* • *Si quieres aprobar química tendrás que ponerte las pilas.*

gebacken *p. de backen*

nichts gebacken kriegen *loc.*

SER UN INÚTIL TOTAL, NO SABER HACER LA O CON UN CANUTO, SER UN (PUTO) DESASTRE

—*Tom* ***kriegt*** *überhaupt* ***nichts gebacken****.* • *Tom es un inútil total.*

geben *v.*

1 Das gibt's doch gar nicht! *loc.*

¡NO ME LO PUEDO CREER!, ¡FLIPO!

—*Inga hat 'nen Braten in der Röhre! // Was?* ***Das gibt's doch gar nicht!*** • *¡Inga está embarazada! // ¿Qué? ¡No me lo puedo creer!*

2 sich etwas geben *loc.*

HACER ALGO (POR PLACER)

—***Geben wir uns*** *den Film noch? // Bin zu müde, ich hau mich gleich in die Falle!* • *¿Hacemos algo? ¿Vemos una peli? // Estoy demasiado cansado. Yo me voy a la cama.*

3 sich etwas geben *loc.*

TOMAR ALGO

—*Komm,* ***geben*** *wir* ***uns*** *noch ein Bier, Alte!* • *¡Venga tía, otra birrilla!*

4 Was gibts? *loc.*

¿QUÉ PASA?, ¿CÓMO VA ESO?

—***Was gibts****? // Alles paletti!* • *¿Qué pasa? // ¡De puta madre!*

gebongt sein *loc.*

GUAY, DE ACUERDO, HECHO

—*Morgen fünf Uhr Eiscafé? //* ***Gebongt*** *!* • *¿Mañana a las cinco en la heladería? // ¡Guay!*

gediegen *adj.*

GUAY, COJONUDO, DE PUTA MADRE

—*Wie lief die Arbeit? // Voll* ***gediegen!*** • *¿Cómo te fue el trabajo? // ¡Cojonudo!*

TAMBIÉN SE DICE ASTREIN

Gedöns *nt.*

1 Gedöns machen *loc.*

COMERSE LA OLLA

—***Mach*** *nicht so viel* ***Gedöns*** *drum, das klappt schon!* • *No te comas la olla. Ya verás cómo al final sale bien.*

2 PEDRUSCOS (JOYAS, BISUTERÍA)

—*Meinst du, das* ***Gedöns*** *von der Alten ist echt?* • *¿Crees que las joyas de la vieja son auténticas?*

Geier *m.*

1 Hol's der Geier! *loc.*

ME CAGO EN TODO (*lit.* QUE SE LO LLEVE EL BUITRE)

—***Hol's der Geier,*** *jetzt muss ich schon wieder am Wochenende schuften!* • *¡Me cago en todo! Otra vez me toca currar el fin de semana.*

2 GORRÓN

*—Der **Geier** soll sich selber mal Fluppen kaufen, von mir bekommt der keine mehr! • Que se compre sus pitis. Yo a ese gorrón ya no le doy ninguno más.*

3 Weiß der Geier! *loc.*

NI (PUÑETERA/PAJOLERA) IDEA, NPI (NI PUTA IDEA), Y YO QUE SÉ, NI ZORRA

*—Kommt Ingo zum Fussball? // **Weiß der Geier!** • ¿Viene Ingo al fútbol? // ¡Ni idea!*

geflashed *p., del ing.*

FLIPADO/A, IMPACTADO/A

Geflashed es el participio de **flashed** versionado en alemán, que añade el prefijo estándar del participio, **ge-**, al del inglés.

*—Das Stück **hat** uns total **geflashed**. • La obra nos ha impactado mogollón.*

geigen *v.*

jdm die Meinung geigen *loc.*

CANTARLE LAS CUARENTA A ALGUIEN

*—Mir ist gestern der Kragen geplatzt und dann **hab** ich ihm ordentlich die **Meinung gegeigt**. • Ayer ya no pude más y le canté las cuarenta.*

geil *adj.*

1 GUAY, CHULO/A

*—Echt **geile** Jacke! • ¡Qué chaqueta más guay!*

En el mismo nivel de entusiasmo también puedes usar los adjetivos **arschgeil**, **granate**, **hammer**, **krass**, **nice** como sinónimos.

2 auf jdn geil sein *loc.*

PONER (sexualmente)

*—Carl ist echt 'n scharfer Macker. Ich **bin** voll **geil auf** ihn! • Carl está buenísimo. Me pone mogollón.*

Geist

1 im Geist *loc.*

TENER LA CABEZA EN OTRO LADO

*—Ich hab die Arbeit voll in den Sand gesetzt, weil ich **im Geist** schon auf Teneriffa war. • Me ha ido fatal el examen; ya tenía la cabeza en Tenerife.*

2 jdm auf den Geist gehen *loc.*

TOCARLE LOS HUEVOS A ALGUIEN

*—Schluss mit dem Gelaber! **Geh** mir nicht **auf den Geist**! • ¡Déjate de rollos! ¡No me toques más los huevos!*

geistig unbewaffnet *loc., irón.*

CORTO/A, MEDIO MONGO/A

—*Geiler Typ, aber **geistig** leider total **unbewaffnet**!* • *Está buenísimo, lástima que no tenga nada en la cabeza.*

TAMBIÉN PUEDES DECIR
INTELLIGENZALLERGIKER, NICHTSRALLER/IN

Gelaber *nt.*

PARLOTEO, CHARLATANERÍA

—*Das **Gelaber** geht mir auf die Eier!* • *Estoy hasta los huevos de su parloteo.*

Gemauschel *nt.*

COTILLEO

—*Die zwei hören den ganzen Tag nicht auf mit ihrem **Gemauschel**.* • *Esas dos se pasan el día cotilleando.*

Gerät *nt.*

1 INSTRUMENTO, POLLA

—*Pack dein **Gerät** wieder ein. Mit mir läuft nix!* • *Guárdate el instrumento que no vamos a hacer nada.*

2 TÍA BUENA, TÍA QUE ESTÁ CAÑÓN, BUENORRA, PIBÓN, BOMBÓN

—*Guck mal, bei dem **Gerät** da würd ich jetzt gern landen!* • *Está cañón. Anda que no le haría yo un favor.*

Geschoss *nt.*

TÍA BUENA, TÍA QUE ESTÁ CAÑÓN, BUENORRA, PIBÓN, BOMBÓN (*lit.* PROYECTIL)

—*Was für 'n **Geschoss**. Die würd ich gern mal pimpern.* • *¡Vaya pibón! Me la haría de pie.*

gigantisch *adj.*

TREMENDO/A, DE PUTA MADRE, COJONUDO/A

—***Gigantisch** diese Empanadas.* • *Están tremendas estas empanadas.*

Glatteis *nt.*

jdn aufs Glatteis führen *loc.*

LIAR, CONFUNDIR

—*Der Quizmaster **hat** die Kandidatin mit seinen Fragen ganz schön **aufs Glatteis geführt**.* • *El presentador del concurso lió a la concursante con sus preguntas.*

Glocken *f. pl.*

TETAS (*lit.* CAMPANAS)

—*Die **Glocken** von Betty sind unschlagbar.* • *Las tetas de Betty son insuperables.*

göbeln *v.*

POTAR, ECHAR LA POTA, ECHAR LA RABA, TRALLAR

—*Fang bloß nicht an zu **göbeln**, bevor ich den Eimer geholt hab.* • *No eches la pota hasta que no te traiga el cubo.*

Göre *f.*

ENANO/A, CHURUMBEL, MOCOSO/A, CRIAJO/A

*—Die **Gören** von den Nachbarn flippen schon wieder. Unmöglich zu lernen, bei diesem Radau!* • *Los enanos de los vecinos vuelven a estar de juerga. Con este jaleo no hay quien estudie.*

Gorilla *m.*

GORILA, MATÓN, SEGURATA

*—Meinst du, wir kommen heut für umme rein? // Unmöglich, der **Gorilla** an der Tür hat alles voll im Blick!* • *¿Crees que hoy podremos colarnos? // Imposible, el gorila de la puerta está super al loro.*

Greiftrupp *m.*

ANTIDISTURBIOS

*—Am Ende hat der **Greiftrupp** die ganze Demo aufgemischt.* • *Al final los antidisturbios repartieron a diestro y siniestro en la mani.*

Grünschnabel *m.*

PIPIOLO/A, YOGURÍN, CRIAJO/A, CHAVALÍN/A

*—Was willste denn mit dem **Grünschnabel**!? Du könntest seine Mutter sein.* • *¿Qué haces con ese pipiolo? Podrías ser su madre.*

Grünzeug *nt.*

1 VERDURA

*—Sie hat uns gestern schon wieder in so 'nen Vega-Schuppen geschleppt. Mir wird noch schlecht von dem ganzen **Grünzeug**.* • *Ayer nos llevó otra vez a un vegetariano. Voy a acabar aburriendo la verdura.*

2 YOGURÍN/INA, NIÑATO/A, PETISUÍ

*—In den Zappelbunker geh ich nicht mehr. Da wimmelt's nur so von **Grünzeug**.* • *No voy a volver a esa disco. Solo hay niñatos.*

Gummi *m. ó nt.*

CONDÓN, GOMA

*—Ohne **Gummi** läuft bei mir gar nix. // Denkste bei mir etwa?* • *Yo paso de hacer nada sin goma. // Y yo, ¿qué te crees?*

TAMBIÉN **PARISER**

Gurke *f.*

1 CARRACA (COCHE VIEJO)

*—Pete hat sich die **Gurke** von seiner Alten ausgeliehen und wir sind auf der Autobahn liegen geblieben.* • *Pete tomó prestado el coche viejo de sus padres. Nos dejó tirados en medio de la autopista.*

2 PENE, FALO, VERGA, PITO (*lit.* PEPINO)

*—Deine **Gurke** könnste auch mal wieder waschen, du Sau!* • *¡Ya te podrías lavar el pito so puerco!*

H

Haar *nt.*

1 jdm aufs Haar gleichen *loc.*

PARECERSE COMO DOS GOTAS DE AGUA, SER CLAVADOS/AS

—Ich kann die beiden kaum unterscheiden. Die ***gleichen*** *sich* ***aufs Haar****. // Kein Wunder, sind ja Zwillinge.* • *Es imposible distinguirlos. Son clavados. // Pues claro, son gemelos.*

2 Haare auf den Zähnen haben *loc.*

SER (UNA MUJER) DE ARMAS TOMAR

—Angela lässt sich nichts sagen. Die ***hat Haare auf den Zähnen****!* • *Angela no se deja mandar. ¡Es una mujer de armas tomar!*

3 sich in die Haare kriegen *loc.*

PELEARSE, TENER (UNA) BRONCA, TIRASE DE LOS PELOS

—Müsst ihr ***euch*** *immer* ***in die Haare kriegen****? Euer Rumgezicke geht mir so langsam auf den Geist.* • *¿Siempre tenéis que pelearos así? Estoy hasta los huevos de vuestras movidas.*

Hacken *m. pl.*

etwas an den Hacken haben *loc.*

ESTAR MUY LIADO/A

—Kommst du morgen mit ins Konzert? // Nee, ich ***hab zuviel an den Hacken*** *im Moment.* • *¿Te vienes mañana conmigo al concierto? // No puedo, estoy muy liado.*

Hackfresse *f.*

CARDO, CALLO

—Was hast du denn da für 'ne ***Hackfresse*** *angeschleppt?* • *¡Vaya cardo que te has traído, tío!*

Hadde lan! *interj.*

Expresión procedente del turco que significa "chao", "adiós", "hasta luego".

*—****Hadde lan!*** *// Hau rein, Alter!* • *¡Chao! // ¡Hasta luego!*

Häh? *interj.*

¿CÓMORRR?, ¿QUÉÉÉ?

*—Hypothenusenquadrat ist gleich Kathetenquadrat plus Kathetenquadrat. // **Häh**??? • El cuadrado de la hipotenusa es igual al cuadrado de un cateto más el cuadrado del otro cateto. // ¿Cómorrr?*

Hammer *m.*

das ist der Hammer *loc.*

¡QUÉ PASADA! ¡INCREÍBLE!, ¡QUÉ FUERTE!

*—Schon gehört? Nobby hat Chris wegen Nadine sitzen lassen. // Was? **Das ist** ja **der Hammer**! • ¿Sabes que Nobby ha dejado a Chris por Nadine? // ¿Qué? ¡Qué fuerte!*

A veces también se usa con el sentido de "Esto es el colmo".

Hänger *m.*

einen Hänger haben *loc.*

ESTAR APALANCADO/A, TENER UN BAJÓN

*—Was geht? Disco oder was? // Keinen Bock, **hab** grad **'nen** totalen **Hänger**! • ¿Qué pasa? ¿Nos vamos a la disco, o qué? // Paso, tío, estoy superapalancado.*

hartzen *v.*

APALANCARSE

*—Die **hartzen** auch nur noch im Café rum. Wenn die mal ihr Abi schaffen! • Se pasan el día apalancados en el bar. No creo que aprueben la selectividad.*

Surgida durante los años de la crisis financiera, la palabra procede de **Hartz IV**, un subsidio de paro de larga duración, e implica no hacer nada productivo.

harzen *v.*

FUMAR (PORROS/CANUTOS)

*—Lass uns mal wieder einen **harzen**. • ¿Nos fumamos un porro?*

Hase *m.*

wissen, wo der Hase langläuft *loc.*

SABER POR DONDE VAN LOS TIROS, SABER DE QUÉ VA

*—Maul! Ich **weiß** schon **wo der Hase langläuft**! • Calla, calla, que ya sé de qué va.*

Hässling, Hässlon *m.*

CALLO, CARDO

*—Özil ist ein **Hässling**. // Nee, ich find ihn süß! • Özil es superfeo. // No, a mí me parece mono.*

haten *v. del ing.* to hate

RAJAR, QUEJARSE

*—Vergiss den Typ, der ist nur am **Haten**. • Pasa de ese tío, se pasa todo el día rajando de todo y de todos.*

TAMBIÉN SE DICE
NÖRGELN O ALLES SCHLECHTMACHEN

Haut *f.*

1 unter die Haut gehen *loc.*

TOCAR LA FIBRA

*—Die Doku ist echt fett. Die Bilder **gehen** richtig **unter die Haut.*** • *El docu es cojonudo. Hay escenas que te tocan la fibra de verdad.*

2 Haut schon! *loc.*

¡TODO EN ORDEN!

*—Alles paletti? // **Haut schon!*** • *¿Todo bien? // ¡Todo en orden!*

TAMBIÉN PUEDES DECIR
GEHT SCHON O PASST SCHON

Hau rein! *loc.*

CHAO, ADIÓS

*—Ich hau ab hier! // **Hau rein,** Alte!* • *¡Me largo! // ¡Chao, tío!*

Heini *m.*

PRINGADO, TONTOLABA
(solo referido a chicos)

*—Hey du **Heini,** lass mich in Ruhe!* • *Oye pringao, déjame en paz.*

En un orden ascendente de agresividad también se puede decir: **bekloppt** *adj.*, **Lauch** *m.* (*lit.* puerro), **Quatschkopf** *m.* o **unterbelichtet** *adj.*

Herrenhandtasche *f.*, Herrenhandtäschchen (6-Pack Bier) *nt.*

PACK DE SEIS CERVEZAS
(*lit.* BOLSO DE CABALLERO)

*—Marie hat zwei **Herrenhandtäschchen** besorgt. // Das reicht doch nie für die ganze Meute!* • *Marie ha traído dos packs de cervezas. // ¡Con eso no tenemos ni para empezar con la de peña que ha venido!*

Heulsuse *f.*

LLORÓN/ONA, LLORICA

*—Mourinho ist vielleicht eine **Heulsuse!*** • *¡Mourinho es un llorón que te cagas!*

hinfläzen (sich) *v. prnl.*

REPANCHIGARSE, TIRARSE A LA BARTOLA

*—**Fläz dich** nicht immer so **hin.** Kannst du nicht mal richtig sitzen?* • *No te repanchigues así. ¡Siéntate bien!*

hinschmeißen (etwas) *v.*

DEJAR, ABANDONAR

*—Warum **hast** du denn **den Job hingeschmissen**? Der war doch cool. // Hatte keinen Bock mehr!* • *¿Por qué dejaste el curro? Si era muy guay. // Ya estaba harto.*

hinterfotzig *adj.*

SER UNA MALA PUTA, TENER MUY MALA LECHE, SER UN/A CABRÓN/ONA

*—Trau der bloss nicht übern Weg, die ist total **hinterfotzig**.* • *¡No te fíes ni un pelo, es una mala puta de cuidado…!*

Hintern *m.*

1 Hummeln/Pfeffer im/unterm Hintern haben *loc.*

SER UN CULO INQUIETO, SER UN CULO DE MAL ASIENTO (*lit.* TENER ABEJORROS/ PIMIENTA EN EL CULO)

*—Kannst du nicht mal stillsitzen? Hast wohl **Hummeln unterm Hintern**?* • *¿No puedes quedarte un rato sentado tranquilo? ¡Eres un culo inquieto!*

2 mit dem Hintern nicht aus dem Bett kommen *loc.*

LEVANTARSE TARDE, HACER EL REMOLÓN EN LA CAMA

*—Jetzt ist schon zwölf Uhr und der ist **mit dem Hintern** immer noch **nicht aus dem Bett gekommen**!* • *¡Ya son las doce y todavía estás en la cama!*

3 sich auf den Hintern setzen *loc.*

HINCAR LOS CODOS, ECHAR CODOS, EMPOLLAR

*—Wenn du **dich** so langsam nicht mal **auf den Hintern setzt**, bleibst du noch sitzen dieses Jahr!* • *Si no empiezas a echar codos pronto, vas a tener que repetir curso.*

hin und weg *loc.*

ALUCINADO/A, FLIPAR

*—Dein Film ist echt gut geworden, ich bin **hin und weg**.* • *Tu peli ha quedado increíble, estoy flipando.*

hochessen *v.*

POTAR, ECHAR LA POTA, ECHAR LA RABA

*—Von der Sahnesoße wurd mir richtig kotzig. Musste ich erstmal **hochessen**.* • *La salsa con nata me hizo entrar bascas y tuve que echar la pota.*

Otras maneras de referirse a tan desagradable acto son **göbeln, reihern, rückwärts (essen), ulfen** o **Würfelhusten haben**.

Hocker *m.*

jdn vom Hocker hauen, jdn vom Hocker reißen *loc.*

MOLAR MOGOLLÓN

*—Der Laden hier **reißt mich** nicht **vom Hocker**. Lass uns abzischen!* • *Este local no me mola nada. ¡Venga, vámonos!*

Höhlenforscher/in *n.*

CHUMINÓLOGO/A, GINECÓLOGO/A

*—Meine **Höhlenforscherin** ist echt fetzig.* • *Mi chuminóloga es cojonuda.*

Homie *m.*

COLEGA, TRONCO, NEN(G)

*—Hau rein, **Homie**! // Tschüss, Atze!* • *¡Chao tronco! // ¡Ta luego tío!*

Honk *m.*

CAPULLO, GILIPOLLAS

*—Der Zappelbunker hier ist voller **Honks**.* • *La disco esta está llena de gilipollas.*

Para hablar de imbéciles, idiotas, gilipollas y afines también puedes usar: **Armleuchter** *m.*, **Blubber** *m.*, **Bauerntölpel** *m.*, **Depp** *m.*, **Horst** *m.*, **Intelligenzallergiker/in** *n.*, **Knallkopf** *m.*, **Kunde** *m.*, **Lappen** *m.*, **Nichtsraller/in** *n.*, **Opfer** *m.*, **Patient/in** *m.*, **Pfosten** *m.*, **Spacken** *m.*, **Spasti** *m.*, **Spaten** *m.*, **Spinner/in** *m.*, **Trottel** *m.*, **Vollhorst** *m.*, **Vollhonk** *m.*, **Vollpfosten** *m.*, etc.

Hopfenkaltschale *f.*

BIRRA FRÍA, RUBIA BIEN FRÍA (*lit.* GAZPACHO DE LÚPULO)

*—Bock auf 'ne **Hopfenkaltschale**? // Kommt jetzt echt fett bei dieser Bullenhitze!* • *¿Te apetece una birra bien fría? // Pues estaría de puta madre, con este calor que hace…*

Hummeltitten *f. pl.*

1 PIEL/CARNE DE GALLINA

*—Wenn ich an Peter denke, krieg ich **Hummeltitten**!* • *Cuando pienso en Peter, me entra piel de gallina.*

2 MANDARINAS, GRANOS (*lit.* TETAS DE ABEJORRO)

*—Bei den **Hummeltitten** brauchst du doch keinen Glockenträger!* • *Con esas tetillas que tienes, ¡no te hace falta llevar sujetador!*

Hure *f.*

1 PUTA, FURCIA

*—Meine Nachbarin läuft rum wie die letzte **Hure**.* • *Mi vecina se viste como una puta.*

2 Hurenbock *m.*

Originalmente significaba "putero" aunque ahora se usa con el sentido de "cabrón", "hijo de puta" y en general para referirse a alguien "que se tira a todo lo que se mueve".

*—Vergiss den Alten. Der letzte **Hurenbock**, sag ich dir. Der treibts mit jeder.* • *Pasa de ese tío. Me han dicho que se tira a todo lo que se mueve.*

3 Hurensohn *m.*

HIJO DE PUTA, HIJOPUTA

*—Verpiss dich, du **Hurensohn**!* • *¡Lárgate, hijo de puta!*

i

Igelschnäuzchen *nt.*

TETITAS, MANDARINAS (*lit.* HOCICO DE ERIZO)

*—Du brauchst noch kein Bikinioberteil mit deinen **Igelschnäuzchen**! • Tú, con esas tetitas que tienes, todavía no necesitas la parte de arriba del bikini.*

Igitt!, Igitt-igitt! *interj.*

¡ECS!, ¡PUAJ!, ¡QUÉ ASCO!

*—Marmelade mit Senf. **Igitt-igitt!** • Mermelada con mostaza, ¡qué asco!*

-inski *suf.*

El sufijo **-inski** puede añadirse a algunos adjetivos que pasan a adquirir un tono humorístico: **Brutalinski, Radikalinski, Totalinski...**

Intelligenzallergiker/in *n.*

LERDO/A, CORTO/A, MONGO/A (*lit.* ALÉRGICO A LA INTELIGENCIA)

*—Der rallt nix der Typ. // Ist 'n echter **Intelligenzallergiker**! • El tipo ese no entiende nada. // Es que es medio mongo.*

Intelligenzfenster *nt.*

HORIZONTE/LÍMITE INTELECTUAL

*—Das ist außerhalb ihres **Intelligenzfensters**. Das versteht die nie. • Está fuera de su horizonte intelectual. No lo va a entender en la vida.*

imba *adv.*

BOMBA, GENIAL, LO MÁS

*—Meine Arbeitskollegen sind echt **imba**. Ist spaßig mit den Leuten. • Mis compañeros de trabajo son la bomba. Me lo paso genial con ellos.*

Ische *f.*

CHURRI, GACHÍ

*—Hast 'ne neue **Ische**? // Schon immer die gleiche, Alter! • ¿Has cambiado de churri? // ¡Qué va! Tengo la misma de siempre, tío.*

jabbern *v.*

CHATEAR

*—Ihr sollt nicht **jabbern,** ihr sollt die Aufgabe lösen! • ¡No chateéis! Lo que tenéis que hacer es el ejercicio.*

jacklässig *adj.*

GUAY, DE PUTA MADRE

*—Deine Alten sind echt **jackläs-sig.** Die erlauben dir ja alles! • Tus viejos son de puta madre, tío. ¡Te dejan hacer de todo!*

Jammerlappen *m.*

LLORICA, QUEJICA, PLASTA

*—Diesen **Jammerlappen** kann ich nicht mehr sehen. Seitdem ich Schluss gemacht habe, heult der mir jeden Tag was vor. • No puedo con ese llorica. Desde que lo planté, no para de lloriquearme todo el día.*

Jasager/in *n.*

PERSONA QUE SIEMPRE DICE SÍ (JA)/AMÉN A TODO

*—Diese **Jasagerin** kann sich gegen ihren Freund gar nicht durchsetzen. • Esa tía es una sumisa; es incapaz de llevarle la contraria en nada a su novio.*

jein *adv.*
(ja + nein)

NI SÍ NI NO, A MEDIAS

Contracción de **ja** y **nein**.

*—Kannst du den ab? //**Jein.** // Na, ja oder nein? • ¿Te cae bien? // Ni sí ni no… // A ver, ¿te cae bien o no?*

Jesuslatschen *f. pl.*

SANDALIAS FRANCISCANAS

Las **Jesuslatschen** son muy características en Alemania de un tipo de persona de estilo un poco hippy o alternativo, seguramente ecologista, vegetariana, etc. Normalmente son de la marca Birkenstock.

*—Wenn er diese **Jesuslatschen** nicht anhätte, wäre der Typ echt o. k.! • Si le quitas estas sandalias de franciscano, aún tiene un pase.*

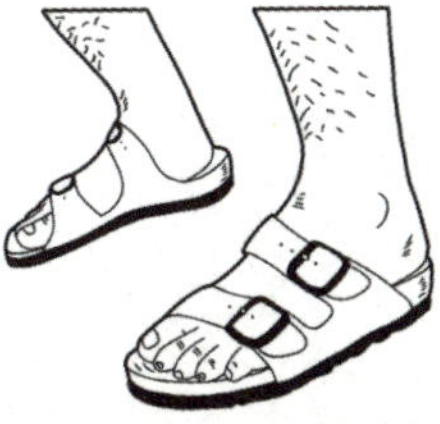

jetten *v.*

IR PITANDO A ALGÚN SITIO, IR A TODA MECHA, IR A TODO TRAPO

*—Ui, schon so spät! Ich **jette** mal eben zur Arbeit!* • *¡Uy, qué tarde! ¡Me voy pitando al trabajo!*

TAMBIÉN PUEDES DECIR DÜSEN

Jockel *m.*

COÑAZO, PLASTA, PELMA

*—Geh bloss nicht mit diesem **Jockel** aus.* • *No se te ocurra salir con ese coñazo de tío.*

TOMA NOTA DE ALGUNOS SINÓNIMOS: TROTTEL, DEPP

juckig *adj.*

IR SALIDO/A, ESTAR CALIENTE, IR/ESTAR CACHONDO/A

*—Was bin ich **juckig** heute!* • *¡Hoy voy muy salido!*

Junggemüse *nt.*

BOLLITOS, LOLITAS, YOGURINES, BOLLICAOS (*lit.* VERDURA TIERNA)

*—Scharfe Bunnys da drüben! // Seid wann stehst du denn auf so 'n **Junggemüse**?* • *¡Mira esas tías! // ¿Desde cuándo te molan las lolitas?*

Junkie *m.*

1 YONQUI, YONKARRA

*—Ich hab diese beschissene Gegend sowas von satt. Du siehst hier nur Nutten und **Junkies**.* • *Estoy harto de vivir en esta mierda de barrio. Por la calle solo ves a putas y yonquis.*

2 MUERMO, APALANCADO, VAGO

*—Das ist ein **Junkie**, der Typ, immer total verpennt.* • *Ese tío es un muermo, siempre va medio dormido.*

j. w. d. *acrón.* (janz weit draußen)

EN EL QUINTO PINO, DONDE CRISTO PERDIÓ EL GORRO

*—Caro macht sich rar, seitdem sie **j. w. d.** wohnt.* • *A Caro ya no se le ve el pelo desde que vive en el quinto pino.*

j. w. d. significa literalmente "muy lejos" y es una expresión típica de Berlín, donde la "g" se pronuncia a menudo como una "j"; de ahí que en vez de **ganz** se diga **janz**.

DAS MIT EUCH BEIDEN IST ABER AUCH EINE VERFAHRENE KISTE. DA STEIG' ICH NICHT MEHR DURCH • LO VUESTRO ES UN CULEBRÓN. LA VERDAD ES QUE YA ME HE PERDIDO

kabbeln (sich) *v. prnl.*

DISCUTIRSE, PELEARSE

—***Kabbelt euch*** *nicht schon wieder! Vertragt euch endlich!* • *¡No os volváis a discutir! ¡Venga, haced las paces!*

Kackbratze *f.*

1 CALLO, FETO, CARDO

—*Die* ***Kackbratze*** *an der Kasse hat mich letzte Woche beim Eintüten erwischt.* • *La semana pasada la tía callo de la caja me pilló mangando.*

2 PESADO/A

—*Milena, die* ***Kackbratze,*** *ist die ganze Zeit am Quengeln. // Setz sie doch vor die Glotze, dann gibt sie Ruh!* • *La pesadita de Milena no para de lloriquear. // Ponla a mirar la tele y se calmará.*

Kacke *f.*

1 auf die Kacke hauen *loc.*

SALIR DE FIESTA, DESFASAR(SE)

—*Gestern* ***haben*** *wir* ***auf die Kacke gehauen.*** *Ich war erst morgens um sieben zu Hause.* • *Ayer salimos de fiesta y no regresé a casa hasta las siete de la mañana.*

2 die Kacke ist am Dampfen *loc.*

LIARSE UN POLLO, ARMARSE UNA

—*Als meine Alten mitgekriegt haben, dass ich erst um sieben nach Hause kam, da* ***war die Kacke*** *aber* ***am Dampfen.*** • *Cuando mis viejos se enteraron de que no llegué a casa hasta las siete de la mañana se lió un pollo que ni te cuento.*

kahlen *v.*

LLENAR EL BUCHE, PAPEAR

—*Grad hab ich zu Mittag gegessen und mir ist schon wieder nach* ***Kahlen.*** • *Acabo de comer y ya vuelvo a tener ganas de llenar el buche.*

Kaff *nt.*

PUEBLACHO, PUEBLACO

—*Was bin ich froh, wenn ich die Schule fertig hab und aus diesem* ***Kaff*** *hier rauskomm.* • *¡Qué ganas tengo de acabar el cole y largarme de este pueblacho!*

Kakao *m.*

jdn durch den Kakao ziehen *loc.*

CACHONDEARSE DE ALGUIEN

—Mach dir nix draus, die ***ziehen alle durch den Kakao.*** • *No te lo tomes a mal, estos se cachondean de todo quisqui.*

kalt *adj.*

kalt erwischen *loc.*

PILLAR EN BRAGAS, PILLAR CON LOS PANTALONES BAJADOS, PILLAR CON EL CULO AL AIRE

—Der Regen hat uns ***kalt erwischt****. Unser Zelt wurde fast weggeschwemmt!* • *La lluvia nos pilló en bragas. Casi se nos lleva la tienda de campaña.*

Kanal *m.*

1 den Kanal voll haben *loc.*

ESTAR HASTA EL MOÑO, ESTAR HASTA LAS NARICES

—Hör auf, Stress zu machen, ***ich habe den Kanal voll*** *davon.* • *¡Déjame en paz! Estoy hasta las narices de que me presionéis tanto.*

2 den Kanal wechseln *loc.*

CAMBIAR EL CHIP

—Mit dem neuen Chef müssen wir ***den Kanal wechseln****. Er wird nichts durchgehen lassen.* • *Con el nuevo jefe tenemos que cambiar el chip. Este no nos va a dejar pasar ni media.*

3 sich den Kanal volllaufen lassen *loc.*

MAMAR, EMPINAR EL CODO

—Vor Frust hab ich ***mir den Kanal volllaufen lassen****. War ich knülle am Schluss!* • *Llevaba tal cabreo encima que me puse a mamar a saco. ¡Agarré un pedo que no veas!*

Kante *f.*

1 etwas auf die hohe Kante legen, etwas auf der hohen Kante haben *loc.*

TENER DINERO AHORRADO, AHORRAR

—Klar komm ich mit nach Ibiza. Ich ***hab*** *dafür extra was* ***auf die hohe Kante gelegt****.* • *Claro que me vengo a Ibiza. He estado ahorrando para poder ir.*

2 sich die Kante geben *loc.*

PILLAR UN CIEGO, PILLAR UNA TAJA, CHUZARSE

—Wenn der nicht aufpasst, wird er noch zum Alki, so wie er ***sich*** *immer* ***die Kante gibt****!* • *Como no se controle un poco, este acaba alcohólico. ¡Se pilla unos ciegos!*

Karre *f.*

1 CARRO, COCHE

*—Mit dieser Schrott****karre*** *kommst du aber nicht weit. Du willst doch damit nicht etwa nach Italien fahren?* • *Con esta mierda de coche no vas a llegar muy lejos. ¿No pretenderás ir a Italia con este trasto?*

2 die Karre aus dem Dreck ziehen *loc.*

ARREGLAR EL DESAGUISADO

—Und dann isses mal wieder an mir, ***die Karre aus dem Dreck*** *zu* ***ziehen****.* • *Al final, siempre me toca a mí arreglar los desaguisados.*

Kasper *m.*

einen Kasper in der Schublade haben *loc.*

ESTAR PREÑADA, TENER UN BOMBO (*lit.* TENER UN TÍTERE EN EL CAJÓN)

—Du, ich glaub, Annie ***hat einen Kasper in der Schublade****. // Quatsch, die ist nur fett geworden!* • *Oye, me parece que Annie está preñada... // ¡Qué va! Lo que pasa es que ha engordado un poco.*

Kater *m.*

einen Kater haben *loc.*

TENER RESACA

—Ein Wunder, dass ich nach dem Löschen der Festplatte gestern ***keinen Kater habe****.* • *Es increíble que después del pedo de ayer hoy no tenga nada de resaca.*

Keks *m. o nt.*

1 keksen *v.*

TOCAR LOS HUEVOS, TOCAR LAS PELOTAS

—Hör endlich auf zu ***keksen****, du fällst mir echt auf den Wecker!* • *¡Deja ya de tocarme los huevos, me estás poniendo de los nervios!*

2 jdm auf den Keks/ auf die Kekse gehen *loc.*

SACAR DE QUICIO, PONER NEGRO, PONER DE LOS NERVIOS

—Maria ***geht*** *mir so langsam echt* ***auf den Keks****! // Ja die nervt.* • *Maria me pone de los nervios. // Sí, es muy pesada.*

Kellerkind *nt.*

FRIKI DE LA INFORMÁTICA, YONQUI DE LOS ORDENADORES

—Micky hängt nur noch vor dem Compi. Das reinste ***Kellerkind****!* • *Micky se pasa el día sentado delante del ordenador. ¡Es un friki total!*

kiffen *v.*

FUMAR PORROS, FUMAR PETAS

—Seitdem ich das verordnet bekommen habe, bin ich nur noch am ***Kiffen****! Und das mit 60!* • *Desde que tengo autorización médica, no paro de fumar petas y ¡eso que he empezado a los 60!*

Si te va este rollo, toma nota de estas otras maneras de referirse al hecho de fumarse un porrete: **rauchen**, **barzen**, **grasen**, **paffen**, **buffen**, **chuffen**, **dübeln** y **harzen**. De todos ellos solo **rauchen** y **paffen** se utilizan también para referirse a fumar en general (cigarrillos, puros, etc.).

Kiste *f.*

1 lata, cuatro latas, coche viejo

*—Sag bloß, du hast diese **Kiste** gekauft? // Nee, die hat mir mein Onkel abgestoßen!* • *¿No me digas que te has comprado esta lata? // No. Me lo regaló mi tío.*

2 CAMA, SOBRE

*—Die ganze Rasselbande jetzt ab in die **Kiste**!* • *¡Venga toda la pandilla a la cama!*

3 ORDENATA

*—Hängst du schon wieder vor dieser **Kiste**? // Ich spiel nicht, ich such Infos für mein Referat!* • *¿Ya estás otra vez pegado al ordenata? // ¡Que no estoy jugando, estoy buscando cosas para un trabajo!*

4 verfahrene Kiste *loc.*

CULEBRÓN, MOVIDA, LÍO

*—Das mit euch beiden ist aber auch eine **verfahrene Kiste**. Da steig ich nicht mehr durch.* • *Lo vuestro es un culebrón. La verdad es que ya me he perdido.*

Klappe *f.*

die Klappe halten *v.*

CERRAR EL PICO, CALLAR

*—Du hast heute aber Ringe unter den Augen. // Ach, **halt** doch einfach **die Klappe**!* • *¡Vaya ojeras que tienes hoy! // ¿Por qué no te callas un rato?*

Klapsmühle *f.*, Klapse *f.*

MANICOMIO

*—Du machst mich noch ganz kirre mit dieser schrecklichen Musik. Am Ende lande ich noch in der **Klapse**!* • *Me estás volviendo loca con esta música infernal. ¡A este paso acabaré en el manicomio!*

klarkommen *v.*

IR TIRANDO, ARREGLÁRSELAS, PILLAR ALGO

*—Wie läuft's? // **Komm** schon **klar**!* • *¿Qué tal te va? // Voy tirando.*

Klarschiff machen *loc.*

ACLARAR, PONER EN CLARO, PONER ORDEN

*—Bevor wir weiterarbeiten sollten wir erstmal **Klarschiff machen**!* • *Antes de seguir trabajando, hay que poner orden en el departamento.*

klatschen *v.*

1 METER/DAR UNA PALIZA, HOSTIAR, GOLPEAR

*—Gestern **hab'n** die vom Juzi ein paar Faschos **geklatscht**.* • *Ayer los del centro juvenil metieron una paliza a unos fachas.*

2 ECHAR UN POLVO, ECHAR UN CLAVO, ECHAR UN QUIQUI

*—Schon lange nicht mehr **geklatscht**! Seitdem mit Ina Schluss ist, ist nix mehr gelaufen!* • *¡Llevo la tira sin echar un polvo! Desde que corté con Ina no me he comido un rosco.*

3 COTILLEAR

—Schon die News von Freddy und Lisa gehört? // Ich bin ja nicht wie du den ganzen Tag nur am Klatschen. • *¿Te has enterado de lo de Freddy y Lisa? // Pues no, yo no me paso el día cotilleando como otros.*

klatschnass *adj.*

EMPAPADO/A, CALADO/A HASTA LOS HUESOS, HECHO/A UNA SOPA

*—Warum bist du denn **klatschnass**? // Ich hab meinen Regenschirm vergessen!* • *¿Cómo es que vas tan empapada? // Me dejé el paraguas.*

Klemme *f.*

in der Klemme stecken, in der Klemme sitzen *loc.*

ESTAR METIDO/A EN UN MARRÓN

*—Sie haben ihn zum fünften Mal beim Klauen erwischt. Jetzt steckt der ganz schön **in der Klemme**.* • *Lo han pillado robando por quinta vez. Ahora sí que se ha metido en un buen marrón.*

Klette *f.*

LAPA

*—Warum sind die beiden denn nicht mehr zusammen? // Die Tusse ist doch die reinste **Klette**, die ist ihm nicht mehr von der Seite gewichen.* • *¿Cómo es que ya no salen juntos? // La tía esa es una lapa. No lo dejaba ni a sol ni a sombra.*

klipp und klar *loc.*

SIN RODEOS, BIEN CLARO, SIN PELOS EN LA LENGUA

*—Ich hab's euch **klipp und klar** gesagt, das war das allerletzte Mal!* • *¡Ya os he dicho bien clarito que esta era la última vez!*

Klöten *n. pl.*

HUEVOS, PELOTAS, COJONES

*—Du gehst mir heute mal wieder gewaltig auf die **Klöten**!* • *¡Hoy me estás volviendo a tocar los huevos de mala manera!*

TAMBIÉN SE DICE **HODEN** O **EIER**

knabbern *v.*

an etwas zu knabbern haben *loc.*

SENTAR MUY MAL

*—Sie **hat** immer noch **daran zu knabbern**, dass du gesagt hast, sie wäre etwas dicker.* • *Le sentó muy mal que le dijeras que la veías más rellenita.*

knacken *v.*

1 Auto knacken *loc.*

ABRIR COCHES, REVENTAR COCHES, FORZAR COCHES

—In unserer Straße ***werden*** *seit neustem die* ***Autos geknackt,*** *und die bauen wohl das Radio aus.* • *En nuestra calle, últimamente, abren coches y les desmontan la radio.*

2 Knackarsch *m.*

CULITO, PEDAZO DE CULO

—Meine Fresse, Taylor Lautner hat vielleicht einen geilen ***Knackarsch.*** • *¡Madre mía, qué culito tiene Taylor Lautner!*

Knarre *f.*

PIPA, PISTOLA

*—Die haben doch tatsächlich mit 'ner Spielzeug****knarre*** *die Tanke überfallen.* • *Se ve que atracaron la gasolinera con una pistola de juguete.*

Knete *f.*

PASTA, GUITA, PELAS, JURELES

—Ich hab keine ***Knete*** *mehr. Kannst du mir was leihen?* • *No me queda pasta. ¿Me dejas algo?*

Otras maneras de referirse al parné son: **Kies, Kohle, Kröten, Mäuse, Moneten, Moos, Schotter, Zaster,** etc.

Knick *m.*

1 das kannste knicken *loc.*

OLVIDARSE DE ALGO

—Das mit meiner Schwester ***kannste knicken.*** *Die hat jetzt 'nen neuen Lover.* • *Olvídate de lo de mi hermana. Tiene un amante nuevo.*

2 Knickknack *expr.*

ÑACA-ÑACA

—Wie war's gestern mit deiner neuen Flamme? ***Knickknack*** *oder was?* • *¿Qué tal ayer con tu nueva churri? ¿Ñaca-ñaca o qué?*

Knöllchen *nt.*

RECETA, MULTA

—Nur wegen zwei Minuten im Halteverbot, haben die mir ein ***Knöllchen*** *von 60 Euro verpasst!* • *Solo por aparcar dos minutos en una zona donde está prohibido me han puesto una receta de 60 euros.*

Kohldampf (haben/schieben) *loc.*

MORIRSE DE HAMBRE

—Mmmh, wie das hier riecht. Ich ***schieb*** *vielleicht einen* ***Kohldampf!*** • *¡Mmm, qué bien huele! ¡Me muero de hambre!*

Koks *m.*

COCA, FARLA, FARLOPA

*—Das ist doch nicht etwa **Koks**, was du da in der Tasche hast? // Quatsch, nur Traubenzucker!* • *¿No me digas que llevas coca en el bolsillo? // ¡Qué va! Es azúcar.*

Komasaufen *nt.*

BEBER HASTA CAER REDONDO/HASTA PERDER EL CONOCIMIENTO

*—Nach dem **Komasaufen** gestern musste er ins Krankenhaus zum Magenauspumpen.* • *Bebió hasta caer redondo; lo tuvieron que llevar al hospital a vaciarle el estómago.*

Kopf *m.*

1 auf den Kopf gefallen sein *loc.*

CHUPARSE EL DEDO, SER TONTO/A

*—Hast du schon gemerkt, dass die Tusse da deinen Macker anbaggert? // Glaubst du denn, ich **bin auf den Kopf gefallen**?* • *¿Te has dado cuenta de que la tía esa se quiere ligar a tu novio? // ¿Pero tú te crees que me chupo el dedo o qué?*

2 den Kopf in den Sand stecken *loc.*

TIRAR LA TOALLA, DARSE POR VENCIDO (*lit.* METER LA CABEZA EN LA ARENA)

*—Wegen einer miesen Mathenote wirst du doch nicht gleich **den Kopf in den Sand stecken**. Es fehlen noch viele Prüfungen …* • *Por una mala nota de mates no tires la toalla. Aún quedan muchos exámenes…*

3 Kopf hoch! *interj.*

ÁNIMO, P'ARRIBA ESOS ÁNIMOS

*—Lass dich nicht hängen, so schlimm ist es auch nicht. **Kopf hoch!*** • *Venga, no te aplatanes así, que no es tan grave. ¡P'arriba esos ánimos!*

4 Kopf und Kragen riskieren *loc.*

JUGARSE EL CUELLO, JUGARSE EL PELLEJO, JUGÁRSELA

*—Wir **haben** dafür **Kopf und Kragen riskiert** und jetzt sagst du, das wär nicht so wichtig. Bei dir tickts wohl!* • *Nosotros nos jugamos el pellejo por eso y ahora vienes tú y nos dices que no era tan importante. ¿Se te va la olla, o qué?*

5 sich den Kopf zerbrechen *loc.*

ROMPERSE LA CABEZA, COMERSE LA OLLA

*—**Zerbrich dir** nicht **den Kopf** darüber. Wir regeln das schon irgendwie.* • *No te rompas más la cabeza con eso. Ya lo arreglaremos de otra manera.*

6 sich etwas aus dem Kopf schlagen *loc.*

QUITARSE/SACARSE ALGO DE LA CABEZA, OLVIDARSE DE ALGO

*—Wenn du so weitermachst, kannst du **dir** das mit dem Urlaub **aus***

dem Kopf schlagen! • *Como sigas así, ya puedes quitarte de la cabeza lo de las vacaciones.*

7 sich etwas durch den Kopf gehen lassen *loc.*

PENSARSE UNA COSA BIEN, DARLE UN PAR DE VUELTAS, CONSULTAR CON LA ALMOHADA

*—Was hältst du von der Sache? // Ich **lass** es **mir durch den Kopf gehen.** Montag sag ich dir Bescheid.* • *¿Qué te parece el asunto? // Tengo que pensármelo bien. El lunes te digo algo.*

8 sich etwas in den Kopf setzen *loc.*

METERSE ALGO EN LA CABEZA

*—Wenn die **sich etwas in den Kopf setzt,** dann ist sie nicht mehr davon loszubringen!* • *¡Cuando se mete algo en la cabeza no hay manera de disuadirla!*

9 über den Kopf wachsen *loc.*

IRSE ALGO DE LAS MANOS A ALGUIEN, SUPERAR A ALGUIEN

*—Dieses ganze Projekt **wächst uns** so langsam **über den Kopf.*** • *Este proyecto poco a poco se nos está yendo de las manos.*

Krampfadergeschwader *nt.*

GRUPO DE PURETAS, PANDILLA DE VIEJUNOS (*lit.* CUADRILLA DE VARICOSOS)

*—Ich geh nie wieder morgens ins Hallenbad. Da triffst du voll aufs **Krampfaderngeschwader!*** • *Yo paso de volver a ir a la piscina a primera hora de la mañana. ¡Solo hay puretas!*

Kübel *m.*

es regnet wie aus Kübeln *loc.*

LLUEVE A CÁNTAROS, ESTÁ CAYENDO LA DE DIOS, ESTÁN CAYENDO CHUZOS DE PUNTA

*—Wie war das Wetter denn in eurem Urlaub? // Du glaubst es nicht. Die ganzen zwei Wochen lang **hat** es **wie aus Kübeln geregnet!*** • *¿Os hizo buen tiempo en las vacaciones? // Pues no te lo vas a creer. ¡Estuvo lloviendo a cántaros los quince días!*

Kurve *f.*

1 die Kurve kratzen *loc.*

ESFUMARSE, DESAPARECER RÁPIDO

*—Als die Bullen kamen, **haben** die Straßenhändler sofort **die Kurve gekratzt.*** • *Cuando vino la pasma, los manteros se esfumaron.*

2 die Kurve kriegen *loc.*

SALVARSE POR LOS PELOS, SALVARSE DE MILAGRO

*—Der Hamburger SV war kurz vorm Absteigen, **hat** aber gerade noch **die Kurve gekriegt.*** • *El Hamburgo estuvo a punto de bajar, pero al final se salvó por los pelos.*

L

labern *v.*

SOLTAR EL ROLLO, METER UN ROLLO

*—Komm, lass uns die Biege machen, der **labert** mal wieder ohne Ende!* • *Venga, vámonos, que este tío nos está metiendo otra vez un rollo que no veas.*

Lachflash *m.*

ATAQUE DE RISA, DESCOJONE

*—Jedes Mal, wenn wir uns anschauten, bekamen wir voll den **Lachflash**!* • *Cada vez que nos mirábamos nos cogía un ataque de risa.*

Langfinger *m.*

CHORIZO, CARTERISTA

*—Pass auf, auf den Ramblas wimmelt es nur so von **Langfingern**.* • *Vigila, que las Ramblas están llenas de chorizos.*

Lappen *m.*

(*lit.* TRAPO, BAYETA)

1 BILLETES

*—Du hast ja noch 'n **Lappen** im Portemonnaie. // Ist aber leider nur 'n Fünfer!* • *Todavía te queda un billete en la cartera. // ¡Sí, pero solo es de cinco!*

2 CARNET DE CONDUCIR

*—Hast du deinen **Lappen** wieder? // Nee, erst in zwei Wochen!* • *¿Ya te han devuelto el carnet de conducir? // Todavía no. Dentro de dos semanas.*

Laschi *m.*

NENAZA

*—Der **Laschi** soll mit uns spielen?!? Da haben wir doch keine Chance.* • *¿Ese nenaza va con nosotros? Entonces no tenemos nada que hacer.*

Lass knacken! *loc.*

¡VENGA!

*—Gehen wir auf ein Bier? // **Lass knacken!*** • *¿Qué? ¿Nos tomamos una caña? // ¡Venga!*

latschen *v.*

1 *v.* IR A PATA, PATEAR

*—Wenn ich mit der U-Bahn zur Arbeit fahre, krieg ich zuviel. Ich **latsche** lieber.* • *Cuando voy en metro al curro, me agobio un huevo. Prefiero ir a pata.*

2 *m. pl.* ZAPATOS, ZAPATILLAS

—Nimm mal die ***Latschen*** *da runter! Ich hab grade das Sofa gereinigt.* • *¡Quita los zapatos de ahí que acabo de limpiar el sofá!*

3 aus den Latschen kippen *loc.*

QUEDARSE DE PIEDRA

—Damit hab ich nie gerechnet. Ich ***bin*** *echt* ***aus den Latschen gekippt!*** • *Eso sí que no me lo esperaba. ¡Me he quedado de piedra!*

Latte *f.*

eine Latte bekommen, eine Latte haben *loc.*

PONERSE PALOTE, PONÉRSELA DURA, EMPALMAR(SE)

—Im Schwimmbad hat er plötzlich so ***'ne Latte bekommen.*** *Das war ihm vielleicht peinlich!* • *De repente se puso palote en la piscina. ¡Se quería morir!*

Läuft! *loc.*

VALE, HECHO, DE ACUERDO

—20 Euro die Stunde? // ***Läuft!*** • *¡20 euros la hora? // ¡Vale!*

TAMBIÉN SE DICE GERITZT, ALLES KLAR, ABGEMACHT O GEBONGT

Laus *f.*

eine Laus über die Leber laufen *loc.*

PICARLE UNA MOSCA/UN BICHO A ALGUIEN

—Was ist denn mit dir los? ***Ist*** *dir* ***eine Laus über die Leber gelaufen?*** • *¿Pero qué te pasa? ¿Qué mosca te ha picado?*

Leberwurst *f.*

die beleidigte Leberwurst spielen *loc.*

HACERSE EL/LA OFENDIDO/A, IR DE OFENDIDO/A

—Kommt Inge auch zur Party? // Die ***spielt die beleidigte Leberwurst,*** *weil sie keine persönliche Einladung gekriegt hat.* • *¿Viene Inge a la fiesta? // Pues no. Se hace la ofendida porque no ha recibido ninguna invitación personalizada.*

Leck mich!, Leck mich am Arsch! *loc.*

¡Y UNA MIERDA!, ¡(VETE) A TOMAR POR EL CULO!

—Du bist dran mit abwaschen! // ***Leck mich!*** *Heute bist du dran.* • *¡Te toca fregar a ti! // ¡Y una mierda! Hoy te toca a ti.*

Leine *f.*

Zieh Leine! *loc.*

¡PÍRATE!

*—Ich hab totales Schädelficken und du textest mich hier zu! **Zieh** endlich **Leine!*** • *¡Tengo un dolor de cabeza de la hostia y tú aquí soltándome el rollo! ¡Pírate de una vez!*

Lesbe *f.*

BOLLERA, TORTILLERA, LESBI

*—Scharfe Braut! // Vergiss es, das ist 'ne **Lesbe!*** • *¡Vaya pibonazo! // ¡Olvídate, es bollera!*

Letzte *nt.*

das ist das Letzte *loc.*

¡ESO ES LO ÚLTIMO!, ¡ESO ES EL COLMO!

*—Martin hat mir meine Freundin ausgespannt. // **Das ist doch das Letzte!*** • *Martin me ha quitado la novia. // ¡Joder, eso es lo último!*

Lippe *f.*

eine dicke Lippe riskieren *loc.*

SER UN BOCAZAS/BOCAS

*—Klaus ist dafür bekannt, dass er **'ne dicke Lippe riskiert**.* • *Klaus tiene fama de ser un bocazas.*

Löcher *m. pl.*

jdm Löcher in den Bauch fragen *loc.*

HACER UN INTERROGATORIO, SOMETER A UN TERCER GRADO, ACRIBILLAR A PREGUNTAS

*—Jedes Mal, wenn ich spät nach Hause komm, **fragt** mir die Alte **Löcher in den Bauch**.* • *Cada vez que llego a casa a las tantas, la parienta me hace un interrogatorio que no veas.*

Löffel *m.*

1 den Löffel abgeben *loc.*

DIÑARLA, PALMARLA, ESTIRAR LA PATA

*—Das Karnickel von meinem Bruder **hat den Löffel abgegeben**.* • *El conejo de mi hermano la ha diñado.*

2 die Löffel aufsperren, die Löffel spitzen *loc.*

ABRIR LAS OREJAS, ESTAR AL LORO

*—**Spitz** mal **die Löffel**, ich glaub die reden mit dir.* • *Abre bien las orejas, que creo que te están hablando a ti.*

3 eine hinter die Löffel geben/kriegen *loc.*

DAR/RECIBIR UN PAR DE CACHETES

*—Wenn du jetzt nicht aufhörst, **geb** ich **dir** gleich **eine hinter***

die Löffel! • *¡Si no paras inmediatamente te voy a dar un par de cachetes!*

4 sich etwas hinter die Löffel schreiben *loc.*

QUEDARSE CON ALGO, RECORDAR BIEN ALGO

*—Das kannst du **dir** jetzt ein für alle Mal **hinter die Löffel schreiben**: Trau niemandem übern Weg.* • *Solo quédate con esto: no confíes en nadie.*

lol *acrón. del ing.*

(laughing out loud)

1 lolen *v.*

DESCOJONARSE (DE RISA), PARTIRSE LA CAJA

*—Warum seid ihr denn rausgeflogen? // Wir konnten nicht mehr aufhören zu **lolen**.* • *¿Por qué os han echado? // Porque nos estábamos descojonando de risa.*

2 lolig *adj.*

CACHONDO/A, LA BOMBA

*—Wenn Diane mitkommt, wird's fetzig. Die ist echt super **lolig!*** • *Si viene Diane, será tope diver. Es muy cachonda.*

Loser/in *n.*

PRINGADO/A

*—Lass bloß die Finger von diesem **Loser**. Das bockt nicht mit dem.* • *¡Pasa de ese pringado! No mola nada.*

losschießen *v.*

DISPARAR, SOLTAR

*—Schon das Neuste von Gabi gehört? // **Schieß los!*** • *¿Te has enterado de lo de Gabi? // No. ¡Dispara!*

Lückenbüßer *m.*

SEGUNDO PLATO

*—Mein Plan ist ins Wasser gefallen. Kommst du mit ins Kino? // Nee, ich bin doch nicht dein **Lückenbüßer!*** • *Me he quedado sin plan. ¿Te vienes al cine conmigo? // Yo no soy segundo plato de nadie.*

Lümmel *m.*

1 RABO, NABO, POLLA

*—Chris hat vielleicht 'nen kleinen **Lümmel**. // Na und, darauf kommt's wohl nicht an!* • *¡Si supieras qué rabo más pequeño que tiene Chris! // ¿Y qué? El tamaño no importa.*

2 Lümmeltüte *f.*

GOMA, CALCETÍN, CONDÓN

*—In dem Laden gibt's geile **Lümmeltüten,** alle Farben und Geschmäcker!* • *En esa tienda venden gomitas de todos los sabores y colores.*

M

Macke *f.*

eine Macke haben *loc.*

ESTAR TARADO/A, ESTAR CHALADO/A

—Die wollen morgen ein Autorennen quer durch die Stadt machen. // Die ***haben*** *doch echt* ***'ne Macke****!* • *Mañana quieren montar una carrera de coches por la ciudad. // ¡Están tarados!*

Macker *m.*

1 FANTASMA, CHULO

—Joachim ist voll der ***Macker****, jetzt hat er sich ein Cabrio gekauft.* • *Joachim es muy fantasma; ahora se ha comprado un descapotable.*

2 MAROMO, CHORBO, CHURRI

—Wie geht's denn deinem ***Macker****? // Frag ihn selbst. Wir sind nicht mehr zusammen!* • *¿Cómo está tu maromo? // Mejor pregúntaselo a él. Lo hemos dejado.*

3 TÍO, TIPO

—Siehst du den ***Macker*** *dort? Echt bärig!* • *¡Mira a ese tío de ahí! ¡Está como un queso!*

Malle *abrev.*

(Mallorca)

—Wie war's denn auf ***Malle****? // Echt korall!* • *¿Qué tal por Mallorca? // ¡De puta madre!*

Maloche *f.*

CURRO

—Wenn wir mit der ***Maloche*** *hier fertig sind, werden wir erstmal 'ne Runde chillaxen!* • *¡Cuando terminemos con el curro este vamos a descansar un rato!*

También existe el verbo **malochen**, que significa "currar", claro.

Masche *f.*

die Masche zieht bei jdm nicht *loc.*

ESE TRUCO NO CUELA, A MÍ NO ME LA PEGAS, NO ME LA DAS CON QUESO

—Dann hat er noch angefangen zu flennen, aber ***die Masche zieht bei mir nicht****!* • *Y entonces, va y el tío se pone a llorar… Pero conmigo eso no cuela.*

Maschendraht *m.*

HIERROS, ALAMBRES, APARATOS, BRAQUES (*lit.* PUNTO DE ALAMBRE)

*—Wenn die nicht so eine **Maschendraht**-Fresse hätte, wär das echt 'n Brett!* • *Si no llevase esos alambres en la boca estaría de muerte.*

Matschbirne *f.*

eine Matschbirne haben *loc.*

TENER LA CABEZA A PUNTO DE ESTALLAR, TENER MUCHA RESACA

*—Von dem Sangria gestern **hab** ich vielleicht **eine Matschbirne**.* • *Anoche bebimos un huevo de sangría. Tengo la cabeza a punto de estallar.*

Maul *nt.*

1 Maul! *loc.*

¡CIERRA EL PICO!, ¡CALLA LA BOCA!, ¡CÁLLATE!

*—Was hast du denn heute für 'ne Wolle auf'm Kopf? // **Maul!*** • *¡Pero qué pelos llevas hoy! // ¡Cierra el pico!*

2 das Maul aufreißen *loc.*

DECIR FANTASMADAS, HACER EL FANTASMA, FARDAR

*—Ich werde die weltweit größte Webseite erstellen. // **Reiß das Maul** lieber nicht so weit **auf!*** • *Voy a crear el mayor sitio web del mundo. Lo tengo todo pensado. // No digas fantasmadas.*

3 ein großes Maul haben *loc.*

SER UN BOCAZAS, TENER LA BOCA MUY GRANDE

*—Der **hat ein großes Maul**. Der bringt den ganzen Tag intelligente Sprüche, hat aber eigentlich keine Ahnung!* • *Este tío es un bocazas. Se pasa el día diciendo fantasmadas sin tener ni idea de lo que habla.*

4 eine aufs Maul kriegen, eine aufs Maul hauen *loc.*

METER UNA HOSTIA

*—Halt die Klappe oder du **kriegst eine aufs Maul!*** • *¡Cierra el pico o te doy una hostia!*

5 jdm das Maul stopfen *loc.*

PARARLE LOS PIES A ALGUIEN, CORTAR EN SECO, CHAPAR LA BOCA

*—Als Mesut wieder angefangen hat, den Chef zu spielen, **hat** Inge ihm mal so richtig **das Maul gestopft!*** • *Cuando Mesut se puso en plan jefe, Inge le paró los pies.*

Mc-Job *m.*

CURRO EN UN CHIRINGUITO, CURRO EN UN FAST-FOOD

*—Ich hab jetzt so 'nen **Mc-Job** in 'nem Frittenbunker. // Besser als gar nix, Mann!* • *He encontrado curro en un chiringuito. // ¡Más vale eso que nada, tío!*

mega- *pref.*

Este prefijo sirve de intensificador de adjetivos y sustantivos: **megageil, megagrell, megafett, Megaparty** *f.*, **Megavilla** *f.*, …

Mensch *m.*

1 Mensch!, Menschenskind, Mensch Meier! *interj.*

¡OSTRAS!

*—**Mensch,** was is'n hier los? Was machen denn die ganzen Bullen hier?* • *¡Ostras! ¿Pero qué pasa aquí? ¿Qué hace toda esta pasma por aquí?*

2 wie der letzte Mensch *loc.*

HECHO UNA PILTRAFA

*—Der läuft rum **wie der letzte Mensch,** voll out!* • *¡Vaya pinta! ¡Va hecho una piltrafa!*

Memme *f.*

NENAZA, CAGADO, GALLINA, CAGUETA

*—Voll die **Memme** der Typ, heult dir bei jedem Scheiß einen vor.* • *Ese tío es un nenaza, a la más mínima se te pone a lloriquear.*

mies *adj.*

1 FATAL

*—Mir geht's heut vielleicht **mies.** Hab die ganze Nacht nicht gepennt.* • *¡Estoy fatal! No he pegado ojo en toda la noche.*

2 mies machen *loc.*

RAJAR, ECHAR PESTES DE

*—Alles **macht** sie **mies!*** • *¡Siempre está rajando de todo quisqui!*

3 in den Miesen stehen *loc.*

ESTAR A DOS VELAS, ESTAR PELADO/A, ESTAR SIN UN DURO

*—Alter, ich **steh** ganz schön **in den Miesen.** Nicht mal für'n Tabak reicht's.* • *Joder, macho, estoy a dos velas. No tengo ni pa' tabaco.*

Mistkerl *m.*, Miststück *nt.*

CABRÓN/ONA, GUARRO/A

*—Das **Miststück** ist einfach abgehaun und hat uns auf der Miete sitzen lassen!* • *La muy cabrona se ha largado sin decir ni mu y ahora tenemos que pagar su alquiler.*

mitmischen *v.*

METER BAZA, METERSE (EN TODO)

*—Musst du immer überall **mitmischen?*** • *¿Por qué coño siempre tienes que meter baza en todo?*

mockern *v.*

SOLTAR UN PEDO

*—Nach dem Chilli con Carne waren wir alle am **Mockern!** Das war vielleicht ein Furzkonzert!* • *Después de comer chili con carne empezaron todos a soltar pedos. ¡No veas tú que concierto!*

Mond

1 auf den Mond schießen *loc.*

MANDAR A LA MIERDA, MANDAR AL CUERNO, MANDAR A TOMAR VIENTO

*—Nach fünf Jahren Beziehung hatte ich genug, ich **hab** ihn **auf den Mond geschossen**. Was für eine Befreiung!* • *Después de cinco años juntos me cansé y lo mandé a la mierda. ¡No veas qué liberación!*

2 hinter dem Mond leben *loc.*

ESTAR DESCONECTADO/A, NO ENTERARSE DE NADA

*—Klar kenn ich Lady Gaga. Ich **leb** doch nicht **hinterm Mond**!* • *Claro que sé quien es Lady Gaga. ¡Tampoco estoy tan desconectao, eh!*

mördergeil *adj.*

FLIPANTE, BRUTAL, DE PUTA MADRE, LA BOMBA

*—**Mördergeiler** Song! Wer is'n das?* • *¡Esta canción es de puta madre! ¿Quiénes son?*

Möse *f.*

COÑO

*—Marc ist 'n Schwein. Der googelt nur nach **Mösen** und Möpsen!* • *Marc es un guarro. ¡Siempre está googleando coños y tetas!*

Motzkeks *m. o nt.*

ESTAR DE MALA LECHE

*—Was bist du heut für ein **Motzkeks**?* • *¡Pues sí que estamos de mala leche hoy!*

Mucke *f.*

MÚSICA

*—Meine Alten hören im Auto immer eine Scheiß-**Mucke**. Zum Glück hab ich jetzt meinen iPod mit Kopfhörern!* • *Mis viejos escuchan una música de mierda en el coche. ¡Suerte que tengo mi iPod con auriculares!*

Muckibude *f.*

GYM, GIMNASIO

*—Seitdem ich in die **Muckibude** geh, bin ich echt fit!* • *¡Desde que voy al gym estoy super en forma!*

Mugel *m. y f.*

TONEL, BARRILETE, VACA, FOCA

*—Er ist auch nur am Fressen. Kein Wunder, dass der so ein **Mugel** ist!* • *Se pasa la vida tragando. No me extraña que esté como un tonel.*

Mugel es un sustantivo resultante de la suma de **halb Mensch** (mitad persona) + **halb Kugel** (mitad bola).

müllen *v.*

DECIR CHORRADAS

—Hör auf zu ***müllen****! Wenn du weiter so ein Blech erzählst, kriegst du eins aufs Maul!* • *¡Para ya de decir chorradas! Si continúas desvariando, ¡te caerá una hostia!*

Mund *m.*

1 den Mund halten *loc.*

CERRAR EL PICO,
CALLAR LA BOCA

—Ach, ***halt*** *jetzt endlich* ***den Mund****!* • *¡Cierra el pico de una puta vez!*

2 den Mund zu voll nehmen *loc.*

FLIPARSE, PASARSE

—Mein Plan für diesen Sommer ist endlich den perfekten Oberkörper zu kriegen. // ***Nimm den Mund nicht zu voll!*** *Du wiegst 170 Kilo.* • *Mi objetivo de este verano es ponerme supercachas. // No te flipes, que pesas 170 kilos.*

3 nicht auf den Mund gefallen *loc.*

TENER MUCHA LABIA

—Hübsch ist er nicht. Aber er hat trotzdem immer eine am Start, er ***ist*** *ja auch* ***nicht auf den Mund gefallen****!* • *Guapo no es, precisamente. Liga porque tiene mucha labia.*

Ein Mundwerk haben también equivale a "tener mucha labia".

Mundgulli *m.*

HALITOSIS, ALIENTORRO

—Du hast vielleicht einen ***Mundgulli****! Kaugummi?* • *¡Cómo te canta el aliento! ¿Quieres un chicle?*

Esperemos que no tengas que usarla mucho pero un sinónimo de **Mundgulli** es **Maulschiss** *m.*

Murks *m.*

CHAPUZA

—Die wollten meine Kiste für lau reparieren, aber am Ende stellte sich heraus, dass die nur ***Murks*** *gemacht haben. Jetzt muss ich sie in die Werkstatt bringen!* • *Me querían arreglar el coche gratis, pero al final hicieron tal chapuza que ahora lo tengo que llevar al taller.*

Muschi *f.*

CHICHI, CHOCHO

—Ich meinte zu meiner Freundin, sie soll sich mal die ***Muschi*** *rasieren. Ich glaub, die Idee hat ihr nicht gut gefallen.* • *Le he pedido a mi novia que se rasure el chichi, pero me parece que no le ha gustado mucho la propuesta.*

Como en cualquier idioma las formas para referirse a los órganos sexuales pueden ser de lo más prosaico o de lo más vulgar. He aquí otras maneras de referirse a la vulva (**Scheide** *f.*): **Bär** *m.*, **Möse** *f.*, **Pussy** *f.* y la más vulgar, **Fotze** *f.*

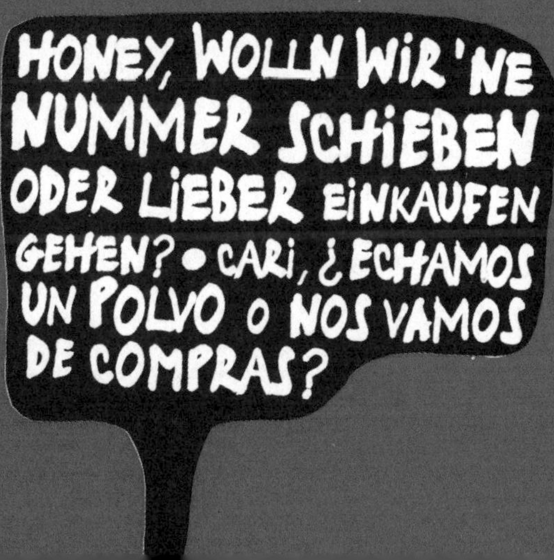
HONEY, WOLLN WIR 'NE NUMMER SCHIEBEN ODER LIEBER EINKAUFEN GEHEN? • CARI, ¿ECHAMOS UN POLVO O NOS VAMOS DE COMPRAS?

N

Nadel *f.*

1 an der Nadel hängen *loc.*

ESTAR ENGANCHADO/A AL CABALLO, SER ADICTO/A A LA HEROÍNA, SER UN/A YONQUI

—Hast du gehört, dass Pili ***an der Nadel hängt****? // Nicht im Ernst! Sie war doch immer die Oberstreberin.* • *¿Te has enterado de que Pili se ha enganchado al caballo? // ¡Qué dices! ¡Si era la empollona de la clase!*

2 die Nadel im Heuhaufen suchen *loc.*

BUSCAR UNA AGUJA EN UN PAJAR

—Den Macker vom Fussballstadion das nächste Mal wiederfinden? Das ist ja wie ***die Nadel im Heuhaufen suchen****!* • *¿Volver a encontrar al tío ese del campo de fútbol? ¡Eso es como buscar una aguja en un pajar!*

Nagel *m.*

1 etwas an den Nagel hängen *loc.*

COLGAR, ABANDONAR, RETIRARSE, DEJAR

—Du willst dein Studium doch nicht etwa ***an den Nagel hängen****?* • *¿No vas a colgar los estudios, verdad?*

2 etwas brennt unter den Nägeln *loc.*

URGIR, CORRER PRISA, NO PODER ESPERAR MÁS

—Ich muss das jetzt klären. Es ***brennt*** *mir* ***unter den Nägeln****!* • *Tengo que aclararlo ya mismo. ¡No puedo esperar más!*

3 Nägel mit Köpfen machen *loc.*

HACER LAS COSAS COMO DIOS MANDA

—Schluss mit diesen Halbheiten! Lass uns endlich mal ***Nägel mit Köpfen machen****!* • *¡Basta ya de medias tintas! ¡Hagamos las cosas como Dios manda de una puta vez!*

4 sich etwas unter den Nagel reißen *loc.*

ARRAMBLAR, APROPIARSE DE ALGO

—Hey, hast du meinen Laptop irgendwo gesehen? Seit Tagen suche ich ihn. // Frag mal Eduardo, der ***reißt sich*** *alles* ***unter den Nagel****!* • *Oye, ¿no habrás visto mi portátil por aquí? Llevo días buscándolo. // Pregunta a Eduardo, que ese arrambla con todo.*

nageln *v.*

FOLLAR, ECHAR UN POLVO

—Tom und Fritz sind frisch verliebt und den ganzen Tag nur am ***nageln****. • Tom y Fritz llevan poco tiempo juntos y, claro, se pasan el día follando.*

Nahkampfsocke *f.*

CONDÓN, GOMA (*lit.* CALCETÍN DE LUCHA CUERPO A CUERPO)

—Hast du zufällig noch 'ne ***Nahkampfsocke****? Heike will gleich noch kommen und ich hab definitiv keine mehr. • ¿No tendrías un condón por ahí? Heike está al caer y me he quedado sin.*

Nase *f.*

1 an der Nase herumführen *loc.*

TOMAR A ALGUIEN POR IDIOTA, ENGAÑAR

—Jetzt sollen die Arbeiterlöhne wieder gesenkt werden, aber die von den Chefs rührt keiner an. Die ***führen*** *uns doch alle nur* ***an der Nase herum****. • Quieren volver a bajar los sueldos de los trabajadores, pero los de los empresarios no se tocan. Nos toman por idiotas.*

2 die Nase in etwas stecken *loc.*

METER LAS NARICES EN ALGO, FISGONEAR

*—**Steck deine Nase** nicht immer **in** meine Angelegenheiten! • ¡No te metas en mis cosas!*

3 immer der Nase nach *loc.*

TODO RECTO

*—Wo ist denn das Klo? // **Immer der Nase nach!** • ¿Dónde está el baño? // Todo recto.*

4 jdm etwas an der Nase ansehen *loc.*

NOTARSE, VERSE EN LA CARA

*—Man **sieht** es **dir** doch **an der Nase an,** wenn du lügst. • Se te nota mucho cuando mientes.*

5 jdm etwas auf die Nase binden *loc.*

CONTAR ALGO QUE UNO NO DEBERÍA CONTAR

*—Wie war's gestern mit Carol? // Das **bind** ich dir doch nicht **auf die Nase!** • ¿Qué tal ayer con Carol? // Pues no te lo pienso contar.*

6 jdm etwas aus der Nase ziehen *loc.*

TIRAR DE LA LENGUA, SONSACAR A ALGUIEN

*—Jetzt schieß mal endlich los! **Dir** muss man ja alles **aus der Nase ziehen,** sonst rückst du nix heraus. • ¡Venga, cuéntamelo de una vez! A ti hay que tirarte de lengua, si no, no sueltas prenda ¿eh?*

7 jdm etwas unter die Nase reiben *loc.*

ECHAR EN CARA, REPROCHAR

*—Die Geschichte mit Dirk wird er **mir** in hundert Jahren noch **unter die Nase reiben**. Der ist sowas von nachtragend. • La historia con Dirk me la va a echar en cara toda*

la vida. No sabes lo rencoroso que puede llegar a ser.

8 jdm etwas vor der Nase wegschnappen *loc.*

QUITARLE ALGO A ALGUIEN DE LAS MANOS, QUITARLE ALGO A ALGUIEN DELANTE DE SUS NARICES

*—Drei Stunden hab ich angestanden und dann **hat** der Typ vor mir mir die letzte Karte **vor der Nase weggeschnappt**! //So 'ne Scheiße! • Estuve haciendo cola más de tres horas y al final el tío que estaba delante de mí se quedó con la última entrada. //¡Qué putada!*

nebeln *v.*

FUMAR (*lit.* HABER NIEBLA)

*—Geh'n wir raus, eine **nebeln**? Ätzend, dass in diesem Schuppen nicht mehr geraucht werden darf! • ¡Qué mierda que en este bareto ya no se pueda fumar! ¿Vamos fuera?*

Nerd *m. del ing.*

1 EMPOLLÓN/ONA

*—Seit dem Paul Medizin studieren will, ist er zum **Nerd** geworden! • Desde que Paul quiere estudiar Medicina, se ha vuelto un empollón.*

2 UN/A FRIKI DE LA INFORMÁTICA

*—Meike ist ein **Nerd** und die hat auch echt Ahnung. Letzte Woche hat sie meinen PC zerlegt und jetzt funzt er wieder wie neu! • Meike es una friki de la informática y la verdad es que sabe un huevo. La semana pasada desmontó mi ordenador y ahora va como nuevo.*

Nichtsraller/in *n.*

CORTO/A, LERDO/A

*—Warum setzt du dich bloß neben diesen **Nichtsraller**. Da kannst du ja nicht mal abkupfern! • ¿Por qué te sientas al lado de ese corto? ¡Si no te sirve ni para copiar!*

nietzschen *v.*

FILOSOFAR (*lit.* NIETZSCHEAR)

*—Die finden sich ganz fett, nur weil die den ganzen Tag Gitanes ohne Filter rauchen und **rumnietzschen**. • Van de guays solo porque se pasan el día fumando Gitanes sin filtro y filosofando.*

Null *f.*

1 eine Null sein *loc.*

SER UN DESASTRE, SER MALÍSIMO/A, SER UN CERO A LA IZQUIERDA

*—In Deutsch **bin** ich voll **'ne Null**. Vor allem von Grammatik hab ich keinen Schimmer! • En alemán soy un desastre. Sobre todo de gramática no tengo ni puta idea.*

2 nullachtfünfzehn *adj.*

NORMAL Y CORRIENTE, ESTÁNDAR

Literalmente significa “cero ocho quince”. 0-8-15 era el nombre de un fusil estándar, producido en serie y utilizado por el ejército alemán. Fue creado en 1908 (de ahí, **null** y **acht**) y perfeccionado en 1915 (**fünfzehn**).

—Diese Jacke findste cool? Die ist doch voll ***nullachtfünfzehn,*** *Mann! • ¿Esta chaqueta te gusta? Si no tiene nada de especial…*

3 null Bock haben *loc.*

NO TENER GANAS, PASAR DE ALGO

*—Warum lässt du dich denn nirgends mehr blicken? // **Hab null Bock** auf gar nix in letzter Zeit! • Tío, ¿cómo es que ya no se te ve por ningún lado? // Últimamente no tengo ganas de nada.*

4 Nullchecker/in *n.*

EMPANADO/A

*—Ich hab den angebaggert ohne Ende. Aber das ist echt 'n **Nullchecker**. Der rallt nix! • Le estuve tirando los trastos sin parar. Pero el tío ese ni se dio cuenta, es un empanao.*

Nummer *f.*

1 auf Nummer sicher gehen *loc.*

IR A LO SEGURO

*—Bei der Sache mit der Kohle würd ich **auf Nummer sicher geh'n**. • En lo de la pasta yo iría a lo seguro.*

2 eine Nummer schieben, eine Nummer machen *loc.*

ECHAR UN POLVO

*—Honey, wolln wir **'ne Nummer schieben,** oder lieber einkaufen gehen? • Cari, ¿echamos un polvo o nos vamos de compras?*

Nuss *f.*

1 harte Nuss *loc.*

UN HUESO DURO DE ROER

*—Die Alte ist 'ne **harte Nuss**. An der haben sich schon viele die Zähne ausgebissen! • La tía es un hueso duro de roer. Más de uno se ha dejado los dientes en el intento.*

2 jdm auf die Nuss/ Nüsse gehen *loc.*

TOCAR LOS HUEVOS, SACAR DE QUICIO, PONER DE LOS NERVIOS

*—Mit deinem Gepfeife gehst du **mir voll auf die Nüsse**. Maul jetzt! • Me estás poniendo de los nervios con tus silbidos. ¡Para ya!*

Nutte *f.*

ZORRA, PUTA, FULANA

*—Die dahinten mit dem Minikleid sieht voll aus wie 'ne **Nutte**! • Esa tía de ahí con el minivestido parece una zorra.*

Para referirse al oficio más antiguo del mundo también puedes usar, entre otras, **Prostituierte** *f.*, **Freudenmädchen** *nt.*, **Strichmädchen** *nt.*, **Eule** *f.* o **Hure** *f.* en orden creciente de vulgaridad.

O

oben-ohne *loc.*

TOPLESS

—*Können wir uns hier* ***oben-ohne*** *sonnen? // Klar, machen doch alle!* • *¿Podemos tomar el sol en topless? // Claro que sí, aquí lo hace todo el mundo.*

ober- *pref.*

Ober- puede usarse como prefijo intensificador igual que **gigan-tisch-**, **hyper-**, **maxi-**, **mega-**, **super-**, **über-**, **ultra-**, etc.

—*Die Party gestern war* ***obergeil*** • *La fiesta de ayer estuvo superbién.*

Oberstübchen *nt.*

nicht mehr ganz richtig im Oberstübchen sein *loc.*

ESTAR MAL DE LA AZOTEA, ÍRSELE LA PINZA, ÍRSELE LA FLAPA

—*Sein Opa* ***ist nicht mehr ganz richtig im Oberstübchen.*** • *Su abuelo está mal de la azotea.*

Oberwasser bekommen *loc.*

SALIR DEL POZO, SALIR DEL AGUJERO, SUPERAR ALGO

—*Als Ingeborg ihn verlassen hat, war er ganz geknickt, aber mit der Zeit hat er dann wieder* ***Oberwasser bekommen.*** • *Cuando Ingeborg lo dejó, se quedó hecho polvo pero con el tiempo logró salir del pozo.*

Ofen *m.*

1 der Ofen ist aus *loc.*

SE ACABÓ (LO QUE SE DABA), SANSEACABÓ

—*Jetzt reicht's aber! Jetzt* ***ist der Ofen aus!*** • *Bueno, ya basta. ¡Se acabó lo que se daba!*

2 ein heißer Ofen *loc.*

PEDAZO DE MÁQUINA/DE MUJER

—*Guck mal, dieser* ***heiße Ofen*** *da hinten. // Meinst du das Motorrad oder die Braut darauf?* • *Fíjate en ese pedazo de máquina. // ¿Te refieres a la moto o a la tiarra?*

3 ein Schuss in den Ofen *loc.*

UN FRACASO TOTAL, UN FIASCO

—Das ganze Projekt war ***ein Schuss in den Ofen****. Am Ende hockten sie dann auf ihren Schulden! • El proyecto entero fue un fracaso total. Al final pringaron con las deudas.*

offen *adj.*

den Arsch offen haben *loc.*

ESTAR EMPANADO/A, TENER DIARREA MENTAL

—Dann sollte ich ihm auch noch einen blasen. // Der Typ ***hat*** *doch* ***den Arsch offen****! • Y luego, encima quería que se la mamase. // ¡Ese tío está empanado!*

Ohrwurm *m.*

CANCIÓN PEGADIZA

—„Alejandro“ von Lady Gaga ist der reinste Ohrwurm. Ich muss es den ganzen Tag vor mich hin trällern. • Se me ha pegado “Alejandro” de Lady Gaga que no veas. Me paso el día tarareándola.

Oldies, Ötzis *n. pl.*

VIEJOS, PADRES

—Lassen dich deine ***Oldies*** *zum Zelten? // Nee, ich muss mit nach Italien! • ¿Te dejan ir de acampada tus viejos? // No, tío, me tengo que ir con ellos a Italia.*

Oper *f.*

quatsch keine Oper *loc.*

NO ME VENGAS CON CUENTOS (CHINOS), NO ME VENGAS CON HISTORIAS

*—****Quatsch keine Oper,*** *das glaubt dir doch eh kein Schwein. • No me vengas con cuentos, que eso no se lo cree ni tu tía.*

out *adv. del ing.*

1 out sein *loc.*

DESFASADO/A, PASADO/A

—Der ***ist*** *ja völlig* ***out*** *mit seinen Klamotten! • Ese tío está totalmente desfasado, con esas pintas que me lleva.*

2 sich outen *loc.*

SALIR DEL ARMARIO

—Am Ende ***hat*** *er* ***sich*** *dann doch als Tunte* ***geoutet****! Und dann ist er auch gleich zur Dragqueen geworden, zieh dir das rein! • Finalmente sí que salió del armario, pero no solo eso, ¡se ha hecho Drag Queen! ¡Toma ya!*

P

Palme *f.*

jdn auf die Palme bringen *loc.*

PONER A ALGUIEN DE LOS NERVIOS, PONER MALO/A, PONER NEGRO/A, CABREAR

*—Es **bringt** mich **auf die Palme,** dass ich ständig unterbrochen werde. • Me pone de los nervios que me corten cuando estoy hablando.*

pampig *adj.*

BORDE, DESAGRADABLE

*—Wenn die immer so **pampig** zu dir ist, dann motz doch mal zurück. Dann lässt sie's vielleicht sein! • ¿Siempre es tan borde contigo? ¡Pégale algún corte de vez en cuando! A ver si se relaja un poco.*

Panne sein *loc.*

SER UN FRACASO/FIASCO

*—Der Vortrag von meinem Chef **war** voll **Panne**. Die Hälfte der Leute ist eingepennt und die andere Hälfte ist abgehauen. • La conferencia de mi jefe fue un fracaso total: la mitad del público se durmió y la otra se largó.*

Pappe *f.*

nicht von Pappe sein *loc.*

NO SER MOCO DE PAVO, SER UN PASEO, NO SER COSA DE NIÑOS

*—So eine Mandelentzündung **ist nicht von Pappe**. Bleib bloß im Bett und kurier dich aus. • Unas anginas así no son moco de pavo. ¡Quédate en la cama y cúralas bien!*

pappsatt *adj.*

SUPERLLENO, HARTO

*—Wollt ihr noch Nachtisch? // Also ich nicht, ich bin **pappsatt**! • ¿Queréis postres? // Yo paso. Estoy superlleno.*

Paras (schieben) *loc.*

ESTAR ATACADO/A, ESTAR PARANOICO/A, ESTAR ACOJONADO/A

*—Vor der Untersuchung **hab** ich echt **Paras geschoben**. Zum Glück war alles o. k.! • Antes de ir al médico estaba superatacado. Suerte que no me ha encontrado nada raro.*

Partybremse *f.*, Partyschranke *f.*

AGUAFIESTAS

*—Francesca hab ich nicht eingeladen, die ist 'ne totale **Partybremse**. • A Francesca no la he invitado porque es una aguafiestas.*

TAMBIÉN SE DICE
MIESEPETER

peino *adv., abrev.* (peinlich *adj.*)

CORTE, VERGÜENZA

*—Als ihre Eltern auftauchten, voll **peino**. Wir lagen splitterfasernackt auf ihrem Sofa! • ¡Qué corte cuando aparecieron sus padres! ¡Nos pillaron en pelota picada en el sofá!*

Pelle *f.*

auf die Pelle haben/rücken *loc.*

PEGARSE A ALGUIEN

*—Samstagabend kam ich darauf, Minirock und hohe Schuhe anzuziehen, und dann hatte ich den ganzen Abend drei Typen **auf der Pelle**. • El sábado se me ocurrió ponerme tacones y una minifalda y tuve tres tíos pegados como una lapa toda la noche.*

Penner/in *n.*

INÚTIL, DESGRACIADO/A

*—Das ist ein **Penner**, der kriegt nichts gebacken! • Es un inútil. Siempre la caga.*

pfeffern *v.*

jdm eine pfeffern *loc.*

PEGAR UNA BOFETADA A ALGUIEN

*—Wenn die Kinder nicht hören, kriegen die jedes Mal **eine gepfeffert**. // Wie bescheuert! • Cada vez que los niños no obedecen, se les da una bofetada y punto. // ¡Pero qué estupidez!*

Pfeffer significa pimienta, y **pfeffern** echar pimienta, sazonar con pimienta.

Pfeife *f.*

1 eine Pfeife sein *loc.*

SER UN DESASTRE, SER MALÍSIMO/A, SER NEGADO/A

*—Der Schiedsrichter **war 'ne** echte **Pfeife**. Der hat alles falsch gepfiffen! • El árbitro era un desastre. ¡Lo pitó todo al revés!*

2 jdn in der Pfeife rauchen *loc.*

TENER A ALGUIEN EN EL BOTE, TENER A ALGUIEN CONTROLADO (*lit.* FUMARSE A ALGUIEN EN PIPA)

*—Mach dir bloß keine Sorgen, der kommt dir nicht in die Quere. Den kannst du **in der Pfeife rauchen**. • No te preocupes, no tienes que temer nada. A ese lo tienes en el bote.*

Pferd *nt.*

1 auf das richtige Pferd setzen *loc.*

DAR EN EL BLANCO, ACERTAR DE LLENO (*lit.* APOSTAR POR EL CABALLO CORRECTO)

*—Diesmal **hatten** wir zum Glück **aufs richtige Pferd gesetzt**. • ¡Qué bollo! Esta vez hemos dado en el blanco.*

2 Ich glaub, mich tritt ein Pferd! *loc.*

¡PERO ESTO QUÉ ES!, ¡PERO QUÉ DICES!, ¡PERO QUÉ ME ESTÁS CONTANDO!

*—100 Euro für eine Eintrittskarte? **Ich glaub, mich tritt ein Pferd!** • ¿100 euros por una entrada? ¡Pero qué dices!*

3 mit jdm Pferde stehlen *loc.*

CONTAR CON ALGUIEN PARA TODO

*—Die beiden sind echt fette Kerle. **Mit denen** kannst du **Pferde stehlen**. • Los dos son unos tíos formidables. ¡Puedes contar con ellos para todo!*

Pi *nt.*

etwas Pi mal Daumen machen *loc.*

HACER ALGO A OJO, HACER ALGO A OJÍMETRO

*—Ich hab keine Meterma'. Ich **mach** das eben **Pi mal Daumen!** • No tengo cinta métrica. Lo hago a ojo.*

picobello *adj. inv.*

NIQUELADO/A, IMPECABLE, IMPOLUTO

*—Wow, die Wohnung ist ja echt **picobello** geworden. • Joder, os ha quedado niquelado el pisito.*

piepen *v.*

bei dir piept's wohl *loc.*

SE TE VA LA OLLA

*—Du hast mich fast umgefahren! **Bei dir piept's wohl!** • ¡Casi me atropellas! ¡Se te va la olla!*

Pimmel *m.*

PITO, PILILA, PICHA

*—Seitdem meine Schwester Sexualkundeunterricht hat, will sie immer meinen **Pimmel** sehen! • Desde que mi hermana tiene clases de educación sexual en la escuela siempre quiere verme el pito.*

platt *adj.*

1 plattmachen *loc.*

APLASTAR, MACHACAR

*—Die **haben** die Fans von der Gegenseite voll **plattgemacht**! Die Bullen konnten gar nichts machen, so schnell ging das! • Los fans del equipo contrario los aplastaron como moscas. La pasma no tuvo ni tiempo de reaccionar.*

2 platt sein *loc.*

FLIPAR, QUEDARSE DE PIEDRA

—Als mich mein Chef vor aller Welt so gelobt hat, ***war*** *ich echt* ***platt.*** • *Flipé mogollón cuando mi jefe se puso a elogiarme de esa manera delante de todo el mundo.*

Pleite *f.*

1 so eine Pleite *loc.*

¡QUÉ FRACASO!

—Der Laden läuft überhaupt nicht. ***So eine Pleite*** *aber auch! // Dann lass es lieber bleiben.* • *Con la tienda nos va fatal. ¡Un fracaso total! // Pues mejor déjalo correr.*

2 pleite sein *loc.*

ESTAR ARRUINADO/A, ESTAR PELADO/A

—Ich ***bin*** *völlig* ***pleite.*** • *Estoy completamente arruinado.*

Pony *nt.*

BUENORRA

—Das ***Pony*** *ist Karims Schwester. // Kaum zu glauben, er ist ja voll der Hässlon!* • *Esa buenorra es la hermana de Karim. // ¡ Pues con lo feo que es él, nadie lo diría!*

pornös *adj.*

BRUTAL, COJONUDO/A

—Berlin ist echt ***pornös.*** *//Auf jeden Fall mit Abstand die beste Stadt in Europa!* • *Berlín es la bomba. // Ya, es la mejor ciudad de Europa de largo.*

Pressbär *m.*

TÍO CACHAS

—Die Muckibude ist voll von diesen ***Pressbären.*** *Da trau ich mich gar nicht, meine Trainingsjacke auszuziehen.* • *El gym está lleno de tíos cachas. Yo ni me atrevo a quitarme la chaqueta del chándal.*

prinzesseln *v.*

HACERSE LA CAPRICHOSA, IR DE PRINCESITA

—Nun mach schon, ***prinzessel*** *nicht schon wieder!* • *¡Venga tía, no te hagas la caprichosa!*

Puffer *m.*

einen Puffer einlegen *loc.*

HACER UN BREAK

—Was für eine Maloche! Lass uns mal ***'nen Puffer einlegen,*** *ich bin fix und alle!* • *¡Qué currada! ¡Vamos a hacer un break que estoy hecho polvo!*

Puffwasser *nt.*

CHAMPÁN, CAVA (*lit.* AGUA DE BORDEL)

—Ich hab endlich den Lappen gekriegt! Ich schmeiß 'ne Runde ***Puffwasser!*** • *¡Por fin me he sacado el carné de conducir! ¡Venga, que os invito a champán!*

Pulle *f.*

BOTELLA

—*Schiebst du mal 'ne* ***Pulle*** *rüber. Hab schon 'ne ganz trockene Kehle!* • *¡Pásame una botella que tengo la garganta muy seca!*

Puppe *f.*

1 PAVA, BOMBÓN (*lit.* MUÑECA)

—*Bei der* ***Puppe*** *kannst du nicht landen. Die steht nur auf Ü30.* • *A esa pava no te la vas a ligar. Solo le molan los de más de 30 tacos.*

2 bis in die Puppen *loc.*

HASTA LAS MIL, HASTA LAS TANTAS

—*Wir waren mal wieder* ***bis in die Puppen unterwegs****. Als ich nach Hause kam, war's schon hell!* • *Otra vez estuvimos hasta las mil por ahí. Cuando volví a casa ya había amanecido.*

3 die Puppen tanzen lassen *loc.*

MONTAR UNA FIESTA, CORRERSE UNA JUERGA

—*Falls ich besteh,* ***lassen*** *wir die* ***Puppen tanzen****! //Abgefahren, da machen wir was los!* • *¡Si apruebo, montaremos una fiesta del copón! // ¡Sí, la liaremos parda!*

Pussy *f.*

1 CHICHI, CHOCHO, COÑO

—*Stimmt es, dass heute die meisten Bräute ihre* ***Pussys*** *rasiert haben?* • *¿Oye, es verdad que ahora casi todas las tías se depilan el chichi?*

2 NENAZA

—*Dass er verglichen mit Johnny Cash voll die* ***Pussy*** *ist, weiß doch jeder.* • *Todo hombre sabe que es un nenaza comparado con Johnny Cash.*

Putz *m.*

auf den Putz hauen *loc.*

HACER ALGO A LO GRANDE/ A LO BESTIA

—*Zu meinem Geburtstag* ***haben*** *wir so richtig* ***auf den Putz gehauen****. Man ist ja nur einmal jung!* • *Para mi cumple montamos una juerga a lo grande. ¡Solo se es joven una vez!*

Quacksalber/in *n.*

MATASANOS, CURANDERO/A

*—Dieser **Quacksalber** verschreibt allen dasselbe. Egal ob du 'ne Grippe oder 'nen Bänderriss hast!* • *Ese curandero siempre te receta lo mismo. Da igual que tengas la gripe o un esguince.*

Quadratlatschen *m. pl.*

PEZUÑAS, PIES, PATAS

*—Nimm deine **Quadratlatschen** vom Sofa! Du machst ja alles ganz dreckig!* • *¡Quita las pezuñas del sofá que lo ensucias todo!*

quaken *v.*

SOLTAR EL ROLLO, DESEMBUCHAR (*lit.* CROAR, GRAZNAR)

*—**Quak** nur, hört eh niemand auf dich!* • *¡Venga, suelta el rollo, como tampoco te va a escuchar nadie…!*

Quälgeist *m.*

PELMA, PELMAZO/A

*—Ihr **Quälgeister**. Hier habt ihr fünf Euro. Zischt endlich ab und kauft euch das Eis!* • *¡Venga pelmas, aquí tenéis cinco euros! ¡Fuera de aquí e id a compraros un helado!*

Qualle *f.*

VACA, FOCA, GORDO/A
(*lit.* MEDUSA)

*—Diese **Qualle** ist nur am Futtern. Das ist schon die zweite Tüte Chips!* • *La foca esa se pasa el día papeando. ¡Ya va por la segunda bolsa de patatas fritas!*

qualmen *v.*

FUMAR

*—Hört auf zu **qualmen** oder macht wenigstens das Fenster auf.* • *¡Dejad de fumar o, por lo menos, abrid la ventana!*

Quark *m.*

1 NO DIGAS TONTERÍAS

*—Peter schwul? So ein **Quark,** der hat jede Woche 'ne neue Ische!* • *¿Peter marica? ¡No digas tonterías! ¡Si cada semana sale con una titi nueva!*

2 da warst du noch Quark im Schaufenster *loc.*

TÚ NI HABÍAS NACIDO

Literalmente significa "en ese momento aún eras un requesón en el escaparate".

—Die Mucke ist dufte. 'Ne neue Scheibe? // Die ist so alt, ***da warst du noch Quark im Schaufenster.*** • *Esta canción es cojonuda. ¿Es de ahora? // ¡Qué va! Tú ni habías nacido.*

quarzen *v.*

FUMAR

—Die ***quarzen*** *jetzt nur noch Selbstgedrehte. Es ist viel billiger.* • *Ahora solo fuman tabaco para liar. Les sale mucho más barato.*

Quatsch *m.*

BOBADAS, TONTERÍAS, CHORRADAS

—Bayern München ist die beste Fussballmannschaft überhaupt! // Red keinen ***Quatsch,*** *Mann!* • *¡El Bayern Múnich es el mejor equipo de fútbol del mundo! // ¡No digas bobadas, tío!*

Quatschkopf *m.*

TONTO/A, TONTORRÓN/ONA, IDIOTA

—Lass den ***Quatschkopf*** *einfach links liegen.* • *Pasa del tonto ese.*

Quickie *m., del ing.*

QUIQUI, POLVO RÁPIDO, POLVETE

—Mein Freund steht auf ***Quickies*** *im Auto, ich leider überhaupt nicht. Super ungemütlich und ich hab immer Angst, dass uns jemand ertappt.* • *A mi novio le encantan los quiquis en el coche, pero a mí no. Es muy incómodo y me da miedo que alguien nos pille.*

quietschlebendig *adj.*

VIVITO Y COLEANDO

—Ich hab gehört, Wim Wenders ist abgenibbelt! // Ich hab grad gestern noch'n Interview gesehen. Da war er ***quietschlebendig!*** • *He oído que Wim Wenders está cascado. // Pues ayer lo vi en una entrevista y estaba vivito y coleando.*

quitt *adj.*

mit jdm quitt sein *loc.*

ESTAR EN PAZ CON ALGUIEN

—Hier hast du die 50 €! Jetzt ***sind wir quitt,*** *oder?* • *Aquí tienes los 50 €. Ahora estamos en paz, ¿no?*

R

Rabatz *m.*

TACO, LÍO, MOVIDA

*—Nach dem ersten Tor gab's so richtig **Rabatz** auf den Rängen, dass der Schiedsrichter das Spiel abbrechen musste.* • *Después del primer gol se armó tal taco entre las aficiones que el árbitro tuvo que suspender el partido.*

Radler *m. o nt.*

El **Radler** es una bebida muy típica en Alemania. Es una mezcla de cerveza y limonada tipo Sprite. En Austria se conoce como **Gespritztes**. Equivale al *shandy* inglés, o aproximadamente a nuestra "clara" (cerveza con gaseosa o limón según las zonas) o "champú" (cerveza con limón).

raffen, rallen *v.*

PILLAR, ENTERARSE

*—Der neue Pauker ist echt korall. Endlich **rall** ich mal was! Der erklärt echt krass!* • *El nuevo profe es cojonudo. ¡Por fin me entero de algo! ¡Explica de puta madre!*

rammeln, ramsen *v.*

ECHAR UN POLVO, MOJAR

*—Gestern hat Boris mir eine Rose und ein Parfüm geschenkt //Der will dich doch eh nur **rammeln**!* • *Ayer Boris me regaló una rosa y un perfume. ¡Qué mono! //Este lo único que quiere es echar un polvo.*

Ran! *loc.*

Ran an den Feind! Ran an die Arbeit! Ran an den Speck! *loc.*

¡VENGA!, ¡MANOS A LA OBRA!

*—Lass uns endlich loslegen! **Ran an den Speck!*** • *¡Venga, vamos a empezar de una vez! ¡Manos a la obra!*

ranzig *adj.*

COÑAZO

*—Die Kneipe ist **ranzig**. Ich gehe nicht wieder hin!* • *Ese bar es un coñazo. ¡No voy a volver más!*

ratten- *pref.*

Prefijo intensificador de algunos adjetivos: **rattengeil, rattenscharf**, etc.

rattig (sein) *loc.*

IR/ESTAR SALIDO/A,
IR/ESTAR CACHONDO/A,
IR CALIENTE

*—Seit Wochen **bin** ich schon richtig **rattig**.* • *Llevo unas semanas que voy más salido que el pico de una mesa.*

Rede *f.*

meine Rede *loc.*

VES, YA TE LO DECÍA YO

*—Du hattest Recht, bei dem Job werden wir nur ausgebeutet! // **Meine Rede**.* • *Tenías razón, en el curro nos explotan de mala manera. // Ves…*

reihern *v.*

ECHAR LA POTA, POTAR

*—Nach dem Abendessen wurde mir speiübel und ich war die ganze nacht nur am **Reihern**.* • *Después de cenar me sentí mal y pasé toda la noche echando la pota.*

reinhauen *v.*

1 das haut rein *loc.*

SUBIR, PEGAR UNA HOSTIA

*—Diese Gin Tonics die **hauen** echt **rein**. Ich bin schon ganz ralle.* • *Estos gin-tonics suben que no veas. Ya voy pedo.*

2 hau rein *loc.*

CHAO, 'TALUEGO

*—Ciao, ciao! // **Hau rein!*** • *¡Chao, chao! // ¡'Taluego!*

3 jdm eine reinhauen *loc.*

DAR/PEGAR UNA HOSTIA

*—Wenn du mich noch einmal so anbrüllst, **hau** ich dir **eine rein**!* • *Como me vuelvas a gritar así, te pego una hostia.*

reinschädeln *v.*

BEBER DE UN TRAGO

*—Hopp und Ex! // Seid ihr schon wieder beim **Reinschädeln**. Ich hab noch genug von letzter Woche!* • *¡Venga, de un trago! // ¿Ya estáis privando otra vez? Yo todavía no me he recuperado de lo de la semana pasada.*

Revolverblatt *nt.*

PRENSA AMARILLA, PRENSA SENSACIONALISTA

*—Das stimmt nicht. Das hast du doch bestimmt wieder aus diesem **Revolverblatt**.* • *Eso es mentira. Seguro que lo has sacado de ese diario sensacionalista.*

riechen *v.*

jdn nicht riechen können *loc.*

NO PODER NI VER (*lit.* OLER) A ALGUIEN

*—Wir **können** uns **nicht riechen**! Deshalb gehen wir uns aus dem Weg, wo immer wir können!* • *¡No nos podemos ni ver! Nos evitamos tanto como podemos.*

riesen- *pref.*
Prefijo intensificador para sustantivos: **Riesenhunger** *m.* (mucha hambre), **Riesenshow** *f.* (gran espectáculo).

rippen *v.*

MANGAR, CHORIZAR

—In der U-Bahn hab'n sie mir letzte Woche mein Portemonnaie gerippt. Da musst du echt aufpassen. • *¡Ten cuidado! La semana pasada me mangaron la cartera en el metro.*

rocken *v.*

MOLAR

*—Letzten Sommer war ich Kitesurfen. Mensch **hat** das **gerockt**!* • *El verano pasado hice kite-surf. ¡Me moló mogollón!*

TAMBIÉN SE PUEDE DECIR BOCKEN

Rolle *f.*

1 aus der Rolle fallen *loc.*

PERDER LOS PAPELES

*—Tony, tut mir leid, dass ich gestern so 'ne Scheiße gebaut hab. Ich **bin** echt vollkommen **aus der Rolle gefallen**. Sorry.* • *Tony, quería pedirte perdón por mi comportamiento de ayer. Perdí totalmente los papeles. Lo siento.*

2 keine Rolle spielen *loc.*

NO TENER NINGUNA IMPORTANCIA

*—Letztendlich **spielt** es auch **keine Rolle**, warum er mich rausgeschmissen hat! Was zählt ist, dass ich meinen Job los bin.* • *A fin de cuentas no tiene ninguna importancia el motivo por el cual me echó. Lo que importa es que me he quedado sin curro.*

Rolli *abrev.*

1 (Rollkragenpullover *m.*)

JERSEY DE CUELLO ALTO

*—Mensch ist es heiß!! // Zieh doch deinen **Rolli** aus!* • *¡Qué calor, macho! // ¡Quítate el jersey!*

2 (Roller *m.*)

VESPA ®, SCOOTER, SCOOPY ®

*—Leihst du mir deinen **Rolli**? Ich fahr kurz Kippen kaufen.* • *¿Me dejas tu scoopy? Voy a comprar pitis.*

Rotz *m.*

Rotz und Wasser heulen *loc.*

LLORAR A MOCO TENDIDO

*—Immer hat sie gesagt, sie will nicht mehr. Und als ich dann Schluss gemacht hab, **hat** sie **Rotz und Wasser geheult**!* • *Siempre decía que no quería continuar pero cuando corté con él se puso a llorar a moco tendido.*

rotzen *v.*

ESCUPIR, TIRAR UN LAPO, SORBER LOS MOCOS

*—**Rotz** hier nicht so rum! Das ist ja ekelhaft!* • *¡No vayas escupiendo por aquí! ¡Qué asco!*

rotzig *adj.*

CHULO/A, GALLITO, DESCARADO

*—Der Pauker blieb voll lässig, als Kalle vor der ganzen Klasse **rotzig** wurde. • El profe ni se inmutó cuando Kalle se le puso gallito delante de toda la clase.*

rückwärts (essen) *loc.*

ECHAR LA RABA, POTAR (*lit.* COMER AL REVÉS)

*—Nachdem ich aus dem Bus ausgestiegen bin, **hab** ich **rückwärts gegessen**. • Nada más bajarme del bus, eché la raba.*

ruckzuck *adv.*

EN UN ABRIR Y CERRAR DE OJOS, EN UN PLIS-PLAS

*—Den ganzen Nachmittag hab'n wir auf die Radler gewartet und sie waren schneller vorbei als wir gucken konnten. Das ging **ruckzuck**. • Estuvimos toda la tarde esperando a los ciclistas y luego casi ni les vimos. Pasaron en un abrir y cerrar de ojos.*

rumdödeln *v.*

PASARLO GUAY, TENER BUEN ROLLO

*—Wir haben uns schiefgelacht, so **haben** wir **rumgedödelt**. • Nos reímos mogollón, lo pasamos guay.*

rumhuren, rumludern *v.*

GOLFEAR, IR DE FLOR EN FLOR, GUARREAR

*—Den Macker findest du krass? Der **hurt** doch mit allen **rum**! • ¿Ese tipo te mola? Si no para de guarrear por ahí.*

rumlecken *v.*

DARSE/PEGARSE EL LOTE, BESUQUEARSE

*—Sein Alter hat sie beim **Rumlecken** vor der Haustür erwischt. • Su padre los pilló pegándose el lote en la puerta de su casa.*

runterholen *v.*

jdm/sich einen runterholen *loc.*

PELÁRSELA, CASCÁRSELA

*—Mein kleiner Bruder **holt sich** vier Mal am Tag **einen runter**. • Mi hermano pequeño se la pela cuatro veces al día.*

Rüsselpest *f.*

RESFRIADO (*lit.* PESTE DE LA TROMPA)

*—Diese **Rüsselpest** ist echt penetrant. Ich bin nur am Rotzen! • Este resfriado es un coñazo. ¡Me paso el día sorbiéndome los mocos!*

PIET MACHT ZWAR IMMER AUF CHECKER, ABER IN WAHRHEIT HAT ER KEINEN BLASSEN SCHIMMER • PIET SIEMPRE VA DE ENTERADO PERO EN REALIDAD NO TIENE NI PUTA IDEA DE NADA

S

sabbeln *v.*

PEGAR/SOLTAR UNOS ROLLOS, COMER LA OREJA, PEGAR LA PLASTA

*—Warum fährst du nicht mehr mit Basti zur Arbeit? // Der **hat** jeden Morgen übelst **gesabbelt.*** • *¿Cómo es que ya no vas al trabajo con Basti? // Es que cada mañana me pegaba unos rollos…*

Sabberfleck *m.*

CHUPETÓN

*—Bei der Hitze ein Halstuch? Hast wohl 'nen **Sabberfleck** zu verdecken?* • *¿Un foulard con este calor? ¿Es para tapar un chupetón, o qué?*

Sack *m.*

1 COJONES, HUEVOS

*—Aus Versehen haben sie ihm beim Training in den **Sack** gehauen!* • *Entrenando le dieron sin querer un golpe en los huevos.*

2 jdm auf den Sack fallen, jdm auf den Sack gehen *loc.*

ESTAR HASTA LOS COJONES, PONER DE LOS NERVIOS, TOCAR LAS PELOTAS

*—Mit seinem esoterischen Gelaber **fällt** der mir echt **auf den Sack.** Jetzt wollte er mich schon zu so 'nem Guru schleppen. Aber da hab ich gepasst!* • *Estoy hasta el moño de sus rollos esotéricos. Ahora hasta me quería llevar a un gurú. ¡Pero yo paso!*

3 jdn im Sack haben *loc.*

TENER EN EL BOTE

*—Da kannst du deiner Sache sicher sein. Den **hast** du doch schon längst **im Sack!*** • *Puedes estar seguro de que lo conseguirás. ¡A él ya lo tienes en el bote!*

Saftladen *m.*

TUGURIO, CUCHITRIL, ANTRO

*—In diesem **Saftladen** findest du gar nichts.* • *En este tugurio no tienen nada, es una mierda.*

Saftschubse *f.*

AZAFATA (*lit.* EMPUJAZUMOS)

—Im Flugzeug hab ich mich mit der ***Saftschubse*** *angelegt. Ich musste dringend pissen und sie bestand darauf, dass ich angeschnallt bleibe. Am Ende hab ich fast auf den Sitz gepinkelt!* • *En el avión me las tuve con la azafata. Me estaba meando y ella insistía en que me quedara sentado con el cinturón de seguridad puesto. Al final casi me meo encima.*

Sahne *f.*

erste Sahne sein *loc.*

SER/ESTAR DE PRIMERA, SER LO MÁS

—Dein Tiramisu ***ist erste Sahne****. Das kannst du öfter machen!* • *El tiramisú está de primera. ¡Podrías hacerlo más a menudo!*

Salat *f.*

jetzt haben wir den Salat *loc.*

¡VAYA MOVIDA!, ¡VAYA MARRÓN!, ¡EN MENUDO LÍO NOS HEMOS METIDO!

—Warum haben wir bloß nicht auf Betty gehört. Die hat's voll gerallt. ***Jetzt haben wir den Salat.*** • *¿Por qué no le hicimos caso a Betty? Ella lo había pillado enseguida. ¡Vaya marrón que nos ha caído encima!*

Sau *f.*

1 die blöde Sau *loc.*

TONTA, IMBÉCIL

*—**Die blöde Sau** kann ich nicht mehr sehen! Die soll sich endlich verpissen!* • *¡A la tonta esa no la puedo ver! ¡Que se largue de una vez!*

2 die Sau rauslassen *loc.*

PASÁRSELO BOMBA, LIARLA (PARDA), DESFASARSE

—Morgen schreiben wir die letzte Prüfung und danach werden wir ***die Sau rauslassen.*** • *Mañana tenemos el último examen y luego la vamos a liar parda.*

3 jdn zur Sau machen *loc.*

PEGAR UNA BRONCA, MONTAR UN POLLO

—Die ***hat*** *ihn vielleicht* ***zur Sau gemacht****. Und das nur, weil er mit 'ner andern getanzt hat!* • *¡Le montó un pollo solo por bailar con otra!*

4 unter aller Sau *loc.*

FATAL, UNA (PUTA) MIERDA

—Es ist doch ***unter aller Sau,*** *dass der ganze Scheiß hier immer an mir hängen bleibt. Helft jetzt gefälligst mal mit!* • *¡Vaya mierda que me tenga que ocupar yo de todo esto! ¡Ayudadme por lo menos!*

Sau- se puede usar como prefijo intensificador de adjetivos, **saugeil** (muy guay, superguay), o bien como prefijo peyorativo de sustantivos, **Sauwetter** (tiempo horrible/de mierda).

sausen *v.*

1 einen sausen lassen *loc.*

TIRARSE UN PEDO

—*Dann hat er in der U-Bahn* ***einen sausen lassen*** *und alle haben sich nach ihm umgedreht! Ihn hat's nicht gekümmert, er meint, furzen sei ein Ur-Bedürfnis!* • *Se tiró un pedo en el metro y todo el mundo se giró a mirarlo. Pero él pasó de todo porque cree que tirarse pedos es algo natural.*

También se puede decir **furzen, Analhusten haben** (*lit.* tener tos anal), **dönern** o **einen ziehen lassen**.

2 etwas sausen lassen *loc.*

DEJAR, ABANDONAR, PASAR DE

—***Den Klavierunterricht*** *letzte Woche hab ich* ***sausen lassen.*** • *La semana pasada pasé de ir a clase de piano.*

3 jdn sausen lassen *loc.*

PLANTAR, DEJAR A ALGUIEN

—***Lass die*** *Ische doch* ***sausen,*** *die bitcht doch mit jedem!* • *¡Plántala ya a la tía esa! ¿No ves que putea con todo quisqui?*

Schädelficken *nt.*

DOLOR DE PEROLA,
DOLOR DE TARRO

—*Das* ***Schädelficken*** *hört überhaupt nicht auf. //Ich glaub, das kommt von dem Fusel von gestern.* • *El dolor de perola no se me pasa. //Debe de ser del garrafón de ayer.*

También se puede decir: **eine (Matsch)Birne** *f.* **haben** o **einen Brummschädel haben.**

scharf *adj.*

auf jdn scharf sein, auf jdn spitz sein *loc.*

PONER CACHONDO/A

—*Mann, was* ***bin*** *ich* ***scharf auf die!*** • *¡Tío, qué cachondo me pone!*

Scheibe *f.*

sich von jdm eine Scheibe abschneiden können *loc.*

PEGARSE ALGO DE ALGUIEN

—*Das ist übelst der Checker. Von dem* ***könntest*** *du* ***dir*** *mal* ***eine Scheibe abschneiden!*** • *Este tío es muy listo. ¡Ya se te podría pegar algo!*

Scheibenglotzer *n. pl.*

GAFOTAS, CUATRO OJOS
(*lit.* MIRACRISTALES)

—*Seit Harry Potter sind die* ***Scheibenglotzer*** *angesagt. Hab mir schon überlegt, 'ne Brille aus Fensterglas zu kaufen!* • *Desde el éxito de Harry Potter están de moda los gafotas. ¡Estoy pensando en comprarme unas gafas de culo de botella!*

Scheiß *m.*

Mach keinen Scheiß! *loc.*

¡NO HAGAS CHORRADAS!

*—Lass das! **Mach keinen Scheiß**! Lohnt doch nicht!* • *¡Déjalo! ¡No hagas chorradas! ¡No vale la pena!*

Scheiß- *pref.*

DE MIERDA

Scheiß- funciona como un prefijo peyorativo. Por ejemplo: **Das ist mir scheißegal** (me importa una mierda), **Scheißgegend** *f.* (barrio de mierda), **Scheißprogramm** *nt.* (programa de mierda), etc.

Scheiße *f.*

1 Scheiße! *interj.*

¡MIERDA!

*—So, liebe Leute, heute schreiben wir einen unangekündigten Vokabeltest! // **Scheiße**!* • *Bueno, amigos, hoy vamos a hacer un examen sorpresa de vocabulario. // ¡Mierda!*

2 Scheiße bauen *loc.*

HACER UNA TONTERÍA, HACER UNA GILIPOLLEZ

*—Warum haben sie den denn eingelocht? // Der **hat** eine **Scheiße** nach der andern **gebaut**. Am Ende kam er vor den Jugendrichter!* • *¿Por qué lo han detenido? // Por hacer una tontería después de otra. Al final tuvo que presentarse ante el juzgado de menores.*

3 in der Scheiße stecken *loc.*

TENER UN MARRÓN, METERSE EN UN MARRÓN

*—Jetzt **stecken** wir ganz schön **in der Scheiße**. Weiß gar nicht, wie wir da wieder rauskommen sollen!* • *Tenemos un marronazo… ¡No sé cómo vamos a salir de esta!*

4 jdm steht die Scheiße bis zum Hals *loc.*

ESTAR DE MIERDA HASTA EL CUELLO

*—Nachdem sein Tatooladen pleiteging, **steht ihm die Scheiße bis zum Hals**. Überall steht er in den Miesen und seine Kumpels machen Stress, weil sie die Knete sehen wollen!* • *Después de quebrar su negocio de tatuajes está de mierda hasta el cuello. Está en números rojos y sus trabajadores lo aprietan para que les pague.*

schießen *v.*

1 Schieß los! *loc.*

¡CUÉNTAME!, ¡DISPARA!

*—Wie war deine Prüfung? **Schieß** endlich **los**!* • *¿Cómo te ha ido el examen? ¡Venga, cuéntamelo ya!*

2 zum Schießen sein *loc.*

SER PARA MORIRSE DE RISA

*—Das **ist** echt **zum Schießen**, voll lolig!* • *¡Es para morirse de risa, qué bueno!*

schiffen *v.*

1 MEAR

*—Ich hab'n Druck auf der Blase. Geh' mal eben **schiffen**!* • *¡Me aprieta la vejiga, voy a mear!*

TAMBIÉN SON HABITUALES LOS VERBOS DILLERN Y STRULLEN

2 CAER LA DE DIOS, CAER CHUZOS DE PUNTA

*—Das **schifft** schon seit Tagen.* • *Lleva cayendo la de Dios desde hace días.*

Schimmer *m.*

keinen blassen Schimmer haben *loc.*

NO TENER NI PUTA IDEA, NO TENER NI PAJOLERA IDEA

*—Piet macht zwar immer auf Checker, aber in Wahrheit **hat** er **keinen blassen Schimmer**.* • *Piet siempre va de enterado pero en realidad no tiene ni puta idea de nada.*

También se puede decir **nicht die leiseste Ahnung haben, k. A. (keine Ahnung), Blub!**, etc.

Schiss *m.*

1 Schiss haben *loc.*

ESTAR CAGADO/A (DE MIEDO)

*—Als dieser Schrank da auf mich zukam, da **hatte** ich plötzlich doch **Schiss**!* • *Cuando vi a ese matón acercarse, me cagué de miedo.*

También existe la expresión **geht der Arsch auf Grundeis**.

2 Schiss kriegen *loc.*

CAGARSE (DE MIEDO)

*—So schnell **krieg'** ich keinen **Schiss**, aber als er aufstand, wurd's mir dann doch mulmig!* • *Yo no me cago de miedo tan rápido pero cuando se puso de pie me empezaron a temblar las rodillas.*

3 Schisser/in *n.*

GALLINA, CAGADO/A, CAGUETA

*—Er ist und bleibt ein **Schisser**. Der macht sich wegen jedem Furz ins Hemd!* • *Sigue siendo un gallina. A la mínima se caga de miedo.*

schlampen *v.*

HACER UNA CHAPUZA

*—Die Brücke ist eingestürzt, weil die Baufirma voll **geschlampt hat**. Zum Glück ist niemandem etwas passiert!* • *El puente se derrumbó porque la constructora hizo una chapuza. Por suerte no le pasó nada a nadie.*

Schlauch *m.*

auf dem Schlauch stehen *loc.*

ESTAR BLOQUEADO/A, ESTAR EMPANADO/A

—Hilf mir mal eben, ich komm' nicht weiter! Ich ***steh'*** *grade voll* ***auf dem Schlauch****! • ¿Me ayudas, que no sé cómo continuar? ¡Estoy totalmente bloqueado!*

schlauchen *v.*

1 CANSAR, AGOTAR

—Malochen auf dem Bau ist ganz schön anstrengend, aber das Nichtstun ***schlaucht*** *auch. • Currar en la construcción es bastante duro pero no hacer nada también agota.*

2 GORRONEAR

—Schluss mit ***Schlauchen****! Ich bin doch nicht die Bank! • Basta de gorronear, ¡que no soy un banco!*

Schleimi, Schleimbeutel *m.*

PELOTA

—Er ist so ein ***Schleimbeutel,*** *dass noch nicht mal die Lehrer ihn aushalten. • Es tan pelota que ni a los profes les cae bien.*

schloten *v.*

FUMAR

—Endlich Pause! Geh'n wir eine ***schloten****. • ¡El descanso, por fin! ¡Vamos a fumar!*

Schluckspecht *m.*

ESPONJA

—Lad den ***Schluckspecht*** *bloß nicht zur Party ein. Der säuft uns alles weg! • No le invites a la fiesta, es una esponja, se lo beberá todo…*

schmeißen *v.*

1 den Laden schmeißen *loc.*

LLEVAR, ESTAR AL CARGO

—Seitdem die ***den Laden schmeißt,*** *läufts viel besser! • Desde que ella lleva el bar, todo va mucho mejor.*

2 eine Runde schmeißen *loc.*

PAGAR UNA RONDA, INVITAR

*—****Die Runde schmeiß'*** *ich, schließlich hab ich grad' meinen Führerschein bestanden! • Venga, esta ronda la pago yo, que me acabo de sacar el carné de conducir.*

Schmiere (stehen) *loc.*

VIGILAR, ESTAR AL ACECHO MIENTRAS UN CÓMPLICE PERPETRA UNA ACCIÓN

—Während wir einsteigen und die Klassenarbeiten klauen, ***steht*** *ihr* ***Schmiere****! Wenn jemand kommt, pfeift ihr „Freude schöner Götterfunken“! • Nosotros entramos y pillamos los exámenes y vosotros os quedáis aquí vigilando. Si viene alguien, silbáis el “Himno de la alegría”.*

schmieren *v.*

1 COMPRAR, SOBORNAR

—Die Baufirmen ***haben*** *die Politiker* ***geschmiert****, um an die Aufträge zu kommen! Als das rauskam, mussten alle ihren Hut nehmen!* • *Las constructoras compraron a los políticos para conseguir los encargos. Cuando se destapó tuvieron que dimitir todos.*

2 jdm Honig/Brei um den Mund/Bart schmieren *loc.*

HACER LA PELOTA,
HACER LA ROSCA

—Wenn die ***dir*** *so* ***Honig um den Mund schmiert****, will die was von dir. Sei' bloß auf der Hut!* • *Cuando te hace la pelota es que quiere algo de ti. ¡Vigila!*

Schnabel *m.*

den Schnabel halten *loc.*

HACER CERRAR EL PICO

—Mein Schädel! ***Halt*** *doch endlich* ***den Schnabel!*** • *¡Qué dolor de cabeza! ¡Cierra el pico de una vez!*

schnallen *v.*

CAPTAR, PILLAR, ENTERARSE

—Endlich ***hat*** *Boris* ***geschnallt****, dass ich nichts von ihm will. // Das wurde auch Zeit!* • *Boris por fin ha pillado que no quiero nada con él. // Joder, ¡pues ya era hora!*

Schnauze *f.*

1 Schnauze!, Halt die Schnauze! *loc.*

¡CÁLLATE!, ¡CIERRA EL PICO!

—Bist du etwa nicht mehr mit Nicole zusammen? // ***Schnauze!*** *Darüber möchte ich nicht reden.* • *¿Ya no estás con Nicole? // ¡Cállate! No quiero hablar de este tema.*

2 die Schnauze (gestrichen) voll haben *loc.*

ESTAR HASTA EL MOÑO,
ESTAR HASTA EL GORRO,
ESTAR HASTA LOS COJONES

—Von meiner Maloche ***hab*** *ich* ***die Schnauze gestrichen voll.*** • *Estoy hasta el moño del curro.*

3 jdm die Schnauze polieren *loc.*

PARTIR LA CARA A ALGUIEN

—Wenn du so weitermachst, wird ***dir*** *irgendwann einer mächtig* ***die Schnauze polieren****.* • *Como sigas así, un día te van a partir la cara.*

schnuppe (sein), schnurz (sein) *loc.*

IMPORTAR UN BLEDO,
IMPORTAR UN PEPINO,
IMPORTAR UN RÁBANO,
RESBALAR

—Hannah kommt auch mit zum Eislaufen. // ***Ist*** *mir doch* ***schnuppe****.* • *Hanna también viene a patinar. // Me importa un bledo.*

Schotter *m.*

PASTA, GUITA, JURELES

*—Die wissen gar nicht, wohin mit ihrem **Schotter**. Jetzt haben sie Jörn zum 18. einen Porsche geschenkt!* • *No saben qué hacer con tanta pasta. Ahora a su hijo Jörn, que ha cumplido 18 años, ¡le han regalado un Porsche!*

Schraube *f.*

eine Schraube locker haben *loc.*

ESTAR TARADO/A, FALTAR UN TORNILLO

*—Die ganze Familie hat **eine Schraube locker**. Da ist einer bescheuerter als der andere!* • *A toda la familia le falta un tornillo. ¡No sé quien está más loco de todos!*

Otras maneras de expresar que alguien está tarado son: **eine Macke haben, einen Sprung in der Schüssel haben, einen Schuss haben, nicht alle Tassen im Schrank haben, nicht ganz dicht sein, spinnen, ein Rad abhaben, durchgeschossen sein, nicht richtig ticken, einen Knall haben**, etc.

Schreckschraube *f.*

CARDO, CALLO (solo para mujeres)

*—Diese **Schreckschraube** kommt zum Glück nicht mit auf die Skifreizeit.* • *Por suerte ese cardo no viene a esquiar.*

Schuppen *m.*

GARITO

*—Fetter **Schuppen**!* • *¡Qué garito más guay!*

Schuss *m.*

sich einen Schuss setzen *loc.*

CHUTARSE, PINCHARSE

*—Ich würd' **mir** nie **einen Schuss setzen**. Ich kipp' ja schon um, wenn ich nur 'ne Spritze sehe!* • *Yo sería incapaz de chutarme. ¡Me desmayo solo de ver una jeringuilla!*

Schwanz *m.*

POLLA, PITO, PICHA, CIPOTE

*—Als Kind haben sie mich immer gehänselt, von wegen kleinem **Schwanz**.* • *De pequeño se reían de mí porque tenía la picha pequeña.*

Como en casi todos los idiomas las maneras de referirse al miembro viril en alemán también son de lo más variadas: **Ding** *nt.*, **Gerät** *nt.*, **Gurke** *f.*, **Lümmel** *m.*, **Pimmel** *m.*, **Flinte** *f.*, **Teil** *m.* son algunas de ellas.

Schwanzlutscher *m.*

BUJARRA (*lit.* CHUPAPOLLAS)

*—Jochen ein **Schwanzlutscher**? Das hab ich doch immer schon geahnt.* • *¿Jochen es bujarra? ¡Ya me lo imaginaba!*

Schwanzmütze *f.*

CONDÓN, GOMA

—Die Aidshilfe hat mal wieder umsonst ***Schwanzmützen*** *verteilt. Da hab ich für euch alle welche mitgebracht!* • *Los del grupo de ayuda contra el sida repartieron de nuevo condones gratis. Os he traído unos cuantos.*

schwedische Gardinen *adj. + f. pl.*

hinter schwedischen Gardinen sitzen *loc.*

ESTAR EN EL TALEGO/EN EL TRULLO/EN CHIRONA/ EN LA TRENA

—Sebastian ***sitzt*** *jetzt wegen Bankraub* ***hinter schwedischen Gardinen!*** • *Sebastian está en el talego por robar un banco.*

Schwedischen Gardinen significa literalmente "cortinas suecas", en referencia a los barrotes de la cárcel, quizás en recuerdo de la violencia de los suecos durante la Guerra de los Treinta Años, aunque lo más probable es que aluda al acero importado de Suecia, que tenía fama de ser de buena calidad.

TAMBIÉN SE DICE

KNAST

Schwein *nt.*

1 kein Schwein *loc.*

NI DIOS, NI CRISTO

—Ich mach' jetzt die Biege! Ich erzähl' euch was und ***kein Schwein*** *hört zu!* • *¡Me piro! ¡Os estoy hablando y no me escucha ni Dios!*

2 Schwein haben *loc.*

TENER POTRA

—Da ***haben*** *wir vielleicht* ***Schwein gehabt!*** • *¡Qué potra hemos tenido!*

Schwuchtel *f.*

MARICA, SARASA, BUJARRÓN

*—Als die „****Schwuchteln****" zu uns sagten, wurden wir immer ganz sauer. Jetzt geht's uns am Arsch vorbei!* • *Antes cuando nos llamaban "marica" nos cabreábamos. Ahora nos la trae floja.*

Elfenkönig *m.* (*lit.* rey de los elfos) o **warmer Bruder** *loc.* son dos expresiones alternativas más neutras a **Schwuchtel**.

schwul *adj.*

MARICA

—Ich bin ***schwul*** *und das ist auch gut so.* • *Soy marica y estoy orgulloso de serlo.*

Senf *m.*

seinen Senf dazugeben *loc.*

SER UN METOMENTODO, METER LAS NARICES, METER BAZA

*—Musst du überall **deinen Senf dazugeben**?* • *¿Por qué tienes que ser tan metomentodo?*

Socke *f.*

1 sich auf die Socken machen *loc.*

MARCHARSE, LARGARSE

*—Morgen müssen wir früh raus, wir machen **uns** mal **auf die Socken**!* • *Mañana tenemos que madrugar así que mejor nos piramos ya.*

2 von den Socken sein *loc.*

QUEDARSE DE PIEDRA

*—Als die auftauchten, **war** ich total **von den Socken**. Damit hätt' ich überhaupt nicht gerechnet!* • *Cuando se presentaron allí me quedé de piedra. ¡Eso sí que no me lo esperaba!*

Spanner *m.*

MIRÓN

*—Dieser **Spanner** start mir die ganze Zeit auf die Titten. // Komm, lass uns geh'n, ich hab eh die Schnauze voll von den Typen in diesem Loch hier.* • *Ese mirón me está mirando las tetas todo el rato. // Venga, vámonos, estoy harta de los tíos de este antro.*

Spaßbremse *f.*

CENIZO, AGUAFIESTAS, PELMA

*—Ich hoffe, Karsten kommt nicht. Der ist eine **Spaßbremse**!* • *Espero que Karsten no venga. Es un cenizo.*

spitzkriegen *v.*

ENTERARSE, DESCUBRIR ALGO

*—Halt bloß dicht! Wenn die das **spitzkriegen**, sind wir geliefert!* • *¡No te vayas de la lengua, que si se enteran, estamos jodidos!*

splitternackt, splitterfasernackt *adj.*

EN BOLAS, EN PELOTAS

*—Die beiden haben wir **splitterfasernackt** im Auto überrascht. Und das bei dieser Saukälte, die haben sich doch den Arsch abgefroren.* • *Los pillamos en pelotas en el coche. Con el frío que hacía, se les debió congelar el culo.*

Sprung *m.*

1 auf dem Sprung sein *loc.*

ESTAR A PUNTO DE SALIR, ESTAR YÉNDOSE/SALIENDO

*—Ich hab jetzt keine Zeit, **bin** grade **auf dem Sprung**. Morgen ruf' ich dich zurück!* • *Ahora no tengo tiempo, que estoy a punto de salir. ¡Te llamo mañana!*

2 auf einen Sprung vorbeikommen *loc.*

PASAR UN MOMENTO POR CASA DE ALGUIEN, DEJARSE CAER EN CASA DE ALGUIEN

*—Willst du nicht **auf 'nen Sprung vorbeikommen**? Wär doch geil, uns mal wieder kurz zu sehen!* • *¿No quieres pasarte un momento por casa? ¡Sería cojonudo vernos un ratito!*

Spucke *f.*

jdm bleibt die Spucke weg *loc.*

QUEDARSE DE PIEDRA, QUEDARSE PASMADO/A, QUEDARSE FLIPADO/A

*—Das ist ja der Hammer, da **bleibt mir** ja echt die **Spucke weg**. Da fällt mir nix mehr zu ein!* • *¡Esto es el colmo! ¡Me he quedado de piedra!*

Spur *f.*

neben der Spur sein *loc.*

ESTAR DESPISTADO, ESTAR EMPANADO/A, ESTAR DESCENTRADO/A

*—In letzter Zeit **bin** ich etwas **neben der Spur**.* • *Últimamente estoy un poco despistado.*

Stammfreier *m.*

CLIENTE FIJO DE UNA PROSTITUTA

*—Dann kam raus, dass sein Alter **Stammfreier** bei einer dieser Nutten war, die sie bei der Razzia hopsnahmen. Und dabei ist der doch selbst Bulle!* • *Se ve que su viejo era cliente fijo de una de esas putas que habían detenido en una redada. ¡Y eso que es madero!*

Steifer, Ständer *m.*

einen Steifen bekommen, einen Steifen haben *loc.*

PONÉRSELA DURA, EMPALMARSE

*—Am Strand **einen Steifen bekommen** kommt nicht gut.* • *Empalmarse en la playa es una putada.*

stiften gehen *loc.*

LARGARSE, PIRARSE

*—Montag haben wir in der letzten Stunde Musik. **Gehen** wir **stiften**? Der merkt eh nix!* • *El lunes tenemos clase de música a última hora. ¿Nos piramos? ¡Como el tío no se entera de nada!*

Stinkefinger *m.*

PEINETA

Stink- se usa como prefijo intensificador de adjetivos: **stinklangweilig** (superaburrido), **stinknormal** (supernormal), **stinksauer** (supercabreado), **stinkreich** (superrico) etc.

Stirb langsam! *interj.*

¡JESÚS!, ¡SALUD!

Interjección coloquial (*lit.* ¡Muere despacio!) para desear una mejora a la persona que ha estornudado. Tiene su origen en la peli *Die Hard* (*Jungla de cristal*), que en alemán se tradujo como *Stirb langsam*.

*—Hatschiiieee! // **Stirb langsam!** • ¡Achííísss! // ¡Salud!*

Stornokarte *f.*

1 die Stornokarte kriegen *loc.*

ROMPER, CORTAR, DEJARLO (*lit.* TOCAR LA CARTA DE CANCELACIÓN A ALGUIEN)

*—Es ist bitter, nach fünf Jahren **die Stornokarte** zu **kriegen**! • ¡Es duro romper después de cinco años!*

Strich *m.*

1 auf den Strich gehen *loc.*

HACER LA CALLE

*—Die sieht ja aus, als würd' sie **auf den Strich geh'n**. • Esa tía tiene una pinta, que parece que esté haciendo la calle.*

2 gegen den Strich gehen *loc.*

CABREAR, TOCAR LOS HUEVOS

*—Was dem Chef am meisten **gegen den Strich ging**, war, dass er dauernd unterbrochen wurde. • Lo que más le tocó los huevos al jefe fue que le interrumpieran todo el rato.*

3 nach Strich und Faden *loc.*

A SACO, A PIÑÓN

*—Er hat uns **nach Strich und Faden** angelogen. Ich glaub' ihm in Zukunft kein Wort! • Nos ha mentido a saco. No me voy a creer ni media palabra a partir de ahora.*

4 nur ein Strich in der Landschaft *loc.*

ESTAR EN LOS HUESOS

*—Keine Ahnung, ob sie ein Essproblem hat. Jedenfalls ist sie **ein Strich in der Landschaft**! • No tengo ni chorra de si tiene problemas de anorexia. ¡Lo que sí sé es que está en los huesos!*

Stricher *m.*

CHAPERO, PUTO

*—Die **Stricher** wurden vom Bahnhof vertrieben und sind jetzt im Stadtpark. • Expulsaron a los chaperos de la zona de la estación y ahora están por el parque municipal.*

Suff *m.*

TAJA, PEDO, CIEGO, MORADO TROMPA

*—Im **Suff** hat er dann im Graben geparkt und blieb da liegen, bis er seinen Rausch ausgeschlafen hatte! Am nächsten Morgen rief er dann den Abschleppdienst an! • Iba todo ciego conduciendo, aparcó en la cuneta y se quedó allí a dormir la mona. Al día siguiente llamó al servicio de remolque.*

T

tanken *v.*

REPOSTAR

—Ich bin noch nicht müde und unterhopft bin ich auch noch! Lass uns noch was ***tanken*** *gehen!* • *Todavía no tengo sueño y me muero por una birra. ¡Venga vamos a repostar!*

Tante *f.*

TÍA, PAVA

—Was willst du von der ***Tante****? Die labert wie ein Wasserfall und nervt nur rum.* • *¿Qué haces con esa tía? Si no para de hablar y es más pesada que un collar de melones.*

Tasse *f.*

nicht alle Tassen im Schrank haben *loc.*

ANDAR MAL DE LA AZOTEA, FALTAR UN TORNILLO (*lit.* NO TENER TODAS LAS TAZAS EN EL ARMARIO)

—Wenn das dein Ernst ist, dann ***hast du*** *doch echt* ***nicht mehr alle Tassen im Schrank****! Wie kommst du auf so'n Wahnsinn?* • *Si lo dices en serio es que te falta un tornillo. ¿Cómo puedes decir una majadería así?*

Tastenhengst *m.*

FRIKI DE LA INFORMÁTICA (*lit.* SEMENTAL DEL TECLADO)

—Franky ist voll der ***Tastenhengst****. Wenn du ein Problem mit deiner Kiste hast, ist er die erste Adresse!* • *Franky es un friki de la informática total. ¡Si tienes algún problema con el PC, él es la solución!*

taugen *v.*

SER LO MÁS, MOLAR

—Diese Sonnenbrille! ***Taugt!*** • *¡Estas gafas de sol son lo más!*

Teil *m. o nt.*

PARTES, MIEMBRO

—Das ist zwar 'n FKK-Strand, aber dein ***Teil*** *musst du trotzdem nicht so zur Schau stellen!* • *¡Aunque esto sea una playa nudista no hace falta que vayas exhibiendo tanto tus partes!*

Teppich *m.*

1 auf dem Teppich bleiben *loc.*

NO FLIPARSE, MANTENER LOS PIES EN EL SUELO, NO SUBÍRSELE LOS HUMOS A ALGUIEN

*—**Bleib auf dem Teppich**! Nur weil du jetzt einen Preis gewonnen hast, bist du noch kein Star-Fotograf!* • *¡No te flipes! Aunque hayas ganado un premio ahora, ¡todavía no eres ningún fotógrafo estrella!*

2 unter den Teppich kehren *loc.*

DISIMULAR ALGO, OCULTAR, ESCONDER ALGO DEBAJO DE LA ALFOMBRA (*lit.* BARRER DEBAJO DE LA ALFOMBRA)

*—Die Journalistin hat Mumm! Die lässt nicht zu, dass sie diesen Skandal **unter den Teppich kehren**!* • *¡Esa periodista tiene agallas! No deja que tapen este escándalo escondiéndolo debajo de la alfombra.*

texten *v.*

ENROLLARSE COMO UNA PERSIANA, HABLAR MUCHO

*—Mir brummt der Kopf. Der **textet** mal wieder ohne Ende.* • *Tengo la cabeza como un bombo. Se enrolla como una persiana durante horas.*

ticken *v.*

nicht mehr richtig ticken *loc.*

ESTAR COMO UNA CHOTA, ESTAR COMO UNA REGADERA, ESTAR MAL DE LA AZOTEA

*—Mit mir ins Schwimmbad? Der **tickt** doch **nicht mehr richtig**!* • *¿Que vaya con este a la piscina? ¡Si está como una chota!*

Ticketficker *m.*

REVISOR (*lit.* FOLLABILLETES)

*—Einmal ohne Fahrschein und dann zieht mir der **Ticketficker** 40 € aus der Tasche. Jetzt bin ich blank für den Rest des Monats.* • *Por viajar solo una vez sin billete me ha jodido el revisor. ¡40 €! Ahora me he quedado sin blanca hasta final de mes.*

Titten *f. pl.*

TETAS

*—Wegen diesem Günther will sie ihre **Titten** vergrößern lassen. Die spinnt doch!* • *Por ese Günther se quiere operar las tetas. ¡Está loca!*

TOMA NOTA DE ESTOS SINÓNIMOS:
BUSEN, GLOCKEN, HUPEN, MÖPSE, OBERWEITE, VORBAU...

tote Hose *loc.*

ESTAR MUERTO (una fiesta, un bar) (*lit.* PANTALÓN MUERTO)

*—Total **tote Hose** hier. Lass woanders hin!* • *Esto está muerto. Vamos a otro sitio.*

trampen *v.*

HACER DEDO, IR A DEDO, HACER AUTO-STOP

*—Als diese Scheiß-Kiste liegen blieb, mussten wir ins nächste Kaff **trampen**. Zum Glück hat uns gleich eine mitgenommen!* • *Cuando esta mierda de coche nos dejó tirados tuvimos que ir a dedo hasta el pueblo siguiente. Por suerte nos pararon enseguida.*

treiben *v.*

es mit jdm treiben *loc.*

ECHAR UN POLVO, FOLLAR

*—Wenn er könnte, würd' er's **mit jeder treiben**.* • *Si pudiera, ese follaría con todas.*

Trottel *m.*

IMBÉCIL, CEPORRO, CATETO

*—Dieser Typ ist peinlich. // Der ist ja auch ein **Trottel**.* • *Este tío es patético. // Ya, es un imbécil.*

Tschüss, Tschüssikowski *interj.*, tschüssen *v.*

CHAO, ADIÓS, HASTA LUEGO

*—**Tschüssikowski**, bis morgen! // Hau rein, Atze!* • *¡Chao, hasta mañana! // ¡Hasta luego, tronco!*

Tunte *f.*

BUJARRA, TRUCHA

*—Immer wenn ich mit **Tunten** feiern geh, hab ich übelst Spaß.* • *Siempre que salgo con bujarras me la paso de puta madre.*

turbo *adv.*

CAGANDO LECHES, RÁPIDO, A TODO TRAPO

*—Pesen wir mal **turbo** zur Party. Wir kommen mal wieder megaspät!* • *¡Vámonos cagando leches a la fiesta, que llegamos tarde otra vez!*

Tussi *f.*

TIPARRACA

*—Vergiss diese **Tussi**!* • *¡Olvídate de la tiparraca esa!*

Tüte *f.*

1 eine Tüte bauen *loc.*

LIAR UN CANUTO/UN PORRO

*—Du hast Dope? Dann lass' uns mal **'ne Tüte bauen**!* • *¿Tienes costo? ¡Pues venga, vamos a liar un canuto!*

2 Das kommt nicht in die Tüte! *loc.*

¡NI HABLAR DEL PELUQUÍN!

*—Am Montag Abi-Prüfung und morgen wollt ihr aufs Konzert? **Das kommt nicht in die Tüte!*** • *El lunes tenéis la selectividad, ¿y mañana queréis ir al concierto? ¡Ni hablar del peluquín!*

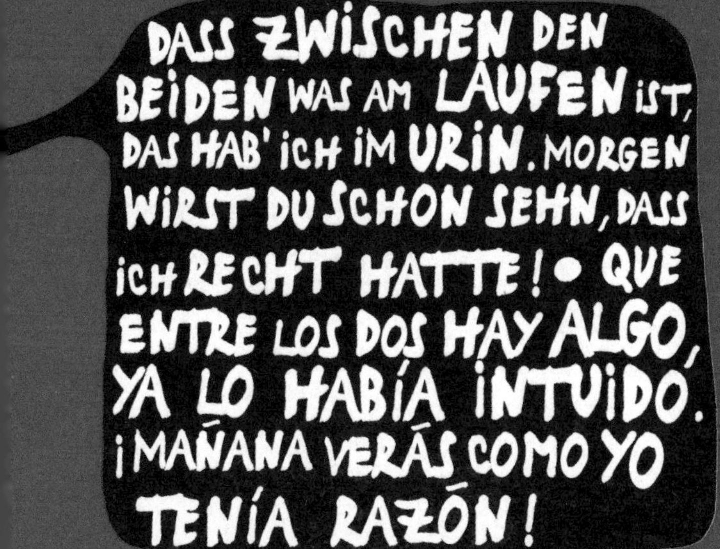
DASS ZWISCHEN DEN BEIDEN WAS AM LAUFEN IST, DAS HAB' ICH IM URIN. MORGEN WIRST DU SCHON SEHN, DASS ICH RECHT HATTE!
QUE ENTRE LOS DOS HAY ALGO, YA LO HABÍA INTUIDO. ¡MAÑANA VERÁS COMO YO TENÍA RAZÓN!

U

Ü30 *abrev.*

(über 30 Jahre)

FIESTUKI PARA MAYORES DE 30 TACOS

—Geh' bloss nicht auf die Party von Hans. Da triffst du nur Fuzzys ***Ü30****. • No te vayas a la fiesta de Hans. ¡Todos tienen más de 30 tacos!*

übel *adj.*

gar nicht so übel *loc.*

NO ESTÁ NADA MAL, NO ESTÁ TAN MAL

—Erst wollte ich das Sushi überhaupt nicht probieren, aber dann war's ***gar nicht*** *mal so* ***übel****. • Al principio el sushi no lo quería ni probar pero después me di cuenta de que no está nada mal.*

übelst *superlativo de* übel

BASTANTE, SUPER

—Richard Avedon Fotos sind ***übelst*** *krass. Gönn dir die Ausstellung! • Las fotos de Richard Avedon son superguays. ¡Tienes que ver la expo!*

Übelst sirve de adverbio intensificador: **übelst krass** (superguay), **übelst schwer** (superfuerte), etc.

überdreht *adj.*

PASADO/A DE ROSCA, EMBALADO/A

—Beruhig dich mal ein bisschen! Du bist voll ***überdreht****. • Cálmate un poco, que vas muy embalado.*

Überzieher *m.*

CONDÓN, GOMA

—Ohne ***Überzieher*** *bumsen ist total bescheuert. • Follar sin condón es una locura.*

Ufer *nt.*

vom anderen Ufer sein *loc.*

SER DE LA ACERA DE ENFRENTE, PERDER ACEITE

—Dieser Designer-Fritze ***ist*** *doch* ***vom anderen Ufer****! Das seh' ich dem doch an der Nase an. • El diseñador ese, ¿es de la acera de enfrente, no? Se le nota en la cara.*

Uhr *f.*

rund um die Uhr *loc.*

TODO EL DÍA, DÍA Y NOCHE, LAS 24 HORAS DEL DÍA

*—Ist doch schon zu spät, um da aufzutauchen. // Quatsch, bei denen ist Halligalli **rund um die Uhr.** • Es demasiado tarde para presentarnos allí. // ¡Qué va! En su casa hay juerga todo el día.*

ulfen *loc.*

VOMITAR, POTAR, ECHAR LA POTA, SACAR LAS PAPAS

*—Was **hab** ich **geulft** letzte Nacht! Die Lasagne lag mir so schwer im Magen, war ich froh, als sie wieder draußen war! • ¡Vaya vomitona la mía ayer por la noche! La lasaña me sentó fatal y no me quedé tranquila hasta que la poté.*

También se dice **den Ulf rufen, den Jörg rufen, kübeln, brechen, speien,** etc.

ultrakrass *adj.*

LA BOMBA, UNA PASADA, LA/UNA CAÑA

*—**Ultrakrass,** deine neue Haarfarbe! • ¡Este color de pelo que te has puesto es la bomba!*

umhauen *v.*

FLIPAR

*—Der Film **hat** mich **umgehauen.** • La peli me ha dejado flipando.*

umlegen *v.*

LIQUIDAR, CARGARSE A ALGUIEN

*—Am Ende vom Film werden alle **umgelegt.** • Al final de la peli se los cargan a todos.*

También se puede decir **jdn abmurksen, jdn erledigen, jdn kaltmachen, jdn killen** o **jdn um die Ecke bringen.**

umme (für) *loc.*

GRATIS

*—Du glaubst es nicht, aber das Konzert ist **für umme.** Sonst kosten die Karten in diesem Saal mindestens 30 €! • No te lo creerás pero el concierto es gratis. ¡Normalmente las entradas en esta sala cuestan por lo menos 30 €!*

ES MUY HABITUAL TAMBIÉN **FÜR LAU**

umnieten *v.*

PELAR, MATAR

*—Ich glaub, mein Neffe muss mal zum Psychiater. Immer wenn ich da auftauche, zieht er seine Spielzeugknarre und will mich **umnieten.** • Me parece que mi sobrino tiene que ir al psiquiatra. Siempre que voy a verlo saca su escopeta de juguete y me quiere pelar.*

ungeil *adj.*

UNA MIERDA, UN COÑAZO, UN TRUÑO, CHUNGO/A

—Kauf' dir bloß nicht seinen neuesten Roman. Der ist vollkommen ***ungeil.*** • *No te compres su última novela. Es una mierda.*

unplugged *adj.*

SIN MAQUILLAJE

—Was für ein Schock, als ich sie am Morgen drauf ***unplugged*** *sah!* • *¡Qué susto cuando la vi por la mañana sin maquillaje!*

unterbelichtet *adj.*

QUE NO TIENE DOS DEDOS DE FRENTE, DE POCAS LUCES, UN POCO TONTO/A

—Der ist sowas von ***unterbelichtet.*** • *Este no tiene dos dedos de frente.*

unterbuttern *v.*

PUTEAR

—Mach endlich mal das Maul auf. Deine Chefin hat dich lang genug ***untergebuttert!*** • *¡A ver si le dices algo a tu jefa, que ya te ha puteado bastante!*

unterhopft sein *loc.*

TENER GANAS DE TOMAR UNA BIRRA

—Schmeiß' mal 'ne Pulle Bier rüber. Ich bin schon übelst ***unterhopft!*** • *¡Pásame un botellín! ¡Me muero de ganas de tomar una birra!*

unterjubeln *v.*

jdm etwas unterjubeln *v.*

ENDOSAR

—Meine Schwester will ***mir*** *im August zwei Wochen lang ihre Kinder* ***unterjubeln.*** • *Mi hermana me quiere endosar a sus hijos durante dos semanas en agosto.*

Urin *m.*

etwas im Urin haben *loc.*

OLERSE ALGO, INTUIR ALGO

—Dass zwischen den beiden was am Laufen ist, ***das hab ich im Urin.*** • *Seguro que hay algo entre esos dos, me lo huelo.*

Uschi *m. y f.*

1 COLEGA, TRONCO, TÍO/A

—Hey ***Uschi,*** *was geht? // Alles Klar, Kumpel!* • *¡Ey, colega, ¿qué tal? // ¡Todo bien, tronco!*

2 COÑAZO DE TÍA, PELMA, PLASTA

—Was für 'ne ***Uschi!*** *Die nervt ja ohne Ende!* • *¡Qué coñazo de tía! Es insoportable.*

V

veräppeln *v.*

TOMAR EL PELO, CACHONDEARSE

—Glaubst du mir's jetzt endlich, wo du's mit eigenen Augen siehst, dass der dich nur ***veräppelt*** *hat!* • *¿Te lo crees ahora que lo ves con tus propios ojos que este tío se estaba riendo de ti?*

Otras maneras de expresar lo mismo: **verarschen**, **verschaukeln**, **verscheißern**, etc.

verarschen (jdn) *v.*

TOMAR EL PELO

—Du ziehst nach Shanghai? Du willst mich wohl ***verarschen,*** *oder was?* • *¿Que te vas a vivir a Shanghai? ¿Me estás tomado el pelo o qué?*

verballern *v.*

GASTARSE (LA) PASTA

—Der hat seinen Alten 150 € gerippt und alles in einer Nacht ***verbraten!*** • *Les mangó 150 € a sus viejos y se lo gastó todo en una noche.*

TAMBIÉN SE DICE VERBRATEN Y VERPRASSEN

verbrennen *v.*

sich das Maul/den Mund verbrennen *loc.*

METER LA PATA, CAGARLA HABLANDO (*lit.* QUEMARSE LA BOCA)

—Wenn ich gewusst hätte, dass die keinen Schimmer davon haben, hätte ich die Klappe gehalten. // Ja, damit hast du ***dir*** *ganz schön* ***das Maul verbrannt!*** • *Si hubiese sabido que no tenían ni idea, me habría callado. // Sí porque la has metido hasta el fondo.*

verbummeln *v.*

1 PERDER

—Wie oft ***hast*** *du dein Handy jetzt schon* ***verbummelt****? Ich hab hier insgesamt fünf Nummern von dir gespeichert!* • *¿Cuántas veces has perdido el móvil? Yo aquí tengo cinco números tuyos guardados.*

2 DESCUIDAR, OLVIDAR

—Hattest du nicht heute den Termin beim Anwalt? // Scheiße! Das ***hab*** *ich total* ***verbummelt.*** • *¿Oye, no tenías hoy cita con el abogado? // ¡Mierda! ¡Se me ha olvidado completamente!*

verdrücken *v.*

1 etwas verdrücken *loc.*

TRAGAR, ZAMPARSE

—Der kann was ***verdrücken.*** *Das ist schon die zweite Pizza, die er weghaut!* • *¡Cómo traga el tío! Ya es la segunda pizza que se zampa.*

2 sich verdrücken *loc.*

LARGARSE, ESFUMARSE

—Als es dann ernst wurde, ***hab'n*** *sie* ***sich verdrückt.*** • *Cuando la cosa se puso difícil se largaron.*

verduften *v.*

PIRÁRSELAS, LARGARSE

*—**Verdufte** endlich und lass mich in Ruh!* • *¡Lárgate de una vez y déjame en paz!*

Un sinónimo: **sich verdünnisieren**

Verflixt und zugenäht! *interj.*

¡ME CAGO EN TODO!, ¡MALDITA SEA!, ¡JODER!

—Das haut überhaupt nicht hin! ***Verflixt und zugenäht*** *aber auch!* • *¡Me cago en todo! Esto no chuta.*

vergeigen *v.*

CAGARLA

—Er ***hat*** *super über die Seite gedribbelt, aber dann mit dem Pass in die Mitte alles* ***vergeigt.*** • *Hizo un jugadón brutal por la banda pero luego la cagó con el centro.*

También puedes decir: **verkacken, vermasseln, verschnitzeln** o **versieben.**

verhökern, verscherbeln *v.*

VENDER POR CUATRO CHAVOS, MALVENDER

—Selbst den Anhänger von ihrer Oma hat sie ***verscherbelt,*** *so dringend brauchte sie Knete!* • *Iba tan mal de pasta que hasta malvendió las joyas de su abuela.*

verhunzen, verkacken, versauen *v.*

CARGARSE, DESTROZAR

—Mit seiner bescheuerten Witzen hat er die ganze gute Stimmung ***verhunzt.*** • *Con sus bromas estúpidas, se cargó el buen ambiente que había.*

verknacken *v.*

CAERLE, METERLE, CONDENAR

—Der Typ hat tausende von Rentnern betrogen und wurde nur zu einem Jahr ***verknackt!*** • *El tío este estafó a miles de jubilados y solo le ha caído un año de prisión.*

verkuppeln *v.*

HACER DE ALCAHUETA

*—Die Leute zu **verkuppeln** ist aus der Mode gekommen. Mit Internet, Chat und Kontaktseiten macht das gar keinen Sinn mehr.* • *Está pasado de moda esto de hacer de alcahueta. Entre internet, chats y páginas de contactos ya no tiene ningún sentido.*

vernaschen *v.*

TIRARSE A ALGUIEN

*—Siehst du das Muskelpaket da drüben? Den hab ich letztes Jahr **vernascht.** // Ah echt, na dann mal herzlichen Glückwunsch.* • *¿Ves a ese cachitas de ahí? Me lo tiré el año pasado. // Ah, muy bien, felicidades.*

verpeilt *adj.*

1 CAÓTICO/A

*—Miroslav ist übelst **verpeilt**. Ich kann mit ihm nicht arbeiten.* • *Miroslav es muy caótico. No me gusta nada trabajar con él.*

2 EMPANADO/A, DESPISTADO/A

*—Wie heißt die Braut da noch gleich? In letzter Zeit bin ich sowas von **verpeilt**!* • *¿Cómo coño se llama esa tía? No me sale el nombre… Últimamente estoy más empanado que yo qué sé.*

versifft *adj.*

SUCIO/A, MUGRIENTO/A, GUARRO/A, ASQUEROSO/A

*—Dieser Laden ist übelst **versifft**.* • *Este local está superguarro.*

Vitamin B *nt.*

ENCHUFE, CONTACTOS

*—Wie hat's der Nullchecker eigentlich in die Chefetage geschafft? // Mit **Vitamin B** natürlich. Er ist der Sohn vom Besitzer.* • *¿Cómo ha llegado a ser jefe ese tío? Si es más tonto que yo qué sé. // Por enchufe. Es hijo del dueño.*

La **B** viene de **Beziehungen** (relaciones).

Von wegen! *loc.*

¡NI HABLAR!, ¡SÍ, HOMBRE!

*—Morgen früh bist du um Punkt acht Uhr hier! // **Von wegen!*** • *¡Mañana por la mañana te quiero aquí a las ocho en punto! // ¡Ni hablar!*

vorglühen *v.*

ENTONARSE EN CASA ANTES DE SALIR O ANTES DE ENTRAR EN UNA DISCOTECA

*—Ich komm zu dir nach Hause zum **Vorglühen**, o. k.? Ich hab nämlich keinen Pfennig mehr.* • *Me paso por tu casa y nos entonamos un poco antes de salir, ¿vale? Es que no tengo un duro.*

W

Waffel *f.*

einen an der Waffel haben *loc.*

ESTAR COMO UNA CABRA, ESTAR COMO UNA CHOTA, ESTAR PIRADO/A

—Jetzt will der mit seiner scheiß Firma auch noch an die Börse. Der ***hat*** *doch echt* ***einen an der Waffel****. • Ahora quiere que su mierda de empresa cotice en bolsa. Está como una cabra.*

Wahnsinn! *interj.*

¡GENIAL!, ¡DE PUTA MADRE!

—Wie findest du diese roten Stiefel? // Echt ***Wahnsinn!*** *• ¿Qué te parecen estas botas rojas? // ¡Son geniales!*

Waldapotheker/in *n.*

CAMELLO (*lit.* FARMACÉUTICO/A FORESTAL)

—Ich muss meinen ***Waldapotheker*** *treffen, ich hab kein Hasch mehr. • Tengo que quedar con mi camello, me he quedado sin costo.*

Wanst *m.*

sich den Wanst vollschlagen *loc.*

DARSE UN ATRACÓN, PEGARSE UN BANQUETE

—Wie war eure Familien-Party? // Voll Scheiße. Aber wenigstens ***haben*** *wir* ***uns den Wanst vollgeschlagen!*** *• ¿Qué tal la fiesta familiar? // Un coñazo. Pero nos pegamos un buen banquete.*

WAS GEHT WAS GEHT AB? *loc.*

¿QUÉ PASA?, ¿QUÉ HAY?

*—****Was geht****? // Alles klar, Alter! • ¿Qué pasa? // ¡Todo bien, tío!*

Waschlappen *m.*

CALZONAZOS

—Ich mach kein Programm mit meinen Freunden, ohne vorher meine Alte zu fragen. // Was für ein ***Waschlappen!*** *• Yo nunca hago planes con los amigos sin consultarlo primero con la parienta. // ¡Qué calzonazos!*

Wasser *nt.*

1 mit allen Wassern gewaschen sein *loc.*

TENER MUCHAS TABLAS/ MUCHAS HORAS DE VUELO, TENER LOS COJONES PELADOS

*—Die schafft das. Die **ist mit allen Wassern gewaschen!*** • *Seguro que lo hace bien, tiene muchas tablas…*

2 nah am Wasser gebaut sein *loc.*

SER UN SENTIMENTALOIDE, SER UN LLORICA, SER DE LÁGRIMA FÁCIL

*—Was **bist** du **nah am Wasser gebaut**! Du flennst auch wegen jedem Scheiß …* • *¡Eres un sentimentaloide! Lloras por cada chorrada…*

Watte *f.*

jdn in Watte packen *loc.*

MIMAR, CONSENTIR

*—Die war schon zu Hause das Prinzesschen, alle **haben** sie **in Watte gepackt**!* • *De pequeña era la princesita de la casa: todos la mimaban mucho.*

Wecker *m.*

jdm auf den Wecker gehen *loc.*

SACAR DE QUICIO, TOCAR LAS NARICES, TOCAR LOS HUEVOS, DAR LA LATA

*—Mach' mal das Radio leiser! Dieses Gesabbel **geht mir auf den Wecker**!* • *¡Baja la radio! ¡Tanto parloteo me saca de quicio!*

wegflexen (jdn) *v.*

HOSTIAR A ALGUIEN, METER HOSTIAS

*—Dann kam dieses Muskelpacket und ohne ein Wort **hat** er ihn einfach **weggeflext**. Niemand weiß warum!* • *Entonces vino ese tío cachas y sin decir ni pío lo empezó a hostiar. Nadie sabe por qué.*

weggetreten *adj.*

ESTAR COMO FLOTANDO, ESTAR EN UNA NUBE

*—Bei der Musik **ist** sie jedes Mal total **weggetreten**. Als hätte sie was weiß ich intus!* • *Cada vez que oye esta música, se queda como flotando. ¡Es como si se hubiese tomado algo!*

sich wegklemmen, sich wegschalten *v. prnl.*

PIRARSE, LARGARSE

*—Sobald der Prof **sich** umdreht, **klemmen** wir uns hier **weg**!* • *Cuando el profe se de la vuelta, nos piramos.*

wegpilsen *v.*

TOMAR UNA BIRRA, TOMAR UNA CAÑA/CAÑITA

*—Lass uns noch eins **wegpilsen**. Ich lade dich ein!* • *Venga, ¿nos tomamos otra birra? ¡Invito yo!*

wegstecken (einen) *v.*

MOJAR EL CHURRO,
ECHAR UN POLVO

*—Endlich **hab** ich mal wieder **einen weggesteckt**!* • *¡Por fin he vuelto a echar un polvo!*

Weichei *nt.*

NENAZA

*—Dieses **Weichei** lässt sein Motorrad in der Garage, sobald es unter zehn Grad sind!* • *Es una nenaza. En cuanto estamos por debajo de los diez grados, ya no saca la moto del garaje.*

Weichteile *m. o nt., pl.*

PARTES, PARTES BAJAS

*—Beim Fußballtraining gestern hat er einen Schuss voll in die **Weichteile** bekommen. Das tut ihm sicher noch weh.* • *Ayer en el entrenamiento de fútbol le pegaron un pelotazo en sus partes. Todavía le debe de doler.*

wichsen *v.*

HACERSE UNA PAJA,
MACHACÁRSELA

*—Wir sind echt die Loser! Alle andern ziehen hier mit den schärfsten Bunnys ab und wir müssen wie immer nach Hause und **wichsen**.* • *¡Somos unos losers! Todos aquí ligando a saco y a nosotros no nos queda otra que ir a casa y hacernos una paja.*

También se puede decir: **sich einen runterholen, sich einen keulen, abmelken, daddeln, entsaften, fappen, Beppo hetzen, einhandsegeln**

Wohnklo *nt.*

ZULO, CAJA DE ZAPATOS

*—Die Mieten hier sind wahnsinnig! Selbst für das kleinste **Wohnklo** zocken sie dir schon über 400 Euro ab.* • *Los alquileres están por las nubes. Por una mierda de zulo te clavan más de 400 euros.*

Wurst *f.*

1 um die Wurst gehen *loc.*

SER LA HORA DE LA VERDAD

*—Leute, reißt euch zusammen! Hier im Endspiel **geht** es **um die Wurst**!* • *¡Venga gente, a por todas, que es la final! Es la hora de la verdad.*

2 Wurst sein *loc.*

NO IMPORTAR NADA,
IMPORTAR UN PEPINO

*—Wenn du weiter so bummelst, schaffst du dein Abi nie! // Ehrlich gesagt **ist** mir das **Wurst**.* • *Si continúas pasando de todo no vas a aprobar la selectividad. // Si te he de ser sincero, me importa un pepino.*

X

X
ein X für ein U vormachen *loc.*
DARLA CON QUESO,
DAR GATO POR LIEBRE

*—Das sind doch nicht die Originalscheiben, Alter! Du denkst wohl, du kannst mir **ein X für ein U vormachen**?* • *¡Estos no son los discos originales, tío! A mí no me la das con queso.*

X-Beine *nt. pl.*
PATIZAMBO/A, QUE TIENE LAS PIERNAS EN FORMA DE X

*—Claudia hat ein echt hübsches Gesicht, leider hat sie voll die **X-Beine**!* • *Claudia es guapísima de cara. ¡Lástima que sea tan patizamba!*

x-beliebig *adj.*
CUALQUIER/A

*—Das ist egal, du kannst jede **x-beliebige** Marke dafür nehmen!* • *Eso da igual, puedes utilizar cualquier marca para eso.*

x-mal *adv.*
MIL VECES, N-VECES

*—Ich hab's dir jetzt schon **x-mal** gesagt, dass mich dieses Getratsche nicht interessiert.* • *Ya te he dicho mil veces que estos cotilleos no me interesan.*

X-Mann *m.*
PROFE DE MATES

*—Unser neuer **X-Mann** hat's voll drauf. Mit dem bockt Mathe zum ersten Mal so richtig!* • *Nuestro profe de mates es un crack. ¡Por primera vez en la vida me molan las mates!*

X-mas *nt.*
NAVIDAD

*—Happy **X-mas** und Grüße an den Weihnachtsmann!* • *¡Feliz Navidad y saludos a Papá Noel!*

Z

Zack *m.*

1 auf Zack bringen *loc.*

PONER EN MARCHA

—Unsere Schülerzeitung war voll lahmarschig. Aber diese neue Redaktion ***hat*** *sie echt* ***auf Zack gebracht.*** • *Nuestra revista escolar iba de capa caída, pero la nueva redacción la ha puesto en marcha.*

2 auf Zack sein *loc.*

SER UN HACHA,
SER EXPEDITIVO/A

—Meine Schwester ***ist*** *auf* ***Zack.*** *Die gibt dir dreimal Nachhilfe und schon hast du den Durchblick!* • *Mi hermana es un hacha. Te da tres clases de repaso y ya lo has pillado.*

Zack, zack!, Zackig! *adv.*

¡VAMOS, VAMOS!, ¡VA, VA!

—Mensch sind wir spät! Jetzt aber ***zack zack,*** *sonst fährt die Bahn ohne uns!* • *¡Uy qué tarde! ¡Venga, vamos, vamos, o perderemos el tren!*

Zahn *m.*

1 einen Zahn drauf haben *loc.*

A TODA PASTILLA, A TODO TRAPO, A TODO METER

—Der kam um die Ecke gepest und hatte ***einen*** *üblen* ***Zahn drauf!*** *Ein Wunder, dass es nicht gekracht hat!* • *Ha doblado la esquina a toda pastilla y no ha chocado de milagro.*

Otras maneras de expresar lo mismo son: **brettern** *v.*, **stratzen** *v.*, **turbo** *adv.*, **mit Vollgas** *loc.*, **volle Kanne** *loc.*, **volle Möhre** *loc.*, **volle Soße** *loc.*, **volle Pulle** *loc.*, **volle Suppe** *loc.*

2 einen Zahn zulegen *loc.*

DAR CAÑA, DARSE PRISA

*—****Leg*** *mal* ***einen Zahn zu.*** *Sonst wirst du ja nie fertig mit deinem Referat!* • *¡Dale caña, que si no no vas a terminar nunca tu trabajo!*

3 ein steiler Zahn sein *loc.*

ESTAR COMO UN QUESO, ESTAR BUENORRA

—Megan Fox ist ***ein steiler Zahn.*** • *Megan Fox está como un queso.*

Zappelbunker *m.*

DISCO

—Kommst du nachher noch mit tanzen? // Nee, auf ***Zappelbunker*** *hab ich heut' keine Lust.* • *¿Te vienes luego a bailar? // No, hoy no me apetece ir a la disco.*

zappeln *v.*

jdn zappeln lassen *loc.*

HACER ESPERAR, TENER A ALGUIEN EN VILO, DARLE FALSAS ESPERANZAS

—Was ist mit Harry? Läuft das jetzt? // Blub! Der ***lässt mich*** *immer noch* ***zappeln,*** *der Penner!* • *¿Qué tal va con Harry? ¿Aún no? // ¡Bah! Me tiene en vilo, el muy cabrón.*

zappenduster *adj.*

OSCURO COMO LA BOCA DEL LOBO, MUY OSCURO

—Der Winter ist gruselig. Jetzt ist es erst fünf und schon ***zappenduster!*** • *Odio el invierno. Son las cinco y ya está todo oscuro como la boca del lobo.*

Zeiger *m.*

jdm auf den Zeiger gehen *loc.*

SULFURAR, TOCAR LOS HUEVOS, DAR EL COÑAZO

—Das ***geht*** *mir dermaßen* ***auf den Zeiger,*** *dass du immer so spät antanzen musst.* • *Me sulfura que siempre tengas que llegar tan tarde.*

Zepter *nt. o m.*

CETRO, MANDO DE LA TELE

—Jetzt hast du genug gezappt! Gib' mir mal das ***Zepter!*** • *Bueno, tú ya has zapeado bastante. Ahora dame el cetro a mí.*

zerficken *v.*

MACHACAR, ATACAR, HACER POLVO, IR A POR ALGUIEN

—Auf der Versammlung haben sie dich ganz schön ***zerfickt!*** *Du hast in letzter Zeit aber auch viel Scheiße gebaut!* • *En la reunión te machacaron a saco. ¡Pero es que tú también te has pasado un huevo últimamente!*

Zerquetschte (ein paar) *loc.*

Y PICO

—Wie viel schulde ich dir noch? // 20 ***und ein paar Zerquetschte.*** *// Dann geb' ich dir 23, ist das o. k.?* • *¿Cuánto te debo todavía? // 20 y pico. // Bueno, pues te doy 23, ¿vale?*

Zeug *m.*

sich ins Zeug legen *loc.*

CURRÁRSELO

—Wow, was für'n Festschmaus! Da ***hast*** *du* ***dich*** *aber richtig* ***ins Zeug gelegt!*** • *¡Uau! ¡Qué banquete! ¡Cómo te lo has currado!*

Zicke *f.*

VÍBORA, BRUJA (*lit.* CABRA)

*—Miriam ist voll die **Zicke**. Nicht nur, dass sie sich Carlas Geld rippen wollte, sie hat sich zudem noch an ihren Macker rangemacht.* • *Miriam es una víbora desalmada. No solo trató de quedarse con el dinero de Carla, sino que además intentó ligarse a su novio.*

zicken *v.*

LIARLA, CREAR FOLLÓN, CREAR PROBLEMAS, HACER DE LAS SUYAS

—*—Meine Tochter ist nur noch am **Zicken**. Hoffentlich ist das nur das Alter und geht bald vorbei!* • *Mi hija siempre la está liando. Espero que sean cosas de la edad y que se centre pronto.*

Zickenrumble *m.*

PELEA ENTRE CHICAS

*—Geh' da bloß nicht rein, da ist übelst **Zickenrumble**.* • *Ni se te ocurra entrar ahí, que las chicas se están peleando.*

zigmal *adv.*

MIL VECES, TROPECIENTAS VECES

*—**Zigmal** hab ich dir das schon erzählt und jedes Mal vergisst du es!* • *¿Todavía no lo has pillado? Si te lo he explicado mil veces…*

zischen *v.*

1 das kann ich dir zischen *loc.*

TE LO DIGO YO

*—Sag mal, der X-Mann hat doch was mit der von Englisch am laufen? // **Das kann ich dir zischen**!* • *Oye, ¿el profe de mates está liado con la de inglés? // ¡Qué sí, te lo digo yo!*

2 ein Bierchen zischen *loc.*

TOMAR UNA CERVECITA, TOMAR UNA BIRRA

*—Lass uns noch ein Bierchen **zischen**!* • *¡Vamos a tomarnos otra cervecita!*

zocken *v.*

JUGAR (JUEGOS DE AZAR Y JUEGOS EN EL ORDENADOR)

*—Was ist mit Wolf los, den sieht man gar nicht mehr? // Der hängt den ganzen Tag zu Hause rum und **zockt**!* • *¿Qué pasa con Wolf, que ya no se le ve el pelo? // Se pasa el día encerrado en casa jugando a la Play.*

Zoff *m.*

BRONCA

*—Als meine Alten merkten, dass ich nicht zu Hause gepennt hab, da gab's so richtig **Zoff**!* • *Cuando mis viejos se dieron cuenta de que no había dormido en casa, me echaron una bronca del copón.*

Zornröschen *nt.*

PAVA, BOBA, NIÑATA

Se trata de un juego de palabras con **Dornröschen** (bella durmiente), **Zorn** (ira) y **röschen** (rosita).

*—Dieses **Zornröschen** geht mir übelst auf die Nerven. Die hat vielleicht eine miese Laune.* • *¡Esa pava me toca los huevos que ni te digo! Tiene una mala leche que no veas.*

Zuckerschnecke *f.*

PIBÓN, TÍA BUENA (*lit.* CARACOL DE AZÚCAR)

*—Paula ist 'ne echte **Zuckerschnecke**, im Gegensatz zur dieser Schickimicki-Tussi Frederica.* • *Paula sí que es un pibón y no la pija esa de Frederica.*

zudröhnen *v.*

COLOCARSE, PILLAR/COGER UN CIEGO/UN PEDAL/UN COLOCÓN

*—Ich hab jetzt aufgehört, mich ständig **zuzudröhnen**. Stattdessen esse ich gesund und mach' jetzt Sport und Yoga!* • *Ya he dejado de colocarme cada día. ¡Ahora como sano, hago yoga y deporte!*

zumüllen *v.*

SOLTAR EL ROLLO (*lit.* LLENAR ALGO DE BASURA)

*—Hör endlich auf, mich mit deinen Liebesgeschichten **zuzumüllen**.* • *¡Para ya de soltarme el rollo con tus historias de amor!*

zurückpfeifen *v.*

DAR/PEGAR UN TOQUE, LLAMAR AL ORDEN

*—Der Journalist ist mit seiner Kritik ganz schön vorgeprescht. Aber am Ende **wurde** er vom Chefredakteur **zurückgepfiffen**. Die Zeitung will sich mit niemandem anlegen!* • *El periodista se precipitó bastante con su crítica. Al final el redactor en jefe le pegó un toque, porque el periódico no quiere tener conflictos con nadie.*

zutexten *v.*

SOLTAR/METER EL ROLLO A ALGUIEN

*—Ich hab übelst Schädelficken. Der Typ **hat** mich doch wirklich zwei Stunden lang nur **zugetextet**!* • *Tengo la cabeza como un bombo. ¡El tipo ese me ha estado soltando el rollo durante dos horas!*

zu sein *loc.*

LLEVAR UN MORADO (ENCIMA), ESTAR COLOCADO/A

*—Ich **bin** total **zu**! // Das merkt man, was für ein Face!* • *Llevo un morado encima, tío… // Ya se te nota, ya. ¡Vaya jeto!*

ESPAÑOL-DEUTSCH

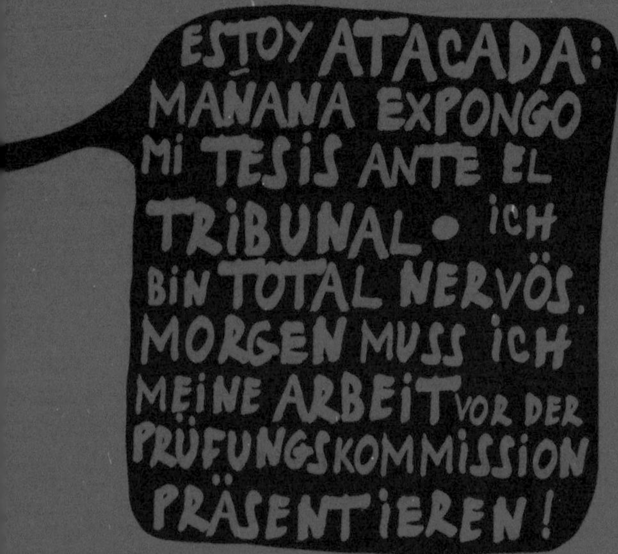
ESTOY ATACADA: MAÑANA EXPONGO MI TESIS ANTE EL TRIBUNAL • ICH BIN TOTAL NERVÖS. MORGEN MUSS ICH MEINE ARBEIT VOR DER PRÜFUNGSKOMMISSION PRÄSENTIEREN!

A

abrirse *r V*

—*¡Vaya, bodrio de fiesta, yo* ***me abro****!* • *Was für eine Scheißparty. Ich mach mich vom Acker!*

achicharrarse *r V*

SICH VERBRENNEN

—*Yo hoy paso de ir a la playa, que ayer* ***me achicharré*** *viva.* • *Heut an den Strand geht ich gar nicht, gestern hab ich mich total verbrannt.*

DU KANNST AUCH ASARTE SAGEN

acojonar *V*

1 SCHISS KRIEGEN, MUFFE KRIEGEN

—*¡Menudo antro! ¡Yo me abro, este lugar* ***acojona****!* • *Was für ein Schuppen! Ich hau' ab, da kriegt man ja Schiss hier!*

2 acojonarse *r V*

SICH INS HEMD MACHEN, KALTE FÜSSE KRIEGEN, DEN SCHWANZ EINZIEHEN

—*Mario* ***se*** *ha vuelto a* ***acojonar****.* • *Mario hat sich mal wieder ins Hemd gemacht!*

3 estar acojonado/a *Redew*

SCHEISSANGST HABEN, SCHISS HABEN, MUFFENSAUSEN HABEN

—*¡****Estoy acojonada****! Me han llamado los de Hacienda.* • *Ich hab eine Scheißangst! Die vom Finanzamt haben bei mir angerufen.*

Ebenso wie im Deutschen werden **cojones** im Spanischen für alle möglichen Redewendungen benutzt und in Adjektive, Verben und Adverben umgeformt. Meistens sind die Ausdrücke von ähnlicher Bedeutung, manchmal aber eben auch nicht!

4 acojonante *Adj*

ABGEFAHREN, KRASS, FETT, KORALL

—*Este móvil es* ***acojonante****. Tiene mogollón de funciones.* • *Das Handy hier ist so total abgefahren, das hat irre viel Funktionen.*

adicto/a (ser) *Redew*

ABHÄNGIG SEIN VON ETWAS, SÜCHTIG SEIN

—*Roberto* ***es adicto*** *al Facebook.* • *Roberto ist total facebooksüchtig.*

agarrado/a *Adj*
KNAUSERIG, GEIZIG, GEIZKRAGEN

—Espero que no venga tu hermano, que es más ***agarrado*** *que un chotis. • Hoffentlich kommt dein Bruder nicht; der ist super knauserig.*

Ein **chotis** ist ein Paartanz aus Madrid, bei dem sich die Tanzpartner fest aneinandergedrückt halten. **Más agarrado que un chotis** nimmt Bezug auf dieses Festhalten, nur dass es sich hierbei um Geld handelt.

agobiar *V*
1 STRESS MACHEN, DRUCK MACHEN, STRESSEN

—¡No me ***agobies****, tío! • Mach keinen Stress, Mann!*

2 agobiarse *r V*
PARAS SCHIEBEN, SICH SORGEN MACHEN

—Laura ***se agobia*** *enseguida. • Laura schiebt immer gleich Paras!*

alucinar *V*
STAUNEN, AUSFLIPPEN

—Yo ***alucino*** *en colores contigo, tía, ¡vaya bronca que le has pegado! • Ich staun Bauklötze, Alte, dem hast du's aber gegeben!*

amañado/a *Adj*
ABGEKARTET, GETÜRKT

—El partido estaba claramente ***amañado****. • Das Spiel war doch von vorneherein abgekartet.*

¡anda ya! *Interj*
KLAR EY!, GANZ GENAU! *iron*

Drückt Ablehnung aus, auch: **¡sí hombre!**

antro *m*
LOCH, MIESER SCHUPPEN

—Menudo ***antro****, qué grima, como mínimo aquí pillamos el tifus… • Was für 'n Loch hier, wie eklig, hier fangen wir uns doch was ein …*

apalancarse *r V*
HERUMLUNGERN, GAMMELN, CHILLEN, SCHIMMELN

—Venga tío, no ***te apalanques*** *en el sofá, que vamos a llegar a la fiesta a las mil. • Komm, Alter, gammel hier nicht auf dem Sofa rum, sonst steigt die Fete ohne uns.*

apañárselas *Redew*
1 GEBACKEN KRIEGEN, AUF DIE REIHE KRIEGEN, SICH ZU HELFEN WISSEN

—Ya que no me necesitas, ***te las apañas*** *tú solito a partir de ahora. • Jetzt brauchst du mich dafür aber nicht mehr, das kriegst du in Zukunft selbst gebacken.*

2 apañado/a *Adj*

CHUCK NORRIS, ALLESKÖNNERIN

—*¡Hija, qué* ***apañada****, sabes hacer de todo!* • *Mädchen, du bist ja ein Chuck Norris, du kannst ja wirklich alles!*

apoquinar *V*

BLECHEN, BEISTEUERN, BERAPPEN

—*¿Cuánto toca* ***apoquinar*** *por cabeza? ¿Diez euros?* • *Wie viel blecht jeder pro Nase? Zehn Euro?*

arrastre *m*

estar para el arrastre

Redew

FIX UND ALLE SEIN, AUSGEKNOCKT SEIN, AUSGEPOWERT SEIN, TOTAL ERLEDIGT SEIN

—*¿Salir esta noche? ¡Ni de coña!* ***Estoy pa'l arrastre****.* • *Was, heute Abend noch ausgehen? Auf keinsten! Ich bin fix und alle.*

atacado/a *Adj*

TOTAL NERVÖS, TOTAL AUFGEDREHT, ÜBERDREHT

—*Estoy* ***atacada****: mañana expongo mi tesis ante el tribunal.* • *Ich bin total nervös. Morgen muss ich meine Arbeit vor der Prüfungskommission präsentieren!*

Folgende Ausrufe bringen ebenfalls den Gemütszustand in aufregenden Situationen zum Ausdruck: **estoy de los nervios, estoy que me subo por las paredes** oder einfach **estoy histérico/a**. Und danach gehts dann schon um einiges besser!

atiborrarse *r V*

SICH VOLLSTOPFEN, SICH VOLLFRESSEN

—***Nos hemos atiborrado*** *de patatas fritas y ahora me muero de sed.* • *Wir haben uns mit Chips vollgestopft und jetzt bin ich halb am Verdursten.*

Ponerse morado/a oder **comer como un/a cerdo/a** drücken in etwa das gleiche aus!

atravesado/a *Adj*

tener algo/a alguien atravesado/a *Redew*

ETWAS/JDN GEFRESSEN HABEN

—*Esta asignatura* ***la tengo atravesada*** *y me cuesta mogollón ponerme a estudiar. ¡Mierda, me van a catear otra vez!* • *Das Fach hab ich total gefressen und ich pack's einfach nicht, mich endlich ranzusetzen. Die lassen mich nochmal durchfallen!*

B

baba *f*

1 caérsele la baba *Redew*

SABBERN, GEIFERN

—*¡Disimula un poco! Cada vez que pasa Jorge* ***se te cae la baba.*** • *Hängs doch nicht gleich so raus! Jedes Mal, wenn Jorge vorbeiläuft, läuft dir der Sabber!*

2 tener mala baba *Redew*

MIES DRAUF SEIN, GEMEIN SEIN

—*Tus amigos* ***tienen muy mala baba.*** *Cuando supieron que mi novio me había plantado, empezaron a decir que era porque soy un callo.* • *Deine Freunde sind übelst mies drauf. Als sie mitkriegten, dass es aus ist, sagten sie: Kein Wunder, dass mein Freund so eine Vogelscheuche wie mich sitzen lässt.*

ES GEHT AUCH MALA LECHE, MALA UVA ODER MALA FOLLA

3 baboso/a *Adj*

FOTZENTROLL, GEILER BOCK, STELZBOCK

—*Ese tío es muy* ***baboso.*** *Se pasa el día hablando de mujeres: que si esa está buenísima, que si la otra es un pibón…* • *Dieser Typ ist ein totaler Fotzentroll. Den ganzen Tag gehts nur um Frauen: Die eine ist klasse, die andere ist noch ein Küken …*

bacalao *m*

cortar el bacalao *Redew*

DEN TON ANGEBEN, SAGEN, WO'S LANGGEHT

—*Aquí el que* ***corta el bacalao*** *es Andrés. Es a él a quien tienes que convencer.* • *Andrés ist es, der hier den Ton angibt. Ihn musst du überzeugen.*

bajón *m*

TOTALER HÄNGER, TIEF, TIEFPUNKT

—*Tenemos que animar a Raquel que está de* ***bajón,*** *le han vuelto a suspender el examen.* • *Wir müssen Raquel aufmuntern, die hat einen totalen Hänger, weil sie nochmal durch die Prüfung gerauscht ist.*

bareto *m*

KNEIPE

—*Esta zona está llena de* ***baretos*** *guays.* • *Die Gegend hier ist voller cooler Kneipen.*

bartola *f*

tumbarse a la bartola *Redew*

(RUM-)GAMMELN, CHILLEN, HERUMLUNGERN, RUMPIMMELN, SCHIMMELN

—Los domingos me encanta ***tumbarme a la bartola.*** • *Sonntags gammel ich am liebsten rum.*

berenjenal *m*

meterse en un berenjenal *Redew*

(TIEF) IN DER SCHEISSE STECKEN, IN DER KLEMME SEIN

—En buen ***berenjenal nos hemos metido.*** • *Wir stecken wirklich ganz schön in der Scheiße.*

DU KANNST AUCH SAGEN: METERSE EN UN JARDÍN

bestial *Adj*

TIERISCH

—¡Es ***bestial*** *que te hayan dado ese premio!* • *Echt tierisch, dass du den Preis gekriegt hast!*

birra *f*

KALTES BIER, HOPFENKALTSCHALE

—¿Me pasas una ***birra*** *de la nevera?* • *Schiebst du mir mal eben 'ne Hopfenkaltschale aus dem Kühlschrank rüber?*

biruji *m*

SAUKALT, SCHWEINEKALT

—¡Cierra la ventana, loco, que entra un biruji del copón! • *Mach das Fenster zu, du Spinner. Hier zieht's ja saukalt rein.*

RASCA IST EIN ANDERES WORT FÜR SAUKALT

blanco *Adj*

quedarse en blanco *Redew*

BLACKOUT, AUSSETZER

— ***Me quedé*** *totalmente* ***en blanco*** *en el examen de mates. ¡Qué putada!* • *In der Matheprüfung hatte ich einen totalen Blackout. Was für'n Mist!*

bocas *m und f*

1 SCHWALLER, SCHWÄTZER, ZUTEXTER

—Jaime es un ***bocas,*** *el tío habla mucho, se las da de listo, pero en el fondo no sabe de la misa la mitad.* • *Jaime ist ein echter Schwaller, der textet dich total zu. Er denkt, er ist der geilste Checker, und rallt nicht mal die Hälfte von dem, was er so verzapft.*

2 LOCKERES MUNDWERK HABEN

—¡Menudo ***bocas*** *tu hermano! Ya lo ha largado todo.* • *Dein Bruder hat vielleicht ein lockeres Mundwerk. Der hat ihnen alles gesteckt.*

bodrio *m*

BESCHISSEN *Adj*

*—La fiesta del viernes fue un **bodrio,** nos aburrimos mogollón.* • *Die Party am Freitag war voll beschissen, wir haben uns voll gelangweilt.*

bola *f*

1 LÜGE

*—Todo lo que cuentas son **bolas.*** • *Du erzählst ja doch nur Lügen.*

2 en bolas *Redew*

NACKT/NACKIG AUSZIEHEN, NACKT

*—El capullo se quedó **en bolas** delante de todo el mundo.* • *Der Schwachkopf hat sich vor allen nackig ausgezogen.*

EN PELOTAS, EN CUEROS SIND AUCH BEGRIFFE FÜR ADAMS- ODER EVAKOSTÜM!

bollera, bollo *Adj*

LESBE

*—No entiendo por qué no sale del armario de una vez. ¡Si todo el mundo sabe que es **bollera!*** • *Ich rall nicht, warum sie sich nicht endlich outet. Es weiß doch inzwischen die ganze Welt, dass sie eine Lesbe ist.*

bollicao *m und f*

JUNGER HÜPFER, JUNGSPUND, (MILCH-)BUBI

*—Marta siempre sale con **bollicaos.*** • *Marta geht immer mit so jungen Hüpfern.*

bolo *m*

GIG

*—El finde que viene tengo un **bolo** con mi grupo en Valencia.* • *Am Wochenende hab ich einen Gig mit meiner Band in Valencia.*

bomba *f*

1 pasarlo bomba *Redew*

BOCKEN

*—Nos **lo pasamos bomba** en la fiesta del sábado.* • *Die Party am Samstag hat so richtig fett gebockt.*

2 apuntarse a un bombardeo *Redew*

FÜR ALLES ZU HABEN

*—¿A alguien le apetece salir hoy? // Yo paso. Díselo a Cristina, que esa **se apunta a un bombardeo.*** • *Kommt heut' Abend jemand mit? // Ich bestimmt nicht, aber frag' doch Cristina, die ist für alles zu haben.*

borde *Adj, m und f*

UNVERSCHÄMT, ARSCHIG, ARSCHLOCH, SCHROFF

*—Últimamente estás muy **borde.** ¿Te pasa algo?* • *In letzter Zeit bist du echt arschig! Ist was?*

botas *f Pl*

ponerse las botas *Redew*

DEN BAUCH VOLLSCHLAGEN, SICH VOLLFRESSEN, BIS ZUM RAND ABFÜLLEN

*—El sábado **nos pusimos las botas** en casa de Elena y Wolfgang y comimos hasta reventar.* • *Am Samstag haben wir uns bei Elena und Wolfgang den Bauch vollgeschlagen, wir waren fast am Platzen.*

PONERSE LAS BOTAS BEZIEHT SICH NICHT NUR AUFS ESSEN: BIS ZUM RAND ABFÜLLEN!

bote *m*

1 SAMMELBÜCHSE, SPENDENDOSE, TRINKGELDKASSE, KASSE

*—Hay que poner cinco euros de **bote** para el botellón.* • *Jeder muss fünf Euro für unser Saufgelage in die Kasse tun.*

2 a bote pronto *Redew*

SPONTAN, AUF ANHIEB

*—¿Que cuál es mi grupo favorito? Hombre, así **a bote pronto** diría Coldplay.* • *Meine Lieblingsgruppe? Spontan würd' ich sagen Coldplay.*

3 rubia de bote *Redew*

KUNSTBLONDE, WASSERSTOFFBLOND

*—Jessica es **rubia de bote**. No te creas que es sueca.* • *Jessica ist nur wasserstoffblond. Denk bloß nicht, dass sie schwedisch sei.*

4 en el bote *Redew*

IM SACK HABEN, IN DIE TASCHE STECKEN

*—Ve a hablar con él, lo tienes **en el bote**.* • *Sprich mit ihm, den hast du doch schon im Sack.*

botellón *m*

EIN BOTELLÓN, MASSENBESÄUFNIS, ÖFFENTLICHES SAUFEN

*—Esta noche hacemos un **botellón** en la playa.* • *Heute Abend machen wir einen Botellón am Strand.*

Jugendliche treffen sich in großen Gruppen, um zusammen unter freiem Himmel billig gekauften Alk zu trinken. Die Regierung hat aber neuerdings den Alkoholkonsum auf offenen Plätzen verboten.

braguetazo *m*

EINEN DICKEN FANG MACHEN, DICKEN FISCH AN LAND ZIEHEN, EINE GUTE PARTIE MACHEN

*—Menudo **braguetazo** el de Toni, se va a casar con esa empresaria vieja que está forrada.* • *Was für'n dicken Fang hat der Toni da gemacht, er heiratet diese alte Businesstante, die in Geld schwimmt.*

brasa *f*

1 dar la brasa *Redew*

NERVEN, ABZICKEN

*—Mi hermana me **da la brasa** siempre. • Meine Schwester nervt nur noch.*

2 brasas *m*

SCHNECKENCHECKER, LADYKILLER, SCHWERENÖTER, WEIBERHELD

*—Ten cuidado con ese tío que es un **brasas,** ni te acerques. //¡Ya, ya!, ya he visto cómo le daba la brasa a la pobre Mariluz. • Lass bloß die Finger von dem Typen, der ist'n Schneckenchecker. //Ja, ja, hab ich längst schon gepeilt, wie er die arme Mariluz abgenervt hat.*

bronca *f*

1 ÄRGER, STRESS

*—Anoche los vecinos montaron una buena **bronca**. • Heute Nacht haben die Nachbarn richtig Stress gemacht!*

2 broncas *m und f*

DRECKSACK, DRECKSKERL, WICHSER

*—Ya me lo puedo imaginar, es un **broncas** de mucho cuidado, siempre la está montando. • Ich kann's mir übelst vorstellen, er ist voll der Drecksack, es ist immer das Gleiche.*

brutal *Adj*

TOTAL ABGEFAHREN, FETT

*—La fiesta será **brutal,** viene todo Dios. • Die Party wird total abgefahren, da kommt Gott und die Welt.*

buenorro/a *Adj*

BOMBE, GEIL, HEISS, HOTTIE, SCHARF

*—¡Ese tío está super**buenorro**! • Der Kerl ist'n Hottie!*

buitre *m*

GEIER, SCHMAROTZER, SCHNORRER

*—A Toni no lo invites que es un **buitre**. • Toni lädst du besser nicht ein, das ist voll der Geier.*

bujarra(s) *m (ugs)*

TUNTE

*—El profe de inglés es **bujarras** fijo. Tiene mucha pluma. • Der Englischlehrer ist die absolute Tunte. Das siehst du doch sofort an seinem Getue!*

bulla *f*

STRESS, KRACH, ÄRGER

*—Se armó una buena **bulla** en el curro. • Auf der Arbeit gab's so richtig Stress.*

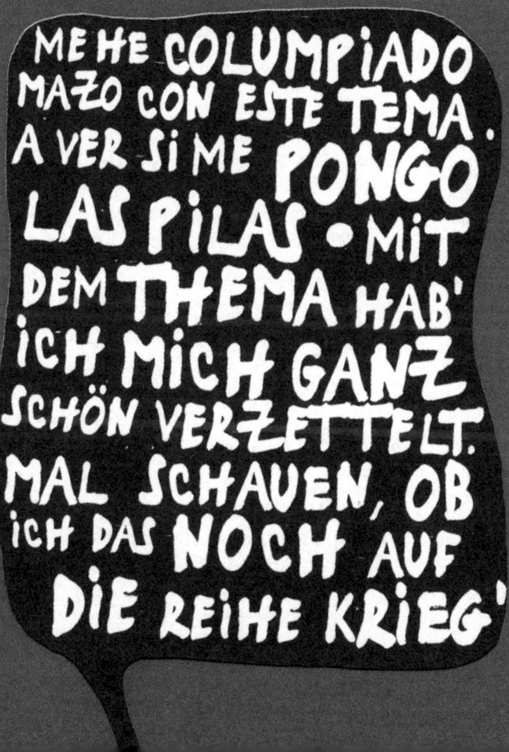
ME HE COLUMPIADO MAZO CON ESTE TEMA. A VER SI ME PONGO LAS PILAS • MIT DEM THEMA HAB' ICH MICH GANZ SCHÖN VERZETTELT. MAL SCHAUEN, OB ICH DAS NOCH AUF DIE REIHE KRIEG'

C

caballo *m*

HEROIN, H

—José lleva cinco años enganchado al ***caballo****. Por fin ha decidido quitarse.* • *José ist seit fünf Jahren auf H. Jetzt hat er sich endlich für 'nen Entzug entschieden.*

cable *m*

1 cruzársele los cables

Redew

SICHERUNGEN DURCHBRENNEN

*—****Se le cruzaron los cables*** *y nos echó de su casa* • *Ihm sind die Sicherungen durchgebrannt und dann hat er uns rausgeschmissen.*

2 echar un cable *Redew*

ZUR HAND GEHEN

*—****Échame un cable*** *con estos papeles, porfa. ¡No pillo nada de nada!* • *Kannst du mir mal bei diesem Papierkram zur Hand gehen? Ich rall gar nichts!*

cabra *f*

estar como una cabra *Redew*

VERRÜCKTES HUHN, ABGESPACED SEIN, AUSGELASSEN SEIN, VERRÜCKTE NUDEL

—Blanca ***está como una cabra,*** *nos lo pasamos genial con ella.* • *Blanca ist ein verrücktes Huhn. Das bockt echt fett mit ihr.*

cabrearse *r V*

1 SICH AUFREGEN ÜBER, SAUER WERDEN AUF, SICH ÄRGERN ÜBER

—Mi hermana ***se ha cabreado*** *conmigo por una chorrada.* • *Meine Schwester hat sich wegen 'nem Popelkram über mich aufgeregt.*

2 cabreado/a *Adj*

SAUER SEIN

—Déjame, que estoy muy ***cabreada****.* • *Lass mich in Ruh, ich bin stinksauer.*

cabrón/ona *N*

1 SCHEISSKERL/SCHEISSWEIB, FIESE SAU, ARSCHLOCH

—Mi jefe es un ***cabrón****. Le encanta putear a la gente.* • *Mein Chef ist vielleicht ein Arschloch. Der findet's so richtig geil, einen zur Sau zu machen.*

2 SCHEISSTYP

*—¡Qué **cabrón**! Al final se ha salido con la suya.* • *Was für'n Scheißtyp. Am Ende ist mal wieder alles nach ihm gelaufen.*

Komplizenschaft unter Typen! Das Schimpfwort wird hier anerkennend verwendet.

cachas *Adj*

MUSKELPROTZ, ATHLETISCH

*—Claro que está **cachas**, se pasa la vida en el gimnasio.* • *Kein Wunder, dass er so ein Muskelprotz ist, der hängt ja den ganzen Tag in der Mucki-Bude ab.*

cacho *m*

1 STÜCK, TEIL

*—Dame un **cacho** de esto que estás comiendo.* • *Gib mir mal 'n Stück von dem, was du grade verdrückst.*

2 pillar cacho *Redew*

LANDEN, ETWAS ERREICHEN

*—Anoche fue un desastre, no **pillamos cacho**.* • *Letzte Nacht war voll daneben, wir konnten nirgends landen.*

cachondearse *r V*

1 AUF DEN ARM NEHMEN, VERARSCHEN

*—A Mario le encanta **cachondearse** de todo el mundo.* • *Mario findet es so richtig fett, jeden zu verarschen.*

2 cachondeo *m*

JUX, SCHABERNACK, SPÄSSCHEN

*—En clase siempre hay mucho **cachondeo**. Es imposible concentrarse.* • *Im Unterricht machen wir immer viel Jux. Es ist unmöglich, sich zu konzentrieren.*

cachondo/a *Adj*

1 GEIL, SCHARF (SEXUELL)

*—Este tío me pone **cachonda**.* • *Der Typ macht mich total scharf.*

2 ULKNUDEL, SCHERZKEKS, SPASSVOGEL, WITZBOLD

*—Blanca es una **cachonda** mental.* • *Blanca ist echt 'ne Ulknudel.*

cagada *f*

SCHEISSE BAUEN, REINFALL, PLEITE

*—¡Vaya **cagada** la que acabo de hacer en el trabajo!* • *Mensch, was hab ich grade auf der Arbeit für 'ne Scheiße gebaut!*

cagarse *r V*

1 SICH IN DIE HOSEN MACHEN, SICH IN DIE HOSEN SCHEISSEN

*—**Te** vas a **cagar** cuando se entere el jefe.* • *Du wirst dir in die Hosen machen, wenn der Chef das rauskriegt.*

2 cagado/a *Adj*

DIE HOSEN VOLL HABEN, FEIGE SEIN

*—Estoy **cagada,** tía, el jefe me ha dicho que vaya a verle.* • *Ich hab die Hosen gestrichen voll, Alte, mein Chef hat mich zu sich bestellt.*

3 cagarla *V*

IN DEN SAND SETZEN, VERKACKEN, VERMASSELN

*—**La he cagado** en ese proyecto.* • *Das Projekt hab ich voll in den Sand gesetzt.*

4 cagarse de frío *Redew*

SICH DEN ARSCH ABFRIEREN, ARSCHKALT SEIN

*—Cierra la ventana que **nos estamos cagando de frío.*** • *Mach das Fenster zu, wir frieren uns den Arsch ab.*

5 cagarse de miedo *Redew*

SICH VOR ANGST IN DIE HOSEN SCHEISSEN, VOR ANGST STERBEN

*—Vaya broma más estúpida. ¡**Me he cagado de miedo,** gilipollas!* • *Was für ein blöder Witz. Ich hab mir vor Angst fast in die Hosen geschissen, du Arsch!*

6 cagarse en todo *Redew*

AUF ALLE SCHEISSEN, SCHEISSDRECK, VERDAMMTE SCHEISSE

*—Me han robado la cartera en el metro. ¡**Me cago en todo!*** • *Sie haben mir meine Brieftasche in der Metro gerippt. Verdammte Scheiße!*

calada *f*

EINEN ZUG MACHEN / NEHMEN, ZIEHEN (AN DER ZIGARETTE)

*—Pásame una **calada** que no quiero fumar uno entero.* • *Lass mich mal ziehen, 'ne Ganze ist mir zu viel.*

caldo

poner a caldo *Redew*

ZUR SAU MACHEN, AUSEINANDER NEHMEN, VERREISSEN

*—En la reunión te **pusieron a caldo.*** • *Die haben dich in der Besprechung übelst zur Sau gemacht.*

EBENSO: PONER DE VUELTA Y MEDIA, PONER VERDE

calentón *m*

AUFGEGEILT, EINEN STÄNDER HABEN, SEXGEIL

*—Esa tía simplemente se cachondeó de mí y yo me fui a casa con un buen **calentón.*** • *Diese Puppe hat mich doch regelrecht verarscht und am Ende musste ich total aufgegeilt allein nach Hause.*

calentorro/a *N*

SEXGEIL, SEXHUNGRIG, SCHARF

*—Carlos es un **calentorro.** Solo piensa en follar.* • *Carlos ist total sexgeil. Der denkt nur ans Ficken.*

calientabraguetas, calientapollas *f (ugs)*

AUFGEILEN UND DANN ABBLITZEN LASSEN, ANMACHEN UND DANN WIE 'NE HEISSE KARTOFFEL FALLEN LASSEN, HEISSMACHERIN

*—No te flipes, es solo una **calientabraguetas**.* • *Komm runter, die geilt dich erst auf und lässt dich dann abblitzen!*

calimocho *m*

KOREA (*ROTWEIN-COLA-MIX*), BAMBULE, CALIMOCHO, KALTE MUSCHI

*—En la uni no teníamos mucha pasta, así que nos poníamos ciegos de **calimocho**.* • *Als Studis hatten wir immer wenig Knete und so haben wir uns mit Korea die Kante gegeben.*

callejear *V*

BUMMELN

*—Ayer estuvimos **callejeando** por Barcelona y nos encantó.* • *Gestern sind wir voll geil durch Barcelona gebummelt.*

callo *m*

1 HÄSSLON, HACKFRESSE, HÄSSLING, POTTHÄSSLICH

*—Beatriz me dijo que aquí solo hay **callos**.* • *Beatriz meint, hier sind nur Hässlons.*

2 dar el callo *Redew*

SCHUFTEN, EINEN FINGER KRUMM MACHEN

*—Aquí nadie **da el callo**, ¡vaya panda de vagos!* • *Hier macht niemand einen Finger krumm. Was für 'ne faule Bande!*

calvo *m*

hacer un calvo *Redew*

DEN HINTERN ZEIGEN, DIE HOSE RUNTERLASSEN

*—Pablo siempre acaba la noche **haciendo calvos**.* • *Bei Pablo enden die Nächte immer damit, dass er jedem seinen blanken Hintern zeigt!*

calzonazos *m*

WASCHLAPPEN, FLASCHE, WARMDUSCHER, WEICHEI

*—El marido de Carmen es un **calzonazos**. ¡Hasta le pide permiso para ir a tomar algo con sus amigos!* • *Der Mann von Carmen ist ein Waschlappen. Er fragt sogar um Erlaubnis, um mit seinen Kumpels einen trinken zu gehen.*

camelar *V*

1 VERFÜHREN, RUMKRIEGEN

*—Qué cosas tan bonitas dices… ¿No me estarás **camelando**?* • *Was du für schöne Dinge sagst … Du versuchst mich doch nicht etwa rumzukriegen?*

2 EINLULLEN. BESCHWATZEN, VOLLTEXTEN

*—Al final el vendedor me acabó **camelando** y compré esa cafetera de George Clooney.* • *Letztendlich hat mich der Verkäufer so eingelullt, dass ich diese Kaffeemaschine von George Clooney gekauft habe.*

camello *m*

TICKER, DEALER, GÄRTNER

*—La mierda de ese **camello** es para flipar.* • *Das Dope von diesem Ticker ist voll krass.*

cantar *V*

1 AUSPACKEN, JDN VERPFEIFEN, SINGEN

*—Al final el detenido acabó **cantando**.* • *Am Ende hat der Festgenommene doch ausgepackt.*

2 cantar las cuarenta *Redew*

DIE LEVITEN LESEN, MIT JDM EIN HÜHNCHEN RUPFEN, SICH JDN VORKNÖPFEN

*—Mi madre me **cantó las cuarenta** por llegar tarde.* • *Meine Alte hat mir vielleicht die Leviten gelesen, weil ich zu spät kam.*

canuto *m*

JOINT, TÜTE

*—Este **canuto** está supercargado, tío.* • *Der Joint hat es echt in sich, Mann.*

caña *f*

1 KLEINES BIER, GLAS BIER (gezapftes Bier in kleinem Glas)

*—¡Invítame a una **caña**, tío!* • *Jetzt lad mich schon zu 'nem kleinen Bier ein, Mann.*

2 meter caña *Redew*

EINEN ZAHN ZULEGEN

*—¡Venga tío! ¡**Métele caña**!* • *Los, Mann! Leg 'nen Zahn zu!*

cañero/a *Adj*

ABGEFAHREN, GUT DRAUF (ATMOSPHÄRE)

*—Este garito es muy **cañero**.* • *Der Schuppen hier ist echt abgefahren.*

cañón *Adj*

GEIL (SEXUELL), HEISS, SCHARF

*—La novia de Paul está **cañón**.* • *Das Bunny von Paul ist echt scharf.*

capullo/a *N*

ARSCHLOCH, ARSCH

*—El amigo de Ramón es un **capullo**.* • *Der Freund von Ramón ist ein richtiges Arschloch.*

carca *Adj, m und f*

ERZKONSERVATIV, VON DER ALTEN SCHULE

*—Mi padre es un **carca**: nunca ha querido que mi madre trabaje fuera de casa.* • *Mein Vater ist erzkonservativ: Er hat meiner Mutter nie erlaubt, arbeiten zu gehen.*

cardo *m*

HÄSSLING/HÄSSLETTE, HÄSSLON, POTTHÄSSLICH

—Ese tío me ha llamado ***cardo,*** *¡será capullo!* • *Dieser Typ meinte, ich sei eine Hässlette. Was für ein Arsch!*

cargarse *r V*

1 UM DIE ECKE BRINGEN, ABMURKSEN, ERLEDIGEN, KALTMACHEN

*—**Se han cargado** a un capo de la Mafia.* • *Sie haben einen Mafia-Boss um die Ecke gebracht.*

2 KAPUTTMACHEN, ZERLEGEN

—¿Quién ***se ha cargado*** *la mesa?* • *Wer hat denn den Tisch kaputt gemacht?*

3 cargárselas *Redew*

ETWAS AUSBADEN MÜSSEN, DEN SCHWARZEN PETER ZUGESCHOBEN BEKOMMEN, DIE ARSCHKARTE ZIEHEN

—Siempre ***me las acabo cargando*** *yo. ¡Estoy harto!* • *Immer muss ich alles ausbaden. Ich hab's satt!*

cascado/a *Adj*

ANGESCHLAGEN, FERTIG, KAPUTT

—Antonio ya está muy ***cascado*** *para seguir el ritmo que lleva.* • *Antonio ist jetzt schon zu fertig, um so weiterzumachen.*

catear *V*

DURCHRASSELN, DURCHFALLEN, PRÜFUNG IN DEN SAND SETZEN

—Me van a matar en casa, ¡he vuelto a ***catearlo*** *todo!* • *Die werden mich zu Hause umbringen. Ich bin schon wieder überall durchgerasselt!*

cateto/a *N*

HONK, BAUERNTÖLPEL

—No tienes ni idea de nada, eres un ***cateto.*** • *Du hast doch von nichts 'ne Ahnung, du bist ein echter Honk.*

DU KANNST AUCH SAGEN:
PALETO, PALURDO/A

catre *m*

KISTE, FALLE, FEDERN

—Estoy hecha polvo, me voy al ***catre.*** • *Ich bin fix und fertig. Ich geh' jetzt in die Kiste.*

cegato/a *Adj*

BLINDFISCH, BLIND WIE EIN MAULWURF

—Almu debería ir al oculista porque está ***cegata*** *perdida.* • *Almu sollte mal zum Augenarzt, die ist ein totaler Blindfisch.*

cepillarse *r V*

1 UMLEGEN, ABMURKSEN

—***Se han cepillado*** *al jefe de la banda.* • *Sie haben den Bandenchef umgelegt.*

2 VÖGELN, FLACHLEGEN, VERNASCHEN

—*Ese tío* ***se cepilla*** *cualquier cosa que se mueva.* • *Dieser Typ vögelt alles, was nicht bei drei auf den Bäumen ist.*

cháchara *f*

estar de cháchara *Redew*

SCHWATZEN, GESCHWÄTZ, PLAUDERN

—*Anoche* ***estuvimos de cháchara*** *hasta las tantas.* • *Letzte Nacht waren wir bis in die Puppen am Schwatzen.*

chalado/a *Adj*

BEKLOPPT, VERRÜCKT

—*Salir a pasear con la que está cayendo es de* ***chalados****.* • *Bei diesem Regenguss rauszugehen, ist ja total bekloppt.*

chapar *V*

BORDSTEINE HOCHKLAPPEN, DICHTMACHEN, LICHTER AUSMACHEN

—*A esta hora* ***está*** *todo* ***chapado*** *en este pueblo.* • *Um diese Uhrzeit klappen die hier im Dorf die Bordsteine hoch.*

chapuza *f*

1 PFUSCH, PFUSCHARBEIT, STÜMPEREI

—*Los albañiles me han hecho una* ***chapuza*** *en casa que mejor ni te cuento. Estoy desesperada.* • *Die Maurer haben vielleicht einen Pfusch gemacht, besser ich erzähl's nicht genauer. Ich bin fix und fertig.*

2 chapucero/a *Adj*

STÜMPERHAFT, GEPFUSCHT

—*Ya he entregado el trabajo de Física, pero me ha quedado bastante* ***chapucero****.* • *Die Arbeit für Physik habe ich schon abgegeben, allerdings ist sie ziemlich stümperhaft geworden.*

chaquetero/a *Adj, N*

WENDEHALS

—*Mi hermano es un* ***chaquetero****. Ya ha sido militante de tres partidos distintos; eso sí, tiene muy buen ojo y siempre está de parte de los ganadores.* • *Mein Bruder ist ein Wendehals. Er war schon in drei Parteien aktiv. Aber er hat ein gutes Auge und ist immer auf der Seite der Gewinner.*

chatear *V*

CHATTEN, JABBERN

—*Mary Carmen se pasa todo el día pegada al ordenador* ***chateando****.* • *Mary Carmen sitzt den ganzen Tag vorm Rechner und macht nichts anderes als chatten.*

chati *f*

BIRD, BARBI, PONY

—Pedro y yo hemos quedado con dos ***chatis*** *que conocimos en la disco el pasado finde.* • *Pedro und ich haben uns mit den zwei Ponys getroffen, die wir letztes Wochenende in der Disco kennengelernt haben.*

Churri kann ein guter Freund/eine gute Freundin sein oder auch die Braut oder Ische von jemandem. Mit **chati** wird immer nur allgemein ein Mädchen bezeichnet.

china *f*

PIECE, SHIT, STÜCK HASCH

—He perdido la ***china*** *por el camino.* • *Ich hab mein Piece unterwegs verloren.*

chiringuito *m*

STRANDBAR, KIOSK, BUDE, IMBISS

—Ayer estuvimos en los ***chiringuitos*** *de la Barceloneta.* • *Gestern waren wir in den Strandbars von Barceloneta unterwegs.*

chiripa (de) *Redew*

ZUFALLSTREFFER, GLÜCKSTREFFER

—Marcó un gol ***de chiripa****.* • *Er hat einen Zufallstreffer gelandet.*

chirona *f*

KNAST, KITTCHEN

—Lo metieron en ***chirona*** *por pasar costo delante del insti.* • *Sie haben ihn in den Knast gesteckt, weil er vor der Schule Hasch vertickt hat.*

MAN KANN AUCH SAGEN
TALEGO, TRULLO, TRENA, ENTRE REJAS, GRILO

chivarse *r V*

1 (VER-)PETZEN, VERPFEIFEN

—Fue mi hermano el que ***se chivó*** *a mi madre del ciego del sábado.* • *Es war mein Bruder, der uns verpetzt hat und meiner Mutter von dem Besäufnis am Samstag erzählt hat.*

2 **chivato/a** *N*

PETZE, JUDAS, VERRÄTER

—¡Menudo ***chivato*** *tu hermano!* • *Was für eine kleine Petze, dein Bruder!*

chocho *m (ugs)*

1 MÖSE, PUSSY, FOTZE

Wenn man das Kind nicht beim Namen nennen möchte (z. B. **vulva**, **vagina**), dann gehts auch sanfter, wie **partes íntimas/pudendas** oder sogar **las partes**. Oder für die, die es auf ganz hart wollen, dann **coño**, **potorro**, **chichi**, **chirri**, **chumino**, **almeja**, **bollo**, **conejo**.

2 **chochear** *V*

VERTROTTELN, ALZHEIMER LÄSST GRÜSSEN, SENIL WERDEN

*—No sé qué te pasa pero últimamente **chocheas** mucho. • Ich weiß nicht, was mit dir los ist, aber in letzter Zeit vertrottelst du ganz schön.*

cholo/a *N*

PROLL, PROLET, PROLO

*—¡Joder tío, casi me zurro con un **cholo** en ese garito! • Scheiße Mann, fast hätt' ich mich in diesem Schuppen mit 'nem Proll angelegt.*

chorbo/a *N*

MACKER, TYP, TUSSI

*—Blanca aún conserva su **chorbo**-agenda. • Blanca hat noch immer das Notizbuch mit ihren Mackern.*

chorizar *V*

1 KLAUEN, EINTÜTEN, STAXEN, ZOCKEN

*—Me han intentado **chorizar** mi bolso en el metro. • In der Metro haben sie versucht, mir meine Tasche zu klauen.*

2 **chorizo/a** *N*

LANGFINGER, DIEB, EINTÜTER

*—Tienes que tener mucho cuidado porque Las Ramblas están llenas de **chorizos**. • Du musst echt aufpassen, die Ramblas sind voll von Langfingern.*

AUSSER CHORIZAR KANN MAN FÜR KLAUEN AUCH MANGAR ODER CHORREAR SAGEN

chorrada *f*

BLÖDSINN, QUATSCH, UNSINN

*—¡No dices más que **chorradas**! • Du erzählst mir doch nix als Blödsinn!*

chuches *f Pl*

SÜSSIGKEITEN

*—De tanto comer **chuches** a tu hijo se le van a podrir los dientes. • Deinem Sohn vergammeln noch die ganzen Zähne, so viel Süßigkeiten wie der in sich reinstopft.*

chulo/a *Adj, N*

1 KRASS, COOL, CREMIG, FETT, GEIL, HAMMER

*—Me flipa tu chupa, es super**chula**. • Wow, deine Jacke, die find' ich echt krass.*

2 AUFSCHNEIDER, ANGEBER

*—No me mola el novio de Blanca, es un poco **chulo**. • Blancas Typ find ich ätzend, der ist so ein kleiner Aufschneider.*

3 ZUHÄLTER

*—Da un poco de grima ver a Bego e Igor juntos. La verdad es que él parece su **chulo**. • Es ist schon ein wenig merkwürdig, Bego und Igor*

zusammen zu sehen. Ehrlich gesagt sieht's aus als wär' er ihr Zuhälter.

chumba chumba *Adj*

BUMM- BUMM-MUSIK, ELEKTRONISCHE HARDCORE MUSIK

*—Vamos al garito de la esquina que tiene buena pinta. // Yo paso que es de **chumba chumba** y no me mola nada.* • *Gehen wir in den Laden da an der Ecke, der sieht cool aus. // Ich passe, hab keinen Bock auf diese Bumm-Bumm-Musik.*

chungo/a *Adj*

1 MIESE TYPE

*—Ese tío es un **chungo**, siempre está metido en todos los fregaos.* • *Der Kerl ist echt 'n miese Type, ständig ist er in irgendwelche Geschichten verwickelt.*

2 DODGY, BESCHISSEN, SCHWIERIG, VERZWICKT, HARDCORE

*—La situación la veo un poco **chunga**.* • *Die Situation scheint mir ein bisschen dodgy.*

3 ANGESCHLAGEN

*—Laura no ha ido a trabajar porque estaba un poco **chunga**.* • *Laura ist nicht zur Arbeit gegangen, sie war ein bisschen angeschlagen.*

chupado/a *Adj*

KINDERLEICHT

*—El examen de Química estaba **chupado**. Toda la clase aprobó.* • *Die Chemieprüfung war kinderleicht. Die ganze Klasse hat bestanden.*

chupetón *m*

KNUTSCHFLECK, SABBERFLECK

*—¡Vaya **chupetón** que llevas en el cuello! ¡Ponte un pañuelo!* • *Krasser Knutschfleck da am Hals. Bind dir doch ein Halstuch um.*

chupito *m*

GLÄSCHEN (LIKÖR, SCHNAPS, WHISKY ETC.), KURZER, SHOT

*—Creo que anoche nos pasamos un poco con los **chupitos**.* • *Ich glaube letzte Nacht hatten wir ein paar Gläschen zu viel.*

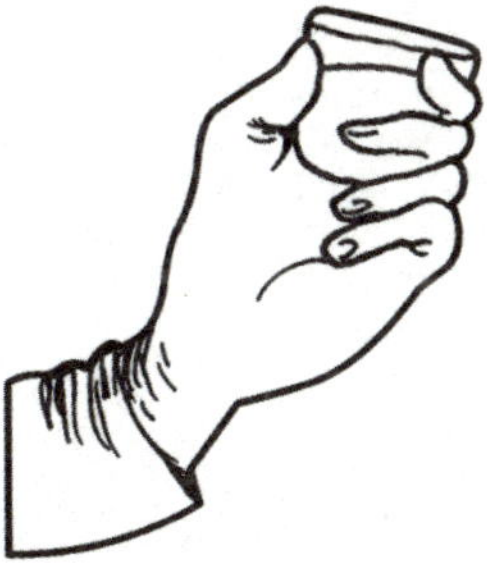

churri *f*

BUNNY, BIRD, BRAUT, ISCHE, KLEINE, TUSSI

—Si sigue mirando a mi ***churri****, a ese quillo le voy a pegar una torta.* • *Ich hau dem Kerl gleich eine in die Fresse, wenn er mein Bunny weiter so blickflickt.*

Mit **churri** kann beides, eine junge Frau oder die Freundin, gemeint werden. **Chati** dagegen kann nicht für die eigene Freundin benutzt werden und bedeutet nur junge Frau.

churro *N*

MURKS, DRECK

—No puedo presentar este dibujo, me ha salido un ***churro****.* • *Die Zeichnung kann ich echt nicht abgeben, die ist totaler Murks geworden.*

chusma *f*

GESINDEL, MOB, PÖBEL

—Por ese barrio hay una ***chusma****… Ni se te ocurra pasearte por ahí sola.* • *In dem Viertel ist es voll von Gesindel. Geh dort bloß nicht alleine durch!*

ciego/a *Adj, N*

BESOFFEN, DICHT, HACKE, RALLE, RAMPENZU, RATZE, STRAMM, VOLL, ZU

—Creo que todos íbamos muy ***ciegos*** *el sábado, pero la verdad es que no me acuerdo muy bien.* • *Ich glaub, am Samstag waren wir alle ziemlich hacke, aber ehrlich gesagt erinnere mich nicht sehr genau.*

cien

poner a cien *Redew*

ANTÖRNEN, GEIL MACHEN, FICKRIG MACHEN, SCHARF MACHEN

—Elena me ***pone a cien****. Si ella quisiera lo podríamos pasar en grande.* • *Elena törnt mich übelst an. Wenn sie wollte, könnten wir echt was losmachen.*

clavada *f*

SCHWEINETEUER, ABZOCKE

—No vayas a ese restaurante porque siempre nos meten una ***clavada*** *que te cagas.* • *Geh bloß nicht in dieses Restaurant, das ist schweineteuer.*

cobrar *V*

EINE GEKLATSCHT BEKOMMEN, SICH EINE FANGEN

—¡Laurita, como sigas así vas a ***cobrar****!* • *Laurita, wenn du so weitermachst, fängst du dir gleich eine!*

cocer *V*

AUSHECKEN, ANZETTELN, AUSBRÜTEN

—No sé de qué hablan esos dos, pero algo están ***cociendo****.* • *Ich weiß*

nicht, worüber die beiden reden, aber irgendwas hecken die aus!

Das Standard-Verb dafür ist **tramar**.

coco *m*

1 SCHÄDEL, BIRNE

—Ya no puedo empollar ni media palabra más. ¡Tengo el ***coco*** *a punto de estallar! • Ich krieg kein richtigen Satz mehr zusammen. Mir zerspringt gleich der Schädel!*

2 comerse el coco *Redew*

SICH DEN KOPF ZERBRECHEN, SICH DAS HIRN ZERMARTERN

—No ***te comas*** *más* ***el coco*** *por lo del alojamiento. Ya nos las apañaremos. • Zerbrich dir nicht den Kopf wegen der Unterkunft. Wir kriegen das schon irgendwie hin.*

cojones *m Pl*

1 estar hasta los cojones *Redew*

DIE NASE VOLL HABEN, ETWAS SATTHABEN

—Andrés ***está hasta los cojones*** *de su madre. Se va a independizar en cuanto pueda. • Andrés hat die Nase voll von seiner Mutter. Sobald er kann, zieht er aus.*

2 tocar los cojones *Redew*

AUF DIE EIER GEHEN, NERVEN

—Ya empiezas a ***tocarme los cojones*** *con tus problemas sexuales. Búscate un psicoanalista que no hay quien te aguante. • Du gehst mir so langsam auf die Eier mit deinen Sexproblemen. Such dir einen Psychologen, du bist ja nicht auszuhalten.*

cojonudo/a *Adj*

KRASS, NICE, ARSCHGEIL, GEIL, FETT, GRANATE, HAMMER, KORALL

—Me parece ***cojonudo*** *que salgamos de excursión. • Super krass, dass wir diesen Ausflug machen!*

colar *V*

1 no cuela *Redew*

DAS KANNST DU DEINER GROSSMUTTER ERZÄHLEN, SICH EINEN BÄREN AUFBINDEN LASSEN, WEISSMACHEN WOLLEN, ABKAUFEN

*—Vaya excusa te has inventado… ¡****No cuela****, tío! • Üble Ausrede, die du dir da ausgedacht hast. Das kannst du deiner Großmutter erzählen, Mann!*

2 colado/a estar *Redew*

VERKNALLT SEIN, VERLIEBT SEIN, VERSCHOSSEN SEIN

*—****Está*** *totalmente* ***colado*** *por esa chavala. Solo habla de ella. • Der ist total verknallt in dieses Bunny. Der redet nur von ihr.*

colega *m und f*

ALTER, DIGGA, DIGGER, KUMPEL

*—¡Qué pasa **colega**! • Was geht, Alter?*

colgado/a *Adj, N*

1 HÄNGER/IN, LOSER/IN

*—Miguel es un **colgado**. No hace nada en todo el día. • Miguel ist 'n Hänger. Der macht den ganzen Tag über gar nichts.*

2 dejar colgado/a *Redew*

SITZEN LASSEN, HÄNGEN LASSEN (JDN)

*—Me **dejaron colgado** en el garito ese. • Die haben mich in diesem Schuppen da einfach sitzen lassen.*

3 colgarse *r V*

IN VERZUG GERATEN, IN RÜCKSTAND GERATEN

*—Esta semana **me he colgado** un poco. No sé si acabaré el trabajo para el jueves. • Diese Woche bin ich echt in Verzug geraten. Ich weiß nicht, ob ich mit der Arbeit bis Donnerstag fertig werde.*

colocón *m*

TRIP, RAUSCH

*—¡Qué **colocón** llevo! • Ich fahr grad voll den Trip!*

columpiarse *r V*

1 SICH VERZETTELN, IN RÜCKSTAND GERATEN

*—**Me he columpiado** mazo con este tema. A ver si me pongo las pilas. • Mit dem Thema hab ich mich ganz schön verzettelt. Mal schauen, ob ich das noch auf die Reihe krieg.*

2 VERMASSELN, MIST BAUEN, VERGEIGEN, VERHAUEN, VERHUNZEN, VERKACKEN, VERSEMMELN, VERSIEBEN

*—Este tío **se ha columpiado.** Todas las cifras están mal. • Der Typ hat alles vermasselt. Nicht eine Zahl ist richtig.*

coña (de) *Redew*

1 VERARSCHEN, VERÄPPELN, WITZE MACHEN

*—¿Estás **de coña,** no? • Du verarschst mich doch, oder?*

2 SPITZE, FETT, SUPER

*—Comimos **de coña** en el restaurante del puerto. Estaba todo buenísimo. • In dem Restaurant am Hafen haben wir echt fett gegessen. Es war einsame Spitze!*

coñazo *m*

MIST, NERVIG, SCHWEINEREI, STINKLANGWEILIG

*—¡Qué **coñazo** tener que ir a casa de Pepe a comer! • Mist, ich muss zu Pepe zum Essen!*

correrse *r V (ugs)*

ABSPRITZEN, (ORGASMUS) KOMMEN

—La peli "Fake orgasm" no solo habla de simular orgasmos sin correrse de verdad. • *In „Fake orgasm" geht's nicht nur darum, einen Orgasmus zu simulieren, ohne tatsächlich zu kommen.*

corte *m*

ABWÜRGEN, ABFAHREN LASSEN

*—¡Qué **corte** me metió Gael el otro día!* • *Letztens hat Gael mich übelst abgewürgt.*

costo *m*

HASCH, PIECE, SHIT

*—¿Tienes **costo,** tío?* • *Hast du ein Piece Alter?*

ENBENSO: HACHÍS, CHOCOLATE

crack *m*

ASS, CHECKER, CRACK

*—Mi hermano es un puto **crack** del billar.* • *Mein Bruder ist 'n echtes Billard-Ass.*

crudo (tenerlo) *Redew*

SCHLECHT AUSSEHEN, SCHWIERIG SEIN

*—Lo de ir a esquiar este finde, creo que **lo tenemos crudo.*** • *Ich glaub, dieses Wochenende sieht's schlecht aus mit Ski fahren.*

cuadros *m Pl*

quedarse a cuadros *Redew*

BAFF, GEPLÄTTET, PLATT

—Me quedé a cuadros cuando me dijeron que me echaban. ¡Depués de 25 años en la empresa! • *Ich war total geplättet, als sie zu mir meinten, ich wäre gefeuert. Nach 25 Jahren in der Firma!*

cuba *f*

como una cuba *Redew*

HACKE, BESOFFEN, DICHT, KNÜLLE, RALLE, (STERNHAGEL-)VOLL, STRAMM, ZU

*—Pablo estaba **como una cuba** en la fiesta.* • *Auf der Party war Pablo total hacke.*

cubata *m*

CUBA LIBRE, LONGDRINK

*—María, ¿me pides un **cubata?*** • *María, bestellst du mir 'nen Longdrink?*

cuchitril *m*

SCHWEINESTALL, DRECKSLOCH

*—Tu casa parece un **cuchitril.*** • *Bei dir sieht's aus wie im Schweinestall.*

cuento chino *m*

VOM PFERD ERZÄHLEN, EINEN BÄREN AUFBINDEN

*—No me cuentes **cuentos chinos,** que ya no me creo nada de lo que dices.* • *Erzähl' mir doch nix vom Pferd, ich glaub dir schon lange nichts mehr.*

cuernos *m Pl*

1 poner los cuernos *Redew*

JDM HÖRNER AUFSETZEN, FREMDGEHEN, JDN BETRÜGEN

*—Ahora ha sido ella la que le **ha puesto los cuernos.*** • *Diesmal war sie es, die ihm Hörner aufgesetzt hat.*

2 romperse los cuernos *Redew*

SICH DEN ARSCH AUFREISSEN, SICH ABRACKERN

*—**Me rompo los cuernos** un día sí y otro también y ¿qué recibo a cambio? ¡Nada de nada!* • *Ich reiße mir einen Tag nach dem andern den Arsch auf! Und was bekomme ich dafür? Ganz und gar nix!*

culo *m*

1 HINTERN, ARSCH

*—Tiene un buen **culo** tu hermana.* • *Deine Schwester hat 'nen scharfen Hintern.*

2 caer como el culo *Redew*

ARSCHLOCH, ARSCH / UNSYMPATHISCH SEIN

*—Si te digo la verdad, tu amigo me **cae como el culo.*** • *Um ehrlich zu sein, ich finde, dein Freund ist ein richtiges Arschloch.*

3 quedar como el culo *Redew*

ALS ARSCH DASTEHEN

*—Fernández **quedó como el culo** delante de todo el mundo. Llegó diez minutos tarde a la reunión.* • *Fernandéz kam zehn Minuten zu spät zur Besprechung und stand vor aller Welt als Arsch da!*

4 partirse el culo *Redew*

SICH TOTLACHEN, SICH BIEGEN VOR LACHEN, SICH SCHLAPPLACHEN

*—Mira este vídeo. **Te** vas a **partir el culo.*** • *Schau dir das Video an. Du wirst dich totlachen.*

5 mover el culo *Redew*

DEN ARSCH BEWEGEN, IN DIE PÖTTE KOMMEN

*—**Mueve el culo,** tío, que te estás apalancando mogollón.* • *Beweg deinen Arsch, Mann. Du gammelst hier nur rum!*

6 tonto/a del culo *Redew*

ARSCHLOCH, VOLLIDIOT

*—Mi primo Javier es **tonto del culo.** Ahora dice que no me puede devolver la pasta que me debe.* • *Mein Cousin Javier ist echt ein Arschloch. Jetzt sagt er mir, dass er mir das Geld nicht zurückgeben kann, das er mir noch schuldet.*

7 culo y mierda *Redew*

WIE PECH UND SCHWEFEL

*—Obélix y Astérix son **culo y mierda,** siempre van juntos para partirles la cara a los romanos.* •

Asterix und Obelix sind wie Pech und Schwefel. Sie sind immer zusammen, um gegen die Römer gemeinsame Sache zu machen.

currar *V*

1 ARBEITEN, SCHUFTEN

—*¿A qué hora sales de **currar**?* • *Um wie viel Uhr bist du fertig mit der Arbeit?*

2 currárselo *r V*

SICH DAHINTERKLEMMEN

—*O **te lo curras** un poco, o Rosa va a seguir pasando de ti como de la mierda.* • *Entweder du klemmst dich dahinter oder du wirst Rosa weiterhin total am Arsch vorbeigehen.*

3 currante *Adj, m und f*

FLEISSIG, ARBEITSAM, EIFRIG, TÜCHTIG

—*Julia es muy **currante**.* • *Julia ist super fleißig.*

4 curro *m*

ARBEIT

—*María está hasta las narices del **curro**.* • *María hängt die Arbeit zum Hals heraus!*

cursi *Adj*

KITSCHIG

—*Las historias románticas como la de "Titanic" son muy **cursis**, ¿no crees?* • *Diese romantischen Geschichten wie „Titanic" sind doch voll kitschig, findest du nicht auch?*

cutre *Adj*

1 MIES, GESCHMACKLOS

—*Eso que ha hecho tu hermana es muy **cutre**.* • *Das war richtig mies von deiner Schwester!*

2 VERSIFFT, SIFFIG, SCHÄBIG, VERRANZT

—*Ese bar es super**cutre**, de lo peor que hay en toda la ciudad.* • *Das ist eine total versiffte Kneipe, so mit das Schlimmste, was man in der Stadt finden kann.*

cutrez *f*, cutrerío *m*, cutrada *f*

GESCHMACKLOSIGKEIT, NIEDERTRACHT

—*Hacer las cosas así, sin ganas, rápido y mal, es una **cutrez**.* • *Es ist 'ne Geschmacklosigkeit, die Sachen so schnell und lustlos zu machen.*

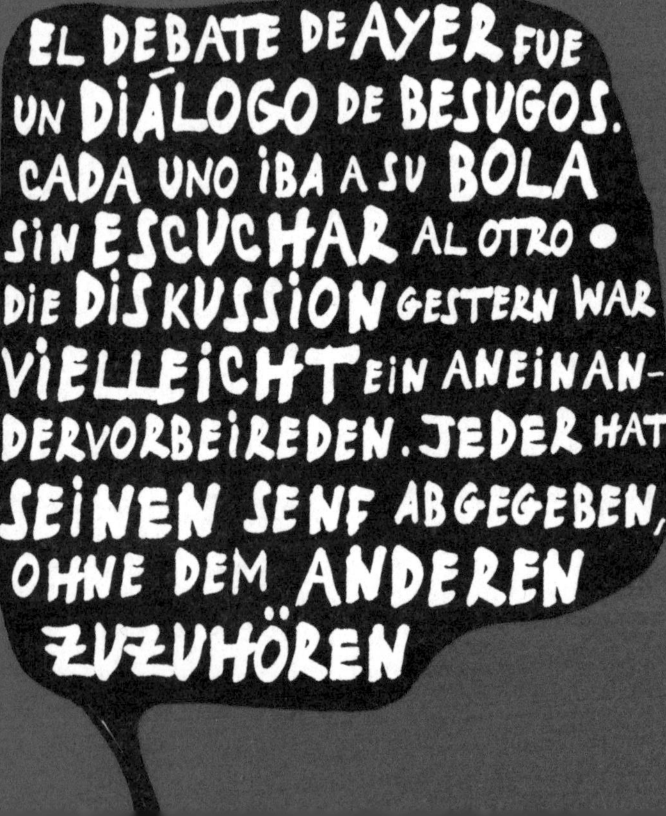
EL DEBATE DE AYER FUE UN DIÁLOGO DE BESUGOS. CADA UNO IBA A SU BOLA SIN ESCUCHAR AL OTRO •
DIE DISKUSSION GESTERN WAR VIELLEICHT EIN ANEINANDERVORBEIREDEN. JEDER HAT SEINEN SENF ABGEGEBEN, OHNE DEM ANDEREN ZUZUHÖREN

D

depre (estar) *Redew*

DEPRI SEIN, DEPRIS SCHIEBEN, DOWN, HÄNGER HABEN

*—Desde que Manolo la plantó, **está muy depre**.* • *Seitdem Manolo ihr den Laufpass gegeben hat, ist sie total down.*

descarado *Adj*

AUF JEDEN

*—Oye, tengo dos entradas para el concierto de Wilco. ¿Te apetece venirte conmigo? ¡Invito yo! // ¡**Descarao**! ¡Me encantan!* • *Hey, ich hab zwei Eintrittskarten fürs Wilco-Konzert. Hast du Bock drauf? // Auf jeden! Die sind voll krass!*

descojonarse *r V*

SICH TOTLACHEN, SICH BIEGEN VOR LACHEN, SICH BEPISSEN

*—¿Reírme? **Me descojoné**.* • *Ob es lustig war? Ich habe mich totgelacht!*

desfasarse *r V*

ÜBER DIE STRÄNGE SCHLAGEN

*—La verdad es que el viernes **nos desfasamos** un huevo.* • *Am Freitag haben wir wirklich etwas über die Stränge geschlagen.*

desmadre *m*

AUSUFERN, CHAOS, WILDE PARTY

*—En la fiesta del sábado el **desmadre** fue tal que acabó viniendo la pasma.* • *Die Party am Samstag ist total ausgeufert, so dass am Ende noch die Bullen angeschissen kamen.*

despelotarse *r V*

SICH ENTBLÖSSEN, DIE HÜLLEN FALLEN LASSEN, SICH AUSZIEHEN

*—En verano, cuando la peña sale de marcha por las playas, todo quisqui acaba **despelotándose** y en el agua.* • *Im Sommer, wenn die ganze Clique an den Strand zieht, lässt auch der Letzte die Hüllen fallen.*

desplumar *V*

JDN BIS AUFS HEMD AUSZIEHEN, AUSRAUBEN, MELKEN

*—Al pobre guiri lo **desplumaron** en aquel callejón.* • *Den armen Touri haben sie in so 'ner kleinen Seitenstraße bis aufs Hemd ausgezogen.*

diálogo de besugos *fest A*

DASANEINANDERVORBEIREDEN

*—El debate de ayer fue un **diálogo de besugos**. Cada uno iba a su bola sin escuchar al otro.* • *Die Diskussion gestern war vielleicht ein Aneinandervorbeireden. Jeder hat seinen Senf abgegeben, ohne dem Anderen zuzuhören.*

dólar *m*

montarse en el dólar *Redew*

GELD WIE HEU HABEN, IM GELD SCHWIMMEN

*—José Javier **está montado en el dólar**, se ha vuelto a comprar otro BMW. ¡Y ya van tres!* • *José Javier hat Geld wie Heu, er hat sich schon wieder einen neuen BMW gekauf. Jetzt hat er schon drei!*

domingas *f Pl*

TITTEN

*—Le estaba mirando las **domingas** a la nueva chica de la oficina, hasta que le pilló.* • *Er hat der Neuen im Büro so lange auf die Titten geglotzt, bis sie ihn dabei ertappte.*

dominguero/a *Adj, N*

SONNTAGSFAHRER/IN

*—Me niego a salir de la ciudad este fin de semana: ¡las carreteras estarán a petar de **domingueros**!* • *Dieses Wochenende fahre ich auf keinsten weg. Die Straßen sind doch voll mit diesen Sonntagsfahrern!*

don nadie *Redew*

LOSER, NIEMAND, NIETE, NOBODY, NULL, VERSAGER

*—Mi vecino es un **don nadie**.* • *Mein Nachbar ist vielleicht ein Loser.*

duro *m*

lo que faltaba para el duro *fest A*

DAS HAT JETZT GERADE NOCH GEFEHLT, DAS LETZTE

*—Ayer me mangaron la moto y hoy, la bici. **¡Lo que faltaba para el duro!*** • *Gestern hat man mir das Motorrad geklaut, und heute das Rad, das hat jetzt grade noch gefehlt.*

E

echao/á pa'lante

Redew, Abk

(echado/a para adelante)

DRAUFGÄNGER/IN, TEUFELSKERL

—*Mi novio es muy **echao pa'lante,** se atreve con todo.* • *Mein Freund ist ein Draufgänger! Er hat vor nichts Schiss.*

embolado *m*

meterse en un embolado

IN DER SCHEISSE SITZEN / MANÖVRIEREN, IN TEUFELS KÜCHE KOMMEN, IN DER ZWICKMÜHLE STECKEN

—*¡Tío, **en** menudo **embolao te has metido!*** • *Du sitzt ja ganz schön in der Scheiße, Mann!*

empalmarse *r V*

EINE LATTE, EINEN STÄNDER BEKOMMEN

—*Últimamente me levanto **empalmado** y es que no dejo de soñar con ella.* • *Seit Kurzem träum' ich nur noch von ihr und jeden Morgen beim Aufstehen hab ich 'ne Latte.*

MAN KANN AUCH SAGEN: ESTAR PALOTE

empanarse *r V*

1 RALLEN, KAPIEREN, MITKRIEGEN, RAFFEN, SCHNALLEN

—*Tío, no fumes tantos porros que luego no **te empanas** de nada.* • *Kiff nicht so viel, Alter, sonst rallst du nachher nix mehr.*

2 empanada *f*

BRUMMSCHÄDEL, HANGOVER, KATER

—*¡Vaya pedo anoche! Hoy llevo una **empanada** que te cagas.* • *Meine Fresse, haben wir gesoffen gestern. Heute habe ich einen mega Brummschädel.*

3 empanado/a *Part*

BEDUSELT, BENEBELT, IM TRAN, TRANIG

—*¡Estás **empanado,** tío, espabila!* • *Mann, bist du tranig, wach mal auf!*

empaparse *r V*

AUFSAUGEN

—*Antes de ir a Marruecos pienso **empaparme** de su cultura.* • *Vor meiner Marokko-Reise werde ich alles über die Kultur des Landes nur so aufsaugen.*

empapelar *V*

STRAFE, BUSSZETTEL, KNÖLLCHEN, KNOLLE, STRAFZETTEL, VERWARNEN

*—A Ricardo lo **han empapelado** por llevar 50 gramos de caballo.* • *Ricardo hat eine Strafe gekriegt, weil er 50 Gramm Heroin bei sich trug.*

empastillado/a *Adj*

ZUGEDRÖHNT

*—Jaime siempre aparece **empastillado** en todas las fiestas.* • *Jaime erscheint immer auf jeder Party zugedröhnt.*

empollar *V*

PAUKEN, BÜFFELN

*—Este finde me encierro a **empollar** para el examen del martes.* • *Dieses Wochenende werde ich mich einschließen und für die Klausur am Dienstag pauken.*

enchufe *m*

VITAMIN B

*—La nueva chica ha entrado por **enchufe**. Es la sobrina del jefe.* • *Die Neue ist aufgrund von Vitamin B genommen worden. Sie ist die Nichte des Chefs.*

enganchado/a *Part*

SÜCHTIG, VERFALLEN

*—Mario está tan **enganchado** al Facebook que ya no tiene tiempo para quedar con nadie.* • *Mario ist so Facebooksüchtig, dass er gar keine Zeit mehr hat, sich mit uns zu treffen.*

enrollarse *r V*

1 ABSCHLEPPEN, ANBÄNDELN, MIT JDM HERUMMACHEN, SICH MIT JDM EINLASSEN

*—El fin de semana pasado **me enrollé** con dos pavas: una el viernes y otra el sábado.* • *Letztes Wochenende habe ich mit zwei Mädels angebändelt. Mit einer am Freitag und mit einer anderen am Samstag.*

2 ENDLOS LABERN, HERUMSCHWAFELN, OHNE PUNKT UND KOMMA REDEN, VOLLTEXTEN

*—¡No **te enrolles** tanto, pesado. Ve al grano!* • *Labere nicht so viel, Mann. Komm endlich auf den Punkt!*

3 enrollado/a *Adj*

COOLER TYP

*—Mario es un **enrollado**.* • *Mario ist ein cooler Typ.*

entrar *V*

ANBAGGERN, ANMACHEN, FLIRTEN

*—Ayer en la fiesta **entré** a tres pavas pero ninguna de las tres me hizo caso. Estoy acabado.* • *Ich hab gestern Abend drei Bunnys angebaggert, aber es hat bei keiner geklappt. Ich bin völlig am Ende.*

F

facha *Adj, m und f*

FASCHISTOID, FASCHIST, FASCHO

*—Este periódico es super**facha**.* • *Diese Zeitung ist megafaschistoid.*

facu *f*

UNI

*—Hoy no voy a la **facu** porque tengo que terminar un trabajo para el viernes.* • *Heut' gehe ich nicht zur Uni, weil ich bis Freitag noch 'ne Hausarbeit schreiben muss.*

farlopa *f*

KOKAIN, KOKS

*—Este camello solo pasa **farlopa**.* • *Dieser Dealer liefert nur Koks.*

farra *f*

SAUFGELAGE, KNEIPENTOUR, SAUFTOUR

*—¡Menuda **farra** el viernes! Todavía no me he recuperado.* • *Was für ein Saufgelage am Freitag! Ich habe mich davon immer noch nicht erholt.*

fashion *Adj*

IN, TRENDY

*—Este restaurante es muy **fashion**, pero la comida es malísima.* • *Dieses Restaurant ist zwar total in, aber das Essen ist ganz schrecklich.*

fibrado/a *Adj*

KNACKIG, ATHLETISCH, SEHNIG

*—¡Qué **fibrado** está tu novio! Está como un queso.* • *Dein Freund sieht ja richtig knackig aus. Echt heiß.*

fijo *Adv*

SICHER, AUF JEDEN FALL

*—Yo **fijo** que voy. Los demás no lo sé.* • *Ich geh' auf jeden Fall hin. Die anderen, keine Ahnung.*

finde *m, Abk*

(fin de semana)

WOCHENENDE

*—¿Al final qué hacemos este **finde**? ¿Nos vamos de excursión o qué?* • *Was machen wir denn nun am Wochenende? Fahren wir weg, oder was?*

In der Umgangssprache wird öfters so abgekürzt: **facu** für **facultad**, **cole** für **colegio** usw.

flipar *V*

1 HIN UND WEG SEIN, BERAUSCHT SEIN, HINGERISSEN SEIN

*—Me encanta este lugar, estoy **flipando**. • Ich liebe diesen Ort, ich bin hin und weg.*

2 ETWAS NICHT FASSEN KÖNNEN, ERSTAUNEN

*—Yo **flipo** con María. Todavía no me ha felicitado por la boda. • Ich fasse es nicht, María hat mir noch immer nicht zur Hochzeit gratuliert.*

3 fliparse *r V*

AUSFLIPPEN

*—¡He recibido mogollón de felicitaciones por mi cumple! // No **te flipes**, si no tuvieras Facebook nadie se acordaría del día. • Tausend Leute haben mir zu meinem Geburtstag gratuliert! //Flipp nicht gleich aus, ohne Facebook hätt' sich daran kein Schwein erinnert.*

4 flipado/a *Adj*

FREAK

*—Charly es un **flipado** de los cómics. Su habitación parece un puto museo del manga. • Charly ist ein totaler Comic-Freak. Sein Zimmer ist wie ein verdammtes Manga-Museum.*

folla *f*

tener mala folla *Redew*

HINTERLISTIG SEIN, FIES SEIN, HINTERFOTZIG SEIN, HINTERHÄLTIG SEIN

*—Ten cuidado con Alberto que **tiene** muy **mala folla**. • Sei vorsichtig mit Alberto, der ist ganz schön hinterlistig.*

follar *V (ugs)*

1 POPPEN, BUMSEN, FICKEN, VÖGELN

*—Hace más de tres meses que no **follo** y estoy que me salgo. • Ich habe seit über drei Monaten nicht mehr gepoppt und bin kurz vorm überkochen.*

2 follado/a *Adj*

EINEN ZACKEN DRAUFHABEN, VOLLE KANNE, VOLLE PULLE

*—Este coche va **follado**. Seguro que va a más de ochenta por la ciudad. • Dieses Auto hat vielleicht einen Zacken drauf. Das rast doch bestimmt mit 80 hier durch die Stadt.*

3 folleteo *m*

GEBUMSE, GEFICKE

*—El **folleteo** y el fumeque es lo único que le interesa. • Er interessiert sich nur fürs Gebumse und fürs Gequarze.*

follón *m*

CHAOS, DURCHEINANDER, GEWIRR, WIRRWARR

*—¡Qué **follón**! • Was für ein Chaos!*

forrarse *r V*

ABSAHNEN, EINEN REIBACH MACHEN, GELD ANHÄUFEN, SICH EINE GOLDENE NASE VERDIENEN

*—El tío **se ha forrado** con su página web. Y eso que antes nadie daba un duro por él. • Mit seiner Website hat der Kerl voll abgesahnt; und das, obwohl keiner je auf ihn gesetzt hätte.*

fregado *m*

ÄRGER, IM TEIG / SCHLAMASSEL STECKEN

*—¡Vaya **fregado**! No sé como saldremos de esta. • Was für ein Ärger! Ich weiß nicht, wie wir da wieder rauskommen sollen.*

friki *m und f*

KOMISCHER KAUZ, FREAK, SONDERLING, SPINNER

*—¡Eres un **friki**! No me extraña que no ligues ni a la de tres. • Du bist ein komischer Kauz. Kein Wunder, dass es mit dem Anbändeln niemals klappt.*

frito/a *Part*

FIX UND FERTIG, GENERVT SEIN, DIE NASE VOLL HABEN

*—Estoy **frito**, tío. Está noche no he dormido nada. • Mann, bin ich fix und fertig! Ich habe letzte Nacht gar nicht geschlafen.*

fuerte *Adj*

KRASS, HEFTIG, STARK

*—¡Qué **fuerte** lo de María! Eso sí que no me lo esperaba. • Das ist ja krass, das mit María! Das habe ich überhaupt nicht erwartet.*

Es ist momentan ganz cool, das Wort heavy im Spanisch zu benutzen. **¡Qué heavy!**

fumeta *m und f*

KIFFER/IN

*—El compañero de piso de Luis Fernández es un **fumeta** de mucho cuidado. No sé si le conviene mucho vivir con un pavo así. • Der Mitbewohner von Luis Fernández ist ein hoffnungsloser Kiffer. Ich weiß nicht, ob es gut ist für ihn, mit so einem Kerl zusammenzuwohnen.*

fundirse *r V*

VERPRASSEN, VERPLEMPERN, VERSCHLEUDERN, VERPULVERN

*—**Se ha fundido** toda la pasta de la herencia de su madre en dos días. • Er hat die gesamte Erbschaft von seiner Mutter in zwei Tagen verprasst.*

gafe *m und f*

PECHVOGEL, UNGLÜCKSRABE

—*Carmen es una* ***gafe****. Siempre que coge el ascensor se jode.* • *Carmen ist ein Pechvogel. Immer wenn sie den Aufzug nimmt, geht er kaputt.*

gamba *f*

meter la gamba *Redew*

INS FETTNÄPCHEN TRETEN

—***Has metido la gamba*** *hasta el fondo. A ver cómo lo arreglas ahora.* • *Du bist voll ins Fettnäpchen getreten. Mal sehen, wie du da jetzt wieder rauskommst.*

ganga *f*

SCHNÄPPCHEN

—*Mariluz cuando va de compras solo compra* ***gangas****.* • *Mariluz geht immer nur shoppen, wenn es Schnäppchen gibt.*

ganso/a *Adj*

MEGA, RIESIG

—*Vivimos en un piso super****ganso****.* • *Wir wohnen in einer megariesigen Wohnung.*

garito *m*

SCHUPPEN, BUDE, LADEN

—*Han abierto un* ***garito*** *muy guapo en el puerto.* • *Es gibt jetzt einen voll geilen neuen Schuppen im Hafen.*

garrafón *m*

FUSEL, GESÖFF

—*¡Pedazo de resaca! Todo por culpa del* ***garrafón*** *que nos metieron anoche en el Blues.* • *Was für ein Kater! Und alles nur wegen dem Fusel, das sie uns im Blues eingeschenkt haben.*

Garrafón bezieht sich ursprünglich auf das Gefäß, in das der billige Fusel gefüllt würde.

garrulo/a *Adj*

SCHLÄGERTYPE, RÜPEL, PROLL

—*Este bar está lleno de* ***garrulos****. Nos piramos.* • *Der Laden wimmelt nur so von Schlägertypen. Wir hauen ab.*

gasofa *f*

SPRIT, BENZIN

*—Tendremos que parar pronto porque nos estamos quedando sin **gasofa**. • Wir müssen bald anhalten, wir haben fast keinen Sprit mehr.*

gatillazo *m*

KEINEN HOCHKRIEGEN

*—¡Qué vergüenza! Tres meses intentando llevarme al huerto a Raquel, y cuando finalmente lo consigo ¡**gatillazo**! • Wie peinlich! Seit drei Monaten versuche ich, Raquel rumzukriegen, und als ich sie endlich so weit habe, kriege ich keinen hoch.*

gayumbos *m Pl*

UNTERHOSE, SLIP

*—Súbete los pantalones porque se te ven mogollón los **gayumbos**. • Zieh mal deine Hose hoch, man sieht deine Unterhose!*

gentuza *f*

PACK, GESINDEL, MOB, PÖBEL

*—¡Qué **gentuza**! • Was für ein Pack!*

gilipollas *m und f*

ARSCHLOCH, DRECKSACK, MISTKERL

*—¡Qué **gilipollas,** el tío! No ha querido participar en el regalo. • Was für ein Arschloch! Er hat sich nicht mal an dem Geschenk beteiligen wollen.*

gilipollez *f*

STUSS, BLÖDSINN, UNFUG, UNSINN

*—Deberías cerrar el pico de vez en cuando, porque no dices más que **gilipolleces**. • Du solltest ab und zu dein Maul halten, du redest nur Stuss.*

golpe *m*

no pegar/dar (ni) golpe

Redew

KEINEN FINGER KRUMM MACHEN, KEINEN FINGER RÜHREN

*—La secretaria nueva **no pega ni golpe**. • Die neue Sekretärin macht keinen Finger krumm.*

Andere Redewendungen für faulenzen sind: **no pegar (ni) sello, no pegar (ni) chapa, no pegar/dar (un) palo al agua** usw.

gorila *m*

SCHRANK, BÄR, TÜRSTEHER

*—¡Vaya **gorila** que hay en la puerta de ese garito! • Boah, was für ein Schrank steht denn da an der Tür!*

gorra (de) *Redew*

1 FÜR UMME, GRATIS, LAU, UMSONST

*—He entrado **de gorra**. • Ich bin für umme reingekommen.*

2 gorrear, gorronear *V*
SCHNORREN, ANPUMPEN, SCHMAROTZEN
*—¿Cuándo comprarás tabaco? ¡Siempre estás **gorreando** el mío!* • *Wann kaufst du dir endlich selber Tabak? Ich hab dein Schnorren satt!*

guarrada *f*
SCHWEINEREI
*—Liarte con el novio de una amiga es una **guarrada**.* • *Etwas mit dem Freund einer Freundin anzufangen, ist eine Schweinerei.*

guarro/a *Adj*
DRECKSAU, SCHWEIN
*—Es un **guarro**, siempre lleva los gayumbos con frenazo.* • *Er ist ein Schwein, er trägt immer Unterwäsche mit Bremsspur.*

guay *Adj*
1 COOL, GEIL, TOLL
*—Qué **guay** que vengas a mi fiesta.* • *Echt geil, dass du zu meiner Party kommst.*

2 ir de guays *Redew*
SICH FÜR EINEN TOLLEN HECHT HALTEN
*—Conozco a un montón de publicistas y todos **van** muy **de guays**.* • *Ich kenn' jede Menge Werbeleute und jeder von denen hält sich für einen tollen Hecht.*

guiri *m und f*
TOURI, AUSLÄNDER/IN
*—Los precios de Las Ramblas son solo para **guiris**.* • *Auf den Ramblas bezahlst du nur Touri-Preise.*

gusanillo
1 entrar el gusanillo *Redew*
HUNGER BEKOMMEN
*—De tanto hablar de comida me ha **entrado el gusanillo**.* • *Nachdem wir so viel über Essen gesprochen haben, kriege ich langsam Hunger.*

2 picar el gusanillo *Redew*
JUCKEN, LUST BEKOMMEN
*—Me empieza a **picar el gusanillo** de tener un bebé.* • *Langsam fängt es auch bei mir an zu jucken, das mit dem Kinder bekommen.*

3 quedarse con el gusanillo *Redew*
SICH SELBST FÜR ETWAS ENTSCHÄDIGEN WOLLEN
*—El verano pasado pillé una hepatitis el día antes de salir para Marruecos y como **me quedé con el gusanillo**, este año quiero ir sí o sí.* • *Letzten Sommer habe ich einen Tag vor Abreise nach Marokko eine Hepatitis erwischt und am Schluss in die Röhre geguckt, dieses Jahr muss ich auf jeden Fall dort hin.*

H

hervor *m*

faltar un hervor *Redew*

GRÜN HINTER DEN OHREN, UNREIF SEIN

*—Este chico es muy inmaduro, **le falta un hervor**. • Der Bursche ist noch etwas grün hinter den Ohren.*

hierba *f*

GRAS, HASCH, HASCHISCH

*—Lo entrullaron por vender **hierba** en la puerta del insti. • Er sitzt im Knast, weil er vor einem Gymnasium Gras verkauft hat.*

hijoputa *m*

WICHSER, HURENSOHN, MISTKERL

*—¡Qué **hijoputa**! • Was für ein Wichser!*

hortera *Adj, m und f*

PROLLIG, VULGÄR, GESCHMACKLOS

*—Sonia es muy **hortera**. • Sonia ist eine echte Prollo-Tussi.*

horterada *f*

PROLLIGE AKTION

*—Tío, es una **horterada** invitar a tu churri en este chiringuito para comer. • Mann, wie prollig, deine Braut zum Essen in diesen Imbiss einzuladen.*

hostia *f*

Hostie, Oblate; in Wirklichkeit aber ein häufig benutzter Ausdruck von Überraschung, Begeisterung oder Entsetzen, mit vielfältiger, manchmal etwas ungenauer Bedeutung:

*—¡Esto es la **hostia**! • Das ist ja geil! / Das ist der Hammer!*

*—¡**Hostia**! • Verdammt! / Meine Güte! / Ach du Scheiße!*

*—¡Me cago en la **hostia**! • Verdammte Scheiße!*

*—¿Qué **hostias** haces aquí? • Was zum Teufel tust du hier?*

*—¡Qué mala **hostia** que tienes hoy! • Bist du heute aber beschissen drauf!*

*—Te voy a dar una par de **hostias**. • Ich hau dir gleich eine rein!*

*—¡Vaya **hostia** te has pegado con el coche! • Krasser Unfall, den du da gebaut hast!*

huevo *m*

1 un huevo *Adv*

EXTREM, GANZ DOLL, SEHR, TOTAL, ÜBELST

—*Me gusta* ***un huevo*** *tu nueva chupa.* • *Ich find' deine neue Jacke übelst toll!*

2 un huevo de *Redew*

EIN HAUFEN, EINE GROSSE MENGE VON

—*Mi primo tiene* ***un huevo de*** *motos, seis o siete.* • *Mein Cousin hat einen Haufen Motorräder, sechs oder sieben Stück.*

3 importar un huevo (a alguien) *Redew*

SCHEISSEGAL SEIN

—*¡**Me importa un huevo**!* • *Das ist mir scheißegal!*

4 no salir de los huevos (de alguien) *Redew*

KEINEN BOCK HABEN

—***No me sale de los huevos*** *hacerlo y no lo haré.* • *Ich hab keinen Bock drauf, das zu machen, und ich werd's auch nicht machen!*

5 (no) tener huevos *Redew*

MUMM HABEN, SICH EIN HERZ FASSEN, (*IN NEGATIVEN SÄTZEN*) KEINE EIER IN DER HOSE HABEN, KEINEN ARSCH IN DER HOSE HABEN

—*No* ***tuvo huevos*** *para llamarla a su casa.* • *Er hatte keinen Mumm, sie anzurufen.*

6 tocarse los huevos *Redew*

SCHIMMELN, SICH DIE EIER KRATZEN

—*Alberto no ha avanzado nada con el dossier. Ha estado toda el día* ***tocándose los huevos.*** • *Alberto ist gar nicht weitergekommen mit dem Bericht. Er hat sich den ganzen Tag die Eier gekratzt.*

humo *m*

1 bajar los humos (a alguien) *Redew*

JDN IN DIE SCHRANKEN (VER-)WEISEN, JDN AUF DEN TEPPICH ZURÜCKHOLEN

—*Lo que necesitas es que alguien* ***te baje los humos.*** • *Du brauchst mal jemanden, der dich in deine Schranken verweist.*

2 subírsele los humos (a alguien) *Redew*

DIE NASE HOCH TRAGEN, WIE EIN GOCKEL DAHERKOMMEN, AUF HOHEM ROSS SITZEN

—*Desde que sales con Borja* ***se te han subido*** *mucho* ***los humos.*** • *Seit dem du mit Borja zusammen bist, trägst du die Nase ganz schön hoch.*

3 vender humo *Redew*

HEISSE LUFT VON SICH GEBEN

—*No te creas ni una palabra de ese tío, solo* ***vende humo.*** • *Glaub dem Kerl kein Wort, der gibt nur heiße Luft von sich.*

idea *f*

no tener ni puta idea *Redew*

KEINEN BLASSEN SCHIMMER HABEN, KEIN PLAN

*—**No tengo ni puta idea** de inglés, pero me voy a vivir un año a Estados Unidos.* • *Ich hab zwar keinen blassen Schimmer von Englisch, aber ich geh' trotzdem für ein Jahr in die Staaten.*

EIN BISSCHEN LIGHTER KLINGT: NO TENER NI PAJOLERA IDEA

iluminado/a *Adj, N*

ERLEUCHTETER, AUSERWÄHLTER, MESSIAS

*—Este tío se cree que tiene poderes especiales. Es un **iluminado**.* • *Der Kerl meint, er habe außergewöhnliche Kräfte. Er hält sich für einen Erleuchteten.*

insti *m, Abk*

(instituto)

GYMI, GYMNASIUM, SCHULE

*—¿Ya vas al **insti** o todavía vas al cole?* • *Gehst du schon aufs Gymi oder bist du noch auf der Grundschule?*

invento *m*

joderse el invento *Redew*

ETWAS VERGEIGEN, VERKORKSEN, VERMASSELN, VERMURKSEN, VERPFUSCHEN

*—¡Vaya mierda, ya se **jodió el invento**!* • *Was für ein Scheiß, alles vergeigt!*

ir *V*

1 ir de algo *fest A*

MACHEN AUF ETWAS, SO TUN ALS OB

*—María **va de** dura por la vida, pero en realidad es muy insegura.* • *María macht immer auf total hart, aber in Wahrheit ist sie voll unsicher.*

irle algo a alguien *Redew*

STEHEN AUF

*—La Play no **me va** mucho. Para desconectar prefiero ir a tomarme algo por ahí con los colegas.* • *Ich steh' nicht so auf die Playstation. Zum Abchillen geh' ich lieber mit meinen Kumpeln einen losmachen.*

J

jamona *Adj, f*

BELEIBTE, FÜLLIGE, KORPULENTE, VOLLSCHLANKE, ÜPPIGE FRAU

*—A mí me molan las tías **jamonas**. • Ich stehe auf beleibte Ischen.*

jeta

tener jeta *Redew*

DREIST SEIN, UNVERSCHÄMT SEIN

*—Ten cuidado que **tiene** mucha **jeta**. • Sei auf der Hut, der ist ganz schön dreist.*

jeto *m*

FRESSE

—Mira la foto que se ha puesto Miki en el Facebook. // ¡Buah! ¡Vaya jeto, colega! • Schau mal, was für ein Foto Miki ins Internet gehängt hat. Mein Gott, was für eine Fresse!

jiñarse *r V*

SICH IN DIE HOSEN MACHEN, SCHEISSEN

*—Cada vez que vuela **se jiña**. • Jedes Mal wenn er fliegt, macht er sich in die Hosen.*

jipiar *V*

SEHEN

*—Me voy unas filas más adelante; aquí no **jipio** nada. • Ich setze mich ein paar Reihen weiter nach vorne. Von hier aus kann ich gar nichts sehen.*

joder *V*

FERTIGMACHEN, FICKEN, KAPUTT MACHEN, VERDERBEN, VERMASSELN, VERSAUEN

*—¡**Joder**! • Verdammt! / Scheiße!*

*—La has vuelto a **joder**. • Du hast es wieder mal vermasselt.*

*—Me estás **jodiendo** la vida. • Du versaust mir das Leben!*

*—No podemos ir porque se me ha **jodido** el coche. • Wir können nicht fahren weil das Auto kaputt ist.*

Das ist der meistbenutzte Ausdruck für Erstaunen, Ärger, Überraschung, Freude und sonst noch was. Davon etwas sanftere Varianten: **¡Jo!**, **¡Jolín!**, **¡Jolines!**, **¡Jopeta!**

L

labia (tener) *Redew*

DIE KLAPPE/DAS MAUL AUFMACHEN, NICHT AUF DEN MUND GEFALLEN SEIN

*—Mejor que hables tú, que **tienes** mucha **labia**.* • *Besser du redest, du kannst eher die Klappe aufmachen!*

lameculos *m und f*

ARSCHKRIECHER, SCHLEIMER

*—Le ascendieron porque es un **lameculos**, no por otra cosa.* • *Er ist nur aufgestiegen, weil er ein Arschkriecher ist.*

lapa *f*

ser una lapa *Redew*

KLETTE, JDM AUF DIE PELLE RÜCKEN

*—**Eres una lapa**, estás todo el día pegado a mí. Déjame respirar.* • *Du hängst schon den ganzen Tag wie eine Klette an mir! Lass mir mal Luft zum Atmen!*

Wörtlich: Napfschnecke. Diese Schneckenart setzt sich mit ihrem Saugfuß an Felsen und Steinen fest.

lapo *m*

ROTZ(-E), (NASEN-)SCHLEIM

*—¡Qué asco, me acaban de tirar un **lapo**!* • *Wie eklig, mich hat grad jemand angerotzt!*

largar *V*

1 AUSPLAUDERN

*—No le cuentes nada a Pedro que lo **larga** todo.* • *Erzähl bloß Pedro nichts davon. Er plaudert alles aus.*

Man kann auch **irse de la lengua** oder **cascar** sagen.

2 largarse *r V*

ABHAUEN, DIE FLATTER MACHEN, DIE FLIEGE MACHEN

*—¡Qué rollo, yo **me largo**!* • *Wie langweilig, ich mach die Fliege!*

largas *f Pl*

dar largas a alguien *Redew*

ABWIMMELN, HINHALTEN, AUF SPÄTER VERTRÖSTEN

*—He intentado quedar con él, pero siempre **me da largas**.* • *Ich habe versucht, mich mit ihm zu verabreden, aber er wimmelt mich immer ab.*

lata *f*

ser una lata *Redew*

SCHROTT, SCHEISS, MIST

*—**Es una lata** trabajar los domingos.* • *Was für ein Schrott, am Sonntag arbeiten zu müssen.*

leche *f*

1 GLÜCK

*—¡Últimamente tiene una **leche** con las tías que no veas!* • *In letzter Zeit hat der vielleicht ein Glück bei den Frauen!*

2 meterse una leche *Redew*

STÜRZEN, BEULEN, ZUSAMMENSTOSSEN

*—¡Vaya **leche** que **se ha metido** en las escaleras! ¡Pobrecito!* • *Der Arme, der ist richtig schlimm die Treppe runtergestürzt.*

3 estar de mala leche *Redew*

SCHLECHTE LAUNE HABEN, SAUER SEIN

*—¿Qué pasa? **¿Estás de mala leche** o qué?* • *Was ist los? Hast du schlechte Laune, oder was?*

4 ser la leche *Redew*

EINE WUCHT SEIN, UMWERFEND SEIN, UNMÖGLICH SEIN, KLASSE SEIN

*—Mi tía **es la leche**. Tiene 65 años y se está entrenando para correr una maratón.* • *Meine Tante ist echt 'ne Wucht, Alte. Die ist 65 und sie trainiert für einen Marathon.*

5 tener mala leche *Redew*

FIES SEIN

*—Es un cabrón. **Tiene** muy **mala leche**.* • *Das Arschloch ist richtig fies!*

legal *Adj*

SCHWER IN ORDNUNG SEIN, ANSTÄNDIG, OKAY SEIN, VERTRAUENSWÜRDIG, ZUVERLÄSSIG

*—No te preocupes. Es un tío **legal**.* • *Mach dir keine Sorgen, der Kerl ist schwer in Ordnung!*

leñazo *m*

MIT WUCHT GEGEN ETWAS PRALLEN, ZUSAMMENPRALL, HIEB

*—Pues yo me acabo de dar un **leñazo** con la puerta del armario.* • *Ich bin gerade voll gegen die Schranktür geprallt.*

leonera *f*

SAUSTALL, SCHWEINESTALL

*—Necesito ordenar mi habitación porque parece una **leonera**.* • *Ich muss mein Zimmer aufräumen. Es sieht aus wie ein Saustall.*

liado/a *Adj*

1 BESCHÄFTIGT, EINGESPANNT, GESTRESST

*—No puedo quedar contigo esta tarde, estoy muy **liado**. • Ich kann mich heute Nachmittag nicht mit dir treffen, ich bin total beschäftigt.*

2 EIN PAAR SEIN

*—Markus y Almu están **liados**. • Markus und Almu sind ein Paar.*

liar *V*

1 EINE ZIGARETTE / EINEN JOINT DREHEN

*—Soy malísimo **liando**. • Ich bin ganz schlecht im Drehen.*

2 liarla *Redew*

EIN CHAOS / DURCHEINANDER VERANSTALTEN

*—¡Cómo **la liaste** ayer en la reunión! • Du hast gestern vielleicht ein Durcheinander veranstaltet bei der Besprechung!*

3 liarse *r V*

a EINE AFFÄRE/BEZIEHUNG/ LIAISON ANFANGEN

*—Raúl **se lió** con una alumna. • Raúl hat eine Affäre mit einer Schülerin angefangen.*

b DURCHEINANDERKOMMEN, NICHT MEHR DURCHBLICKEN

*—**Me estoy liando** con tanto número. • Bei so vielen Zahlen komme ich ganz durcheinander.*

ligar *V*

FLIRTEN, ANBÄNDELN, JDN AUFREISSEN, SICH JDN ANGELN, SICH JDN ANLACHEN

*—En este garito no se **liga** nada, yo me largo. • Der Laden hat kein Flirtpotential, ich haue ab.*

lío *m*

hacerse la picha un lío *Redew*

EINEN WIRRWARR GEBEN

*—Cuando tengo que poner la lavadora siempre **me hago la picha un lío**. • Immer wenn ich die Waschmaschine anstelle, gibt es das totale Chaos.*

liquidar *V*

KILLEN, ABMURKSEN, BESEITIGEN, UMLEGEN

*—**Han liquidado** a un capo de la Mafia. • Man hat einen Mafia-Boss gekillt.*

listillo/a *Adj*

NEUNMALKLUGE(R), KLUGSCHEISSER/ IN, SCHLAUMEIER/IN, WICHTIGTUER/IN

*—¡Menudo **listillo** estás hecho! • Was für ein Klugscheißer du doch bist!*

litrona *f*

Eine 1-Liter-Bierflasche, die man in Spanien im Supermarkt bekommt. Sehr beliebt unter Jugendlichen, um einen **Botellón-Abend** zu veranstalten.

*—Vamos a comprar unas **litronas** para el botellón de esta noche.* • *Lass uns noch für heute Abend ein paar Literflaschen Bier zum Vorglühen kaufen.*

lolailo *m und f*

Meist Typen, die mit dröhnenden Flamenco-Rhythmen in getunten Autos durch Vororte und Stadtteile flitzen.

longuis

hacerse el longuis *Redew*

SICH DUMM STELLEN

*—No **te hagas el longuis** y suelta la pasta.* • *Stell dich nicht dumm und schieb endlich die Kohle rüber.*

Ebenso: **hacerse el sueco/la sueca**

loquero/a *N*

SEELENKLEMPNER

*—Estoy harta de **loqueros**. Ninguno me ha solucionado nada.* • *Ich hab die Schnauze voll von diesen Seelenklempnern. Bisher hat noch keiner was bewirkt.*

lorenzo *m*

SONNE

*—Joder, cómo casca el **lorenzo**.* • *Scheiße, die Sonne knallt total.*

loro *m*

estar al loro *Redew*

AUFPASSEN, ACHT GEBEN, WACHSAM SEIN

*—Tienes que **estar** más **al loro**, tío, que te las cuelan todas.* • *Du musst mehr aufpassen, Mann, sonst wirst du richtig verarscht.*

lote *m*

darse/pegarse el lote *fest A*

KNUTSCHEN

*—Susana y Juan **se estaban dando el lote** delante de la puerta del baño.* • *Susana und Juan haben vor der Badezimmertür rumgeknutscht.*

lupas *f Pl*

NASENFAHRRAD, BRILLE

*—Ponte las **lupas**, que estás cegato.* • *Benutz dein Nasenfahrrad, du bist blind wie eine Fledermaus.*

ESTE DICCIONARIO ES LO MÁS • DIESES WÖRTERBUCH IST DER KNALLER!

M

macarra *m*

GAUNER, HALUNKE, ROWDY, SCHURKE

—*Desde que sale con esos, se ha vuelto un poco* ***macarra****.* • *Seitdem er mit denen rumhängt, ist er ein kleiner Gauner geworden.*

machacar *V*

1 FERTIGMACHEN

—*No solo perdimos, nos* ***machacaron****.* • *Nicht nur, dass wir verloren haben, die haben uns total fertiggemacht.*

2 machacársela *r V (ugs)*

ABMELKEN, SICH EINEN RUNTERHOLEN, ENTSAFTEN (TYP)

—*No* ***te la machaques*** *tanto, que te vas a quedar ciego.* • *Du wirst noch blöd in der Birne vom vielen Abmelken.*

macizo/a *Adj, N*

KNACKIG, HEISS, SCHARF

—*Carlos está* ***macizo****.* • *Carlos ist ein knackiger Typ.*

madero *m*

BULLEN

—*Más vale que paremos la fiesta, hay un par de* ***maderos*** *en la calle.* • *Besser wir beenden die Party, auf der Straße sind grade die Bullen aufgetaucht.*

madre *f*

1 de puta madre *fest A*

SUPERCOOL, (ARSCH-)GEIL, ENDGEIL, FETT, HAMMER, SUPERGEIL

—*Sandra es una tía* ***de puta madre****. Nunca te deja colgada.* • *Sandra ist echt 'ne supercoole Braut, die lässt dich nie hängen!*

VERSTÄRKEND: DE PUTÍSIMA MADRE

2 ¡tu puta madre! *Interj*

VERPISS DICH!

3 ciento y la madre *Redew*

GOTT UND DIE WELT

—*Éramos* ***ciento y la madre*** *en la fiesta.* • *Auf der Party war Gott und die Welt.*

mamada *f (ugs)*

EINEN BLASEN

—*Nunca he hecho una* ***mamada*** *y nunca la voy a hacer.* • *Ich hab noch niemals jemandem einen geblasen und ich werd's auch nie tun.*

mamado/a *Adj*

HACKE, BESOFFEN, HACKEDICHT, RAMPENZU

—*No solo Antonio, todo el mundo iba super****mamado****.* • *Nicht nur Antonio, alle waren total hacke.*

mamón/ona *N*

WICHSER, FOTZE

—*¡Eres un* ***mamón****! Deja de rajar de todo quisqui.* • *Hör endlich auf zu nerven, du Wichser!*

manazas *Adj, m und f*

ZWEI LINKE HÄNDE HABEN

—*No toques eso, que eres un* ***manazas****.* • *Fass das bloß nicht an. Du hast zwei linke Hände.*

mandanga *f*

STUSS LABERN, SCHEISSE REDEN, BLÖDSINN REDEN

—*Déjate de* ***mandangas*** *y ve al grano.* • *Laber nicht so 'n Stuss, komm endlich auf den Punkt.*

mangar *V*

EINTÜTEN, KLAUEN, MITGEHEN LASSEN

—*¿Me* ***has mangado*** *el boli? Pero ¡qué morro tienes!* • *Hast du meinen Kuli mitgehen lassen? Geht's noch?*

mani, manifa *f*

DEMO

—*¿Vienes a la* ***mani*** *del sábado?* • *Gehst du am Samstag auf die Demo?*

manitas *m und f*

1 EIN HÄNDCHEN HABEN, GESCHICKT SEIN

—*Juanjo es un* ***manitas****, sabe hacer de todo.* • *Juanjo hat ein Händchen für alles.*

2 hacer manitas *Redew*

HÄNDCHEN HALTEN

—*Esos dos se pasan toda la clase* ***haciendo manitas*** *por debajo de la mesa.* • *Die beiden halten schon die ganze Stunde über Händchen unter dem Pult.*

mantero/a *N*

STRASSENHÄNDLER/IN

—*Lo conseguirás más barato en los* ***manteros*** *de la Gran Vía.* • *Das bekommst du bei den Straßenhändlern auf der Gran Via aber billiger.*

maquearse *r V*

AUFBRETZELN, AUFPIMPEN

—*¿Para quién* ***te has maqueado*** *tanto?* • *Für wen hast du dich denn so aufgebretzelt?*

marcha *f.*

ir/salir de marcha *Redew*

AUF DIE PISTE GEHEN, FETEN, PARTY MACHEN

*—No hagas planes para esta noche, nos **vamos de marcha** con la peña.* • *Nimm dir für heute Abend nichts vor, wir gehen mit der Clique auf die Piste.*

maría *f*

GRAS, MARIHUANA

*—¿Conoces a alguien que pase **ma-ría** por aquí?* • *Kennst du jemanden, der hier Gras vertickt?*

mariconada *f (ugs)*

OBERSCHEISS, SCHWEINEREI

*—Lo que has hecho ha sido una **mariconada**.* • *Was du dir da geleistet hast, war ja wohl der Oberscheiß.*

Maricón ist ein Schimpfwort für Homosexuelle. Überleg dir von daher genau, wann und ob du es benutzen willst!

marimacho *Adj, m*

MANNWEIB

*—La hija de Pepe es un poco **marimacho**, pero juega muy bien al fútbol.* • *Pepes Tochter ist ein bisschen ein Mannweib, aber von den Fußballspielen versteht sie wirklich was.*

maromo *m*

MACKER, KERL

*—El **maromo** de tu hermana va en un coche tuneado, ¿no?* • *Der Macker von deiner Schwester fährt doch so 'ne getunte Karre, oder?*

marrón *m*

SCHLAMASSEL, MIST, HAMMER, SCHEISSE

*—En menudo **marrón** te ha metido tu colega.* • *Dein Kumpel hat dich vielleicht in einen Schlamassel gebracht.*

maruja *Adj, f*

1 KLATSCHTANTE

*—¿Quién ha dicho que marujear solo es cosa de chicas? Mira a Marcos, es super**maruja**.* • *Wer hat gesagt, dass tratschen Frauensache ist? Schau dir Marcos an, der ist die Oberklatschtante.*

Ebenso: **marujón** *m*, **marujona** *f*

2 marujear *V*

TRATSCHEN, KLATSCHEN

*—Basta de **marujear** y vuelve al curro.* • *Jetzt reichts mit tratschen, fang mal wieder an zu arbeiten!*

más (lo) *Redew*

EINSAME SPITZE, DER HIT, DER KNALLER

*—Este diccionario es **lo más**.* • *Dieses Wörterbuch ist der Knaller!*

masoca *m und f*
MASOCHIST

*—Soy un **masoca,** esa tía no hace más que darme largas y yo ahí, dale que te pego. • Ich muss ein Masochist sein. Dieses Bunny hält mich nur hin und ich bin noch immer hinter ihr her.*

michelines *m Pl*
SPECKRÖLLCHEN, RETTUNGSRINGE

*—¡Nena cómo me ponen tus **michelines!** • Baby, deine Speckröllchen turnen mich vielleicht an!*

mierda *f*
1 DRECK, SCHEISSE

*—Este CD es una **mierda.** Pon otra cosa. • Diese CD ist voll scheiße. Mach doch was anderes rein.*

2 VOLLRAUSCH, VOLL SEIN

*—¡Vaya **mierda** que llevo! • Boah, bin ich vielleicht voll!*

3 un mierda *m*
SCHEISSKERL, DRECKSKERL

*—Deja a ese tío de una vez, no ves que es **un mierda.** • Lass doch den Typ, merkst du nicht, dass es ein Scheißkerl ist.*

4 importar una mierda *Redew*
AM ARSCH VORBEI GEHEN

*—**Me importa una mierda** si me llama o no me llama. Paso totalmente del tema. • Es geht mir vollkommen am Arsch vorbei, ob er anruft oder nicht. Ist mir echt total egal.*

mogollón *Adv*
MEGA VIEL

*—Había **mogollón** de peña en la fiesta. • Da waren mega viele Leute auf der Party.*

MAN KANN AUCH MAZO, CANTIDAD, UN HUEVO, ETC. BENUTZEN

mojar (el churro) *Redew*
1 EINE ABSCHLEPPEN, FICKEN

*—¿**Mojaste** ayer o qué? // ¡Qué va, tío! Últimamente estoy a dos velas. • Hast du gestern Abend noch eine abgeschleppt? // Ach was, Alter! In letzter Zeit läuft bei mir gar nichts.*

2 mojarse *r V*
SICH TRAUEN, FARBE BEKENNEN

*—Va, **mójate.** ¿Quién ganará la Champions? • Los, trau dich, spucks aus, wer gewinnt die Champions League?*

molar *V*
FETT FINDEN, SUPER FINDEN, STEHEN AUF

*—¡Tío me **mola** mogollón tu carro! • Alter, deine Karre find' ich mega fett!*

mono/a *Adj*

1 SÜSS/E

*—Es muy **mono** el novio de Sonia. Y muy simpático.* • *Sonias Freund ist echt süß. Und sympathisch ist er auch.*

2 tener mono de *Redew*

BOCK HABEN AUF, HEISSHUNGER HABEN, JAPP HABEN NACH

*—**Tengo mono de** chocolate.* • *Ich hab total Bock auf Schokolade!*

moño *m*

estar hasta el moño *Redew*

DIE NASE VOLL HABEN, DIE SCHNAUZE VOLL HABEN

*—**Estoy hasta el moño** de que no me acompañes nunca a hacer la compra.* • *Ich hab die Nase gestrichen voll davon, dass du nie mit zum Einkaufen kommst.*

morbo (dar) *Redew*

ANTURNEN, HEISS MACHEN

*—A mí, ese tío me **da morbo**.* • *Der Typ da turnt mich an.*

morrearse *r V*

1 (RUM-)KNUTSCHEN

*—Se estaban **morreando** en la entrada del bar.* • *Die haben vor der Bar rumgeknutscht.*

2 morreo *m*

(ZUNGEN-)KUSS, KNUTSCHER

*—Solo se dieron un **morreo**. Eso sí, de más de dos minutos.* • *Sie haben sich nur einen Kuss gegeben, aber der hat mehr als zwei Minuten gedauert.*

morro *m*

1 tener morro *Redew*

UNVERSCHÄMT SEIN

*—Tu jefe **tiene** mucho **morro**. Siempre se está aprovechando de ti.* • *Dein Chef ist ganz schön unverschämt. Der nutzt dich immer ganz schön aus.*

2 echarle morro *Redew*

SICH WEIT HERAUSHÄNGEN, ETWAS RISKIEREN, ETWAS WAGEN, SICH TRAUEN

*—Ayer verdaderamente **le echaste** mucho **morro** cuando le dijiste al jefe lo que pensabas.* • *Gestern hast du dich ganz schön weit herausgehängt, als du dem Chef gesagt hast, was du denkst.*

3 poner morros *Redew*

EINE FLAPPE ZIEHEN, EINE FRESSE ZIEHEN, SAURES GESICHT MACHEN

*—**Poniendo morros** no conseguirás nada.* • *Wenn du weiter so 'ne Fresse ziehst, erreichst du gar nix.*

4 por el morro *Redew*

UMSONST, FÜR LAU, FÜR UMME

*—Conseguimos entrar en ese garito **por el morro**.* • *Wir haben's geschafft, in diesen Schuppen umsonst reinzukommen.*

mosca *f.*

1 estar mosca *Redew*

SAUER SEIN

*—Mi novia **está mosca** porque no le ha caído nada por San Valentín. A ver cómo lo soluciono.* • *Meine Freundin ist vielleicht sauer, weil ich ihr nichts zum Valentinstag geschenkt habe. Mal sehen, wie ich da raus komme.*

2 por si las moscas *Redew*

FÜR ALLE FÄLLE

*—Mejor salir con tiempo, **por si las moscas**.* • *Wir gehen besser ein bisschen früher los, für alle Fälle.*

Es geht auch **por si las flies/flais** (**moscas** auf Englisch), **por si acaso** oder besonders cool: **por si aca**.

mosquearse *r V*

1 EINSCHNAPPEN, SAUER WERDEN

*—Mi hermana **se ha mosqueado** conmigo, pero no sé por qué.* • *Meine Schwester ist sauer auf mich, aber ich weiß nicht warum.*

2 mosqueo *m*

SCHEISSLAUNE, MIESE LAUNE, WUT

*—Se fue a la cama con un **mosqueo** descomunal. A ver cómo se levanta mañana* • *Sie ist mit einer Scheißlaune ins Bett gegangen. Mal sehen, wie sie morgen früh drauf ist.*

moto *f*

vender la moto *Redew*

JDM EINEN BÄREN AUFBINDEN, JDM ETWAS WEISMACHEN

*—No me **vendas la moto**. Tú no conoces a Fernando Torres.* • *Bind' mir keinen Bären auf. Du kennst Fernando Torres nicht!*

movida *f*

STRESS HABEN

*—Tuvimos **movida** con los vecinos por lo de la fiesta.* • *Wegen der Party hatten wir ganz schön Stress mit den Nachbarn.*

muermo *m*

LANGWEILER/IN

*—Por favor no invites a Federico a la fiesta, que es un **muermo**.* • *Lad bloß nicht Federico zur Party ein, das ist so ein Langweiler.*

muerte

1 de muerte *Redew*

WAHNSINN, ECHT FETT

*—¡Esta paella está **de muerte**!* • *Diese Paella ist der reine Wahnsinn!*

2 de mala muerte *Redew*

LAUSIG, ELEND, DAS LETZTE

*—Me han dicho que el concierto es en un garito **de mala muerte**.* • *Ich hab gehört, dass das Konzert in einem total lausigen Schuppen ist.*

N

narices *f Pl*

1 estar hasta las narices *Redew*

DIE NASE GESTRICHEN VOLL HABEN, DIE SCHNAUZE VOLL HABEN

*—**Estoy hasta las narices** de este curro.* • *Ich hab die Schnauze gestrichen voll von diesem Job!*

2 meter las narices *Redew*

DIE NASE REINSTECKEN

*—A la vecina le encanta **meter las narices** donde no debe.* • *Die Nachbarin steckt die Nase in alles rein, was sie nichts angeht.*

3 por narices *Redew, Adv*

MIT GEWALT

*—Abrirá la puerta **por narices**.* • *Er wird die Tür mit Gewalt aufbrechen!*

negado/a *Adj, N*

EINE NULL SEIN, UNGEEIGNET, UNTALENTIERT

*—Soy **negada** para las mates.* • *In Mathe bin ich eine Null.*

nenaza *Adj, f*

HASENFUSS, WARMDUSCHER, MEMME, WASCHLAPPEN

*—Fran es un **nenaza**, llora hasta por una simple inyección.* • *Fran ist ein Hasenfuß. Nur wegen einer Spritze macht er sich ins Hemd.*

niñato/a *N*

ROTZNASE, ROTZBENGEL, ROTZGÖRE

*—Raúl es un **niñato**.* • *Raúl ist eine Rotznase.*

notas *m und f*

ANGEBER, AUFSCHNEIDER, PRAHLER, WICHTIGTUER

*—Entre las gafas de sol, la chupa y el coche tuneado, he flipado con tu colega. ¡Es un **notas** total!* • *Mein Gott, dein Kumpel mit dieser Sonnenbrille, dieser Jacke und dem getunten Auto. Was ist denn das für ein Angeber?*

numerito *m*

THEATER/SZENE MACHEN, EINER NUMMER MACHEN

*—Ha montado un **numerito** por una chorrada.* • *Wegen nichts hat er ein Riesentheater gemacht!*

O

ojo *Interj*

ACHTUNG, AUFGEPASST, PASS AUF

—¡***Ojo*** *con el escalón! No te vayas a caer.* • *Pass auf die Stufen auf, nicht dass du hinfällst!*

okupa *m und f*

HAUSBESETZER/IN

—*Sara se ha hecho* ***okupa*** *porque no tiene pasta para el alquiler.* • *Sara ist Hausbesetzerin geworden, weil sie keine Kohle für die Miete hat.*

olla *f*

1 comerse la olla *Redew*

NICHT AUS DEM KOPF GEHEN, SICH DEN KOPF ZERBRECHEN

—*Llevo días* ***comiéndome la olla*** *con el final de "Lost" y todavía no lo pillo.* • *Seit Tagen geht mir das Finale von „Lost" nicht aus dem Kopf. Ich kapiere das Ende einfach nicht.*

2 írsele la olla (a alguien) *Redew*

DURCHDREHEN

—*¡Cálmate, tío! Que* ***se te va la olla.*** • *Beruhig dich, Mann. Sonst drehst du noch völlig durch.*

ordenata *m*

COMPI, COMPUTER, PC

—*¡Qué putada! Se me ha jodido el* ***ordenata.*** • *Was für eine Scheiße! Mein Compi ist abgestürzt.*

oreja *f*

comer la oreja (a alguien) *Redew*

ZUTEXTEN

—*No* ***me comas la oreja.*** *Ya te he dicho n-veces que ni en sueños te pienso acompañar.* • *Text mich nicht zu! Ich hab dir schon x-mal gesagt, dass ich nicht im Traum dran denke mitzukommen.*

ostra *f*

1 aburrirse como una ostra *Redew*

SICH ZU TODE LANGWEILEN

—***Me aburrí como una ostra*** *en la fiesta.* • *Auf der Party hab ich mich zu Tode gelangweilt.*

2 ostras *f Pl, Interj*

VERDAMMTE AXT, ALTER, HERRJE

—*¡****Ostras*** *tío, cuánto tiempo sin verte!* • *Verdammte Axt, Mann, schon lange nicht mehr gesehen!*

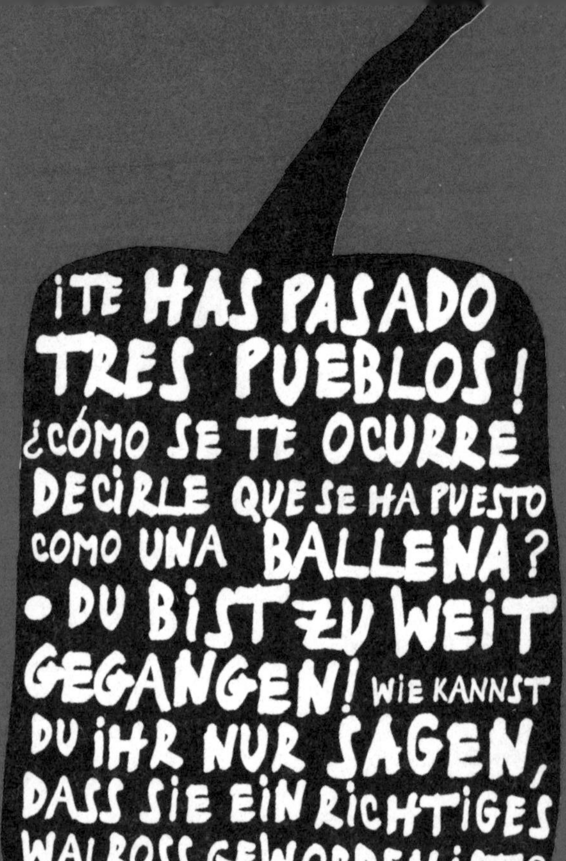
¡TE HAS PASADO TRES PUEBLOS! ¿CÓMO SE TE OCURRE DECIRLE QUE SE HA PUESTO COMO UNA BALLENA?
• DU BIST ZU WEIT GEGANGEN! WIE KANNST DU IHR NUR SAGEN, DASS SIE EIN RICHTIGES WALROSS GEWORDEN IST?

P

pachanguero/a *Adj*

ABGEDROSCHEN, BANAL, EINGÄNGIG, FLACH, OBERFLÄCHLICH, SEICHT

—Oye tío, deja de poner música tan ***pachanguera,*** *por favor.* • *Hey Alter, hör mal bitte auf, so eine abgedroschene Mucke zu spielen.*

pachas

pagar a pachas *Redew*

GETRENNT ZAHLEN

*—¿**Pagamos a pachas,** vale? Que no tengo mucha pasta.* • *Wir zahlen getrennt, o.k.? Ich habe nämlich nicht viel Knete.*

DU KANNST AUCH SAGEN
PAGAR A ESCOTE

pachorra *f*

FAULE SOCKE, FAULHEIT, DIE RUHE WEGHABEN, TRÄGHEIT, TRÖDELN

—¡Mario, qué ***pachorra*** *la tuya! ¿No tendrías que estar ya en el curro?* • *Mario, du faule Socke! Solltest du nicht schon längst auf der Arbeit sein?*

paja *f*

hacerse una paja *Redew*

SICH EINEN RUNTERHOLEN, WICHSEN, SICH EINEN KEULEN

—¡Qué cerdo! ¡Se estaba ***haciendo una paja!*** • *Das Schwein war gerade dabei, sich einen runterzuholen.*

Dafür findet man auch ein ziemlich breites Wortschatzangebot, z. B.: **hacerse una paja**, **pelársela**, **machacársela**, **cascársela** usw.

paleto *m*

HINTERWÄLDLER, BAUER, BAUERNTÖLPEL, DORFTROTTEL

—No tienes ni idea, eres un ***paleto.*** • *Ach, du hast doch keine Ahnung, du Hinterwäldler.*

paliza *f*

1 dar la paliza *Redew*

LANGEWEILE VERBREITEN, NERVENSÄGE, NERVEN, JDN ERMÜDEN

—No me ***des la paliza*** *que me duele la cabeza.* • *Nerv mich nicht, ich habe Kopfweh.*

2 dar una paliza *Redew*

EINS/WAS AUF DIE MÜTZE BEKOMMEN, FERTIGMACHEN, HAUSHOCH GEWINNEN, TRACHT PRÜGEL, VERNICHTEND SCHLAGEN, ZU GRUNDE RICHTEN

—Nos ***dieron una paliza*** *en la final de la Copa.* • *Im Pokalendspiel haben wir ordentlich eins auf die Mütze bekommen.*

palmar *V*

1 VERLIEREN

—Si seguimos jugando de esta manera en la segunda parte, vamos a ***palmar*** *seguro.* • *Wenn wir in der zweiten Halbzeit weiter so spielen werden wir garantiert verlieren.*

2 palmarla *Redew*

DEN LÖFFEL ABGEBEN, ABKRATZEN, VERRECKEN

—Su abuela ***la palmó*** *la semana pasada. Tenía 87 años.* • *Seine Oma hat letzte Woche den Löffel abgegeben. Sie war 87.*

palo *m*

1 SCHWERER SCHLAG, SCHOCK

—La muerte de su madre fue un ***palo*** *para él.* • *Der Tod seiner Mutter war ein schwerer Schlag für ihn.*

2 a palo seco *fest A*

AUF NÜCHTERNEN MAGEN

—Luis se tomó un vaso de güisqui ***a palo seco.*** • *Luis hat ein ganzes Glas Whisky auf nüchternen Magen getrunken.*

3 dar el palo *fest A*

BEKLAUEN, AUSRAUBEN

—Fui a sacar pasta del cajero y al salir me ***dieron el palo.*** • *Als ich vom Geldautomaten kam, haben sie mich beklaut.*

papa (ni) *Redew*

NICHT DIE BOHNE, GAR NICHT/S, KEINE AHNUNG, KEINEN BLASSEN SCHIMMER, NUR BAHNHOF

—No entiendo ***ni papa*** *de lo que me estás diciendo.* • *Ich verstehe nicht die Bohne von dem, was du da sagst.*

DU KANNST AUCH SAGEN:
NI JOTA

papear *V*

BEISSEN, FRESSEN, MAMPFEN

—¿Hay algo para ***papear*** *en la nevera?* • *Hast du nix zu beißen im Kühlschrank?*

paquete *m*

GEHÄNGE, DING, PIMMEL, SCHWANZ, WILLI

*—Me han dicho que está bien dotado, vamos, que tiene un buen **paquete**... • Ich habe gehört er ist ordentlich bestückt, ich meine, er hat ein mega Gehänge zwischen den Beinen ...*

pardillo/a *Adj*

NOCH GRÜN HINTER DEN OHREN, UNERFAHREN, NAIV

*—El pobre Luis es muy **pardillo,** todo el mundo le vacila. • Der arme Luis ist noch ganz grün hinter den Ohren, alle Welt führt ihn an der Nase rum.*

parida *f*

SCHWACHSINN, BLÖDSINN, MÜLL, UNSINN

*—No dices más que **paridas**. ¡Cállate un poquito, anda! • Du laberst nur Schwachsinn. Halt mal die Klappe, Mann!*

parienta (la) *f*

MEINE ALTE, DIE EIGENE EHEFRAU (*wörtl* DIE VERWANDTE)

*—Esta noche voy al cine con **la parienta**. • Heute Abend gehe ich mit meiner Alten ins Kino.*

parra *f*

estar en la parra *Redew*

HINTER DEM MOND LEBEN, AUF EINEM ANDEREN PLANETEN LEBEN, KEINE AHNUNG HABEN

*—**Está en la parra**. No sabía que George Bush ya no es presidente de Estados Unidos. • Er lebt hinterm Mond. Er wusste nicht mal, dass George Bush nicht mehr Präsident der Vereinigten Staaten ist.*

partir la cara a alguien *Redew*

JDM DIE FRESSE POLIEREN, JDM EINE REINHAUEN, VERMÖBELN, VERPRÜGELN, ZUSAMMENSCHLAGEN

*—Un día de estos le voy a **partir la cara,** ya verás. • Irgendwann werde ich ihm mal so richtig die Fresse polieren, du wirst schon sehen.*

partirse *r V*

SICH TOTLACHEN, SICH KAPUTTLACHEN, SICH SCHIEFLACHEN

*—¡Eres la leche, tía! ¡Contigo **me parto**! • Du bist die Härte, Alte. Ich lach mich tot.*

pasado/a *Adj*

1 HIGH, BEKIFFT, BENOMMEN, BREIT, STONED

*—Jorge iba muy **pasado** en la fiesta del viernes. • Jorge war total high auf der Party am Freitag.*

2 OUT, ALTBACKEN, ALTMODISCH

*—¡¿Pero dónde vas con esa chupa?! ¡Está **pasadísima**! • Was willst du mit der Jacke? Die ist doch total out!*

3 ser una pasada *Redew*
GEIL, KLASSE, KRASS, SUPER

*—La Nintendo 3DS **es una pasada**. • Die Nintendo 3DS ist wirklich geil.*

pasar *V*

1 DROGEN VERKAUFEN, VERTICKEN

*—Este camello **pasa** droga por la Plaza Real. • Der Dealer da verkauft Drogen auf der Plaza Real.*

2 pasar de *Redew*

a AUF ETWAS PFEIFEN, ETWAS IGNORIEREN, NICHT BEACHTEN, WIE LUFT BEHANDELN, AUF ETWAS VERZICHTEN

*—Yo **paso del** concierto de esta noche. • Ich pfeife auf das Konzert heute Abend.*

b JDN IGNORIEREN, NICHT BEACHTEN, WIE LUFT BEHANDELN, AUF JDN VERZICHTEN

*—¿Estás **pasando de** mí? • Ignorierst du mich eigentlich?*

3 pasarse tres pueblos *Redew*
ZU WEIT GEHEN, DIE GRENZE ÜBERSCHREITEN

*—¡**Te has pasado tres pueblos**! ¿Cómo se te ocurre decirle que se ha puesto como una ballena? • Du bist zu weit gegangen! Wie kannst du ihr nur sagen, dass sie ein richtiges Walross geworden ist?*

pasma *f Sing*

DIE BULLEN

*—Larguémonos de aquí que viene la **pasma**. • Lass uns schnell abhauen. Die Bullen kommen.*

pasta *f*

KOHLE, KIES, KNETE, KRÖTEN, MÄUSE, MONETEN, MOOS, ZASTER

*—Me he gastado una **pasta** en estos zapatos. • Ich habe richtig viel Kohle für die Schuhe gelassen.*

pata *f*

1 meter la pata *Redew*
INS FETTNÄPFCHEN TRETEN

*—**Has metido la pata** al decirle a Juan lo de la fiesta. Él no estaba invitado. • Du bist voll ins Fettnäpfchen getreten, als du Juan von der Party erzählt hast. Der war nämlich gar nicht eingeladen.*

2 tener mala pata *Redew*
PECH HABEN

*—Nunca juego a nada porque **tengo** muy **mala pata**. • Ich spiele nie, ich hab immer nur Pech.*

3 estirar la pata *Redew*
ABKRATZEN, DEN LÖFFEL ABGEBEN, VERRECKEN

*—¿Cuándo **estiró la pata**, el capullo ese? • Wann hat dieses Arschloch denn den Löffel abgegeben?*

4 ir a pata *Redew*

ZU FUSS GEHEN

*—¿Tú cómo vas al trabajo? // Normalmente **voy a pata**. • Wie kommst du in die Arbeit? Normalerweise gehe ich zu Fuß.*

patada *f*

sentar como una patada *Redew*

EIN SCHLAG INS GESICHT, ÜBEL NEHMEN

*—Le **ha sentado como una patada** que no le hayamos invitado. La próxima vez invítalo sin falta. • Es hat ihn wie ein Schlag ins Gesicht getroffen, dass wir ihn nicht eingeladen haben. Beim nächsten Mal musst du ihn unbedingt einladen.*

patearse *r V*

1 ABKLAPPERN, DURCHFORSTEN, DURCHKÄMMEN

*—Estoy hecha polvo, **me he pateado** toda la ciudad buscando un CD. • Ich bin völlig erledigt. Ich habe die ganze Stadt nach einer CD abgeklappert.*

2 VERPULVERN, VERPLEMPERN, VERPRASSEN

*—**Se pateó** toda la herencia de su tía en tres meses. • In drei Monaten hat er das gesamte Erbe seiner Tante verpulvert.*

Etwas verstärkend wäre: **sentar como una patada en los huevos**. Sonst sind **sentar como un tiro** und **sentar fatal** familiärer.

patilla *f*

por la patilla *Redew*

FÜR LAU, FÜR UMME, UNENTGELTLICH, UMSONST

*—Entramos en el concierto **por la patilla**. • Wir sind für lau ins Konzert reingekommen.*

WENN DU NOCH COOLER KLINGEN WILLST, KANNST DU AUCH SAGEN: POR LA GORRA ODER POR EL MORRO

pava *Adj, f*

ZICKE, ETEPETETE, EINFÄLTIG, UNREIF

*—Me cae bien la novia de mi hermano, pero es un poco **pava**. • Die Freundin meines Bruders ist zwar ein bisschen unreif, aber ich find' sie trotzdem ganz nett.*

pavo *Adj, m*

KERL, TYP, ALTER

*—¿Quién es el **pavo** de la foto? // Un colgao que se nos enganchó todo el viaje. • Wer ist denn der Kerl auf dem Foto? // Das ist ein Abgestürzter, der uns auf der Reise auf die Pelle gerückt ist.*

pedal *m*

EINEN ÜBER DEN DURST TRINKEN, RAUSCH, SCHWIPS

*—Llevábamos un buen **pedal**, anoche.* • *Wir haben gestern Abend ganz schön einen über den Durst getrunken.*

pedo (ir) *Redew*

BLAU / BESOFFEN / DICHT / STRAMM / VOLL SEIN

*—**Íbamos** muy **pedo** el viernes, ¿verdad?* • *Wir waren ganz schön blau am Freitag, nicht wahr?*

pedorro/a *N*

IDIOT, NERVENSÄGE

*—Pasa de ella, es una **pedorra**.* • *Pfeif doch auf sie, sie ist doch eine üble Nervensäge.*

pegar *V*

ZUSAMMENPASSEN

*—Estos dos no **pegan** ni con cola. No creo que duren mucho.* • *Die Beiden passen überhaupt nicht zusammen. Ich glaube nicht, dass das lange hält.*

pegársela *Redew*

GEGEN ETWAS FAHREN, AUFPRALLEN, KOLLIDIEREN

*—**Se la ha pegado** con la moto contra una pared pero por suerte no le ha pasado nada.* • *Er ist mit dem Motorrad gegen die Wand gefahren. Zum Glück ist ihm nichts Schlimmes passiert.*

pelar *V*

1 me la pela *fest A (ugs)*

IST MIR SCHEISSEGAL

*—Me han dicho que Juan se ha enrollado con María. ¡A mí **me la pela**!* • *Man hat mir erzählt, dass Juan jetzt was mit María hat. Das ist mir sowas von scheißegal!*

AUCH: ME LA SUDA

2 pelársela *Redew (ugs)*

SICH EINEN RUNTERHOLEN, WICHSEN

*—Se pasa el día **pelándosela** mirando pelis porno.* • *Er schaut sich den ganzen Tag nur Pornos an und holt sich dabei einen runter.*

película *f*

montarse una película *Redew*

RUMSPINNEN

*—Dice que con lo que gane se comprará un piso y un deportivo. ¡A veces **se monta unas películas**!* • *Er meint, mit dem Geld, das er verdient, wird er sich eine Wohnung und einen Sportwagen kaufen. Manchmal spinnt er gern rum!*

pelma *m und f*

NERVENSÄGE, LANGWEILER/IN, QUÄLGEIST

*—Su hermano incluso ha encontrado novia y eso que sigue tan **pelma** como siempre.* • *Sein Bruder hat sogar eine Freundin gefunden, obwohl er immer noch die gleiche Nervensäge ist wie früher.*

pelo *m*

1 a pelo *Redew*

OHNE GUMMI

*—Lo hicieron **a pelo** y al cabo de nueve meses nació Simona.* • *Sie haben's ohne Gummi getrieben und nach neun Monaten ist Simona auf die Welt gekommen.*

2 caérsele el pelo *Redew*

ALT AUSSEHEN, BLAUES WUNDER ERLEBEN

*—**Se te va a caer el pelo** cuando el jefe se entere de que la has cagado.* • *Du wirst ganz schön alt aussehen, wenn der Chef erfährt, dass du Scheiße gebaut hast.*

3 de pelo en pecho *Redew*

MACHO, MACKER, MÄNNLICH

*—Es un hombre **de pelo en pecho**.* • *Er ist voll der Macho.*

4 no tener pelos en la lengua *Redew*

KEIN BLATT VOR DEN MUND NEHMEN, NICHT AUF DEN MUND GEFALLEN SEIN

*—María **no tiene pelos en la lengua**, es un milagro que no le haya caído una hostia.* • *María nimmt kein Blatt vor den Mund. Ein Wunder, dass sie noch keine auf den Deckel bekommen hat.*

MAN KANN AUCH NO MORDERSE LA LENGUA SAGEN

5 no tener un pelo de tonto/a *Redew*

GAR NICHT DUMM SEIN

*—Ya sé que **no tienes un pelo de tonta**, cariño, pero yo tampoco: ni de coña te voy a regalar un viaje con tus amigas.* • *Ich weiß schon, dass du gar nicht so dumm bist, Schätzchen, aber ich auch nicht: Nicht im Traum schenke ich dir eine Reise mit deinen Freundinnen.*

6 tomar el pelo *Redew*

VERARSCHEN, JDN AN DER NASE HERUMFÜHREN, JDN AUF DEN ARM NEHMEN

*—Deja de **tomarme el pelo**, que no estoy para bromas.* • *Hör auf, mich zu verarschen. Ich bin echt nicht in der Stimmung dazu.*

pelota *m und f*

1 SCHLEIMER, ARSCHKRIECHER

*—¡Eres un **pelota**, tío!* • *Du bist voll der Schleimer, Mann!*

2 en pelotas *Redew*

SPLITTER(-FASER-)NACKT, NACKT

*—Espera, dame un minuto que estoy **en pelotas**.* • *Warte, ich brauch noch 'ne Minute. Ich bin grade splitterfasernackt.*

3 hacer la pelota *Redew*

SICH EINSCHLEIMEN, SICH JDM ANBIEDERN

*—No me **hagas la pelota** que no vas a conseguir nada.* • *Du brauchst dich nicht so einzuschleimen. Du erreichst sowieso nichts.*

4 írsele la pelota *Redew*

DURCHDREHEN, DEN KOPF VERLIEREN, NICHT RICHTIG TICKEN

*—Le dijo al juez que había matado a su mujer porque **se le había ido la pelota**.* • *Er sagte dem Richter, er habe seine Frau getötet, weil er durchgedreht sei.*

5 (no) tener pelotas *Redew*

(NICHT DEN) MUMM HABEN, ABGEBRÜHT SEIN, EIER HABEN

*—¡**No tienes pelotas** para hacerlo!* • *Du hast nicht den Mumm, es zu tun.*

6 tocar las pelotas *Redew*

AUF DEN SACK GEHEN

*—¡No me **toques las pelotas**!* • *Hör auf, mir auf den Sack zu gehen!*

pendón *m*

HERUMTREIBER/IN, NACHTSCHWÄRMER, PARTYTIER

*—Marta es un **pendón**. Sale de juerga casi todas las noches y cada día está con un chico diferente.* • *Marta ist eine Herumtreiberin. Sie ist fast jede Nacht unterwegs und das immer mit 'nem anderen Typen.*

peña (la) *f*

CLIQUE, FREUNDESKREIS

*—Fui con **la peña** al concierto de ayer.* • *Gestern abend bin ich mit meiner Clique aufs Konzert gegangen.*

peñazo *m*

STINKLANGWEILIG, SUPERLANGWEILIG, NERVENSÄGE

*—La clase de hoy ha sido un verdadero **peñazo**.* • *Der Unterricht heute war sowas von stinklangweilig.*

peor (lo) *Redew*

DER/DIE/DAS ALLERSCHLIMMSTE, DER/DIE/DAS SCHLIMMSTE VON ALLEN

*—Mi tío es **lo peor**. Ha dejado a mi tía por una pava de 22 años.* • *Mein Onkel ist der Allerschlimmste. Er hat meine Tante wegen einer 22-jährigen Tusse verlassen.*

perrería *f*

MIESE AKTION, ARSCHIGE, HUNDSGEMEINHEIT

*—Te han hecho una buena **perrería** en el curro.* • *Was sie mit dir auf der Arbeit abgezogen haben, war ja echt 'ne miese Aktion.*

peste *f*

GESTANK, MIEF

*—¡Qué **peste**! ¿Quién se ha tirado un pedo?* • *Was für ein Gestank! Wer hat hier einen ziehen lassen?*

MAN KANN AUCH PESTAZO SAGEN

petado/a *Adj*

FIX UND FERTIG, FIX UND ALLE, AUSGEKNOCKT

*—Me piro, estoy super**petada**.* • *Ich mach' mich vom Acker, ich bin fix und fertig.*

petar *V*

1 DEN GEIST AUFGEBEN

*—Se me **ha petado** el iPad.* • *Mein iPad hat den Geist aufgegeben.*

2 ABGEHEN, FUNZEN

*—Los bafles de tu compi de piso **petan** de puta madre.* • *Die Boxen von deinem Mitbewohner gehen voll ab.*

3 petarlo *Redew*

INS SCHWARZE TREFFEN, DER DURCHBRUCH GELINGEN, DEN DURCHBRUCH ERREICHEN, ERFOLG HABEN

*—Con el nuevo disco, El Guincho **lo ha petado**.* • *Mit der neuen Scheibe hat Guincho ins Schwarze getroffen.*

4 a petar *Redew, Adv*

ZUM PLATZEN VOLL, BRECHEND VOLL, GERAMMELT VOLL, PROPPENVOLL

*—El concierto estaba **a petar**.* • *Das Konzert war zum Platzen voll.*

petardo/a *Adj*

BESCHISSEN, STINKLANGWEILIG

*—Mi compañero de piso solo escucha música **petarda**: Gloria Gaynor, Village People…* • *Mein Mitbewohner hört nur beschissene Musik: Gloria Gaynor, Village People …*

pez (estar) *Redew*

KEINEN BLASSEN SCHIMMER HABEN

*—**Estoy pez** en informática.* • *Von Informatik hab ich keinen blassen Schimmer.*

pibón *m*

ATTRAKTIVE/R FRAU/MANN, SAHNESCHNITTE

*—Este garito está lleno de **pibones**. ¡Aquí nos quedamos!* • *Dieser Schuppen ist voller Sahneschnitten. Hier bleiben wir!*

picarse *r V*

1 BELEIDIGT SEIN, SICH STREITEN, SICH NERVEN

—Ana ***se ha picado*** *con Juan porque fue a recogerla tarde.* • *Ana war beleidigt, weil Juan sie zu spät abgeholt hat.*

2 SICH ANSTACHELN, WETTEIFERN

—Ramiro y Héctor ***se han picado*** *a ver quién gana más partidas al póquer online.* • *Ramiro und Héctor haben sich gegenseitig angestachelt, wer öfter beim Online-Poker gewinnt.*

EBENSO: TENER/LLEVARSE UN PIQUE

pifiarla *Redew*

IN DEN SAND SETZEN, VERGEIGEN, VERHAUEN, VERHUNZEN, VERKACKEN, VERMASSELN, VERSIEBEN, VERSEMMELN

—Mierda, ***la he pifiado*** *otra vez en el curro.* • *Scheiße, auf der Arbeit hab ich's wieder mal vermasselt.*

pijo/a *Adj, N*

SCHNÖSEL, SNOB

*—No sé cómo puedes salir con Borja, es super****pijo****.* • *Ich kapier' nicht wie du mit so einem absoluten Snob wie Borja abhängen kannst.*

pilas *f Pl*

ponerse las pilas *Redew*

DEN ARSCH HOCHKRIEGEN, DIE ÄRMEL HOCHKREMPELN, IN DIE GÄNGE KOMMEN

—Tía, ***ponte las pilas*** *que vas a catear todo.* • *Mädel, wenn du nicht bald die Ärmel hochkrempelst, fällst du überall durch!*

pilila *f*

PULLERMANN, WILLIE

WORT FÜR DEN PENIS VON KLEINEN KINDERN

pillar *V*

1 RALLEN, CHECKEN, KAPIEREN, SCHNALLEN

—¿Lo ***pillas*** *o no?* • *Gerallt oder was?*

2 AUFTREIBEN, BESCHAFFEN

—¿Vas a ***pillar*** *algo de costo para esta noche?* • *Hast du für heute Abend schon ein bisschen Dope aufgetrieben?*

3 AUFREISSEN, JDN KLARMACHEN

*—¿****Pillaste*** *cacho anoche?* • *Hast du gestern Nacht noch jemanden aufgerissen?*

4 ERWISCHEN, HOPSNEHMEN

—Me han dicho que ***han pillado*** *al camello del barrio.* • *Ich hab*

gehört, dass sie den Dealer aus unserem Viertel hopsgenommen haben.

piltrafilla *f*

EKELPAKET, KLEINES STÜCK SCHEISSE

*—¡Eh, tú, **piltrafilla**, aparta! • Hey du Ekelpaket, aus dem Weg da!*

pinchar *V*

1 DJ, MUSIK AUFLEGEN

*—¿Quién **pincha** hoy en el Sidecar? • Wer legt heut im Sidecar auf?*

2 pinchar el teléfono *Redew*

ABHÖREN, ANZAPFEN

*—Al alcalde le **han pinchado el teléfono**. • Das Telefon vom Bürgermeister wurde abgehört.*

3 pincharse *r V*

FIXEN, SICH EINEN SCHUSS SETZEN

*—Menos mal que Juan ya no se **pincha**. • Zum Glück hat Juan aufgehört zu fixen.*

pino *m*

en el quinto pino *Redew*

AM ARSCH DER WELT

*—No tengo ganas de ir a su casa. Vive **en el quinto pino**. • Ich hab keine Lust, ihn zu besuchen. Er wohnt am Arsch der Welt.*

Man kann auch sagen **donde Cristo perdió el gorro**, *wörtl* „wo Jesus seine Mütze verloren hat" (außer Mütze werden auch andere Gegenstände erwähnt). Übrigens, Jesus taucht häufig in der spanischen Umgangssprache auf.

pinta(s) *f*

AUSSEHEN, LOOK

*—¡Vaya **pintas** que me llevas! • Mensch, wie siehst du denn aus!*

piño *m*

pegarse un piño *Redew*

AUF DIE SCHNAUZE FALLEN

*—**Se pegó un piño** con la bici y volvió a casa todo ensangrentado. • Er ist mit dem Fahrrad auf die Schnauze gefallen und kam blutüberströmt nach Hause.*

pirado/a *Adj*

BEKLOPPT, BESCHEUERT

*—¡Tú estás **pirado**, tío! • Du bist vielleicht bekloppt, Mann!*

pirarse *r V*

1 DIE BIEGE MACHEN, ABHAUEN, ABDAMPFEN, DIE KURVE KRATZEN, DEN ABFLUG MACHEN, DIE FLIEGE MACHEN, LEINE ZIEHEN, 'NEN SCHUH MACHEN, REINHAUEN, SICH VERDÜNNISIEREN, SICH VERKRÜMELN, SICH VERPISSEN, SICH VOM ACKER MACHEN, VERDUFTEN

—***Me piro*** *a casa que estoy hecho una mierda.* • *Ich mach' die Biege, ich bin total erledigt.*

plantar *v*, dar plantón *Redew*

VERSETZEN

—*A mí también me* ***han dado plantón.*** • *Mich haben sie auch versetzt.*

plasta *Adj, m und f*

AUF DEN WECKER GEHEN, AUF DEN GEIST FALLEN, AUF DIE NERVEN GEHEN, NERVENSÄGE

—*Ya sabía que tu amigo era pesadito pero nunca imaginé que lo sería tanto. Dios, ¡qué* ***plasta!*** • *Ich wusste ja schon, dass dein Kumpel lästig ist, aber ich hätte nie gedacht, dass er einem so dermaßen auf den Wecker gehen kann!*

pluma (tener) *Redew*

GAY, SCHWUL (SEIN)

—*El hermano de Toño es de los que cuando se presentan te dicen: "Hola me llamo Javi y soy gay", pero la verdad, con* ***la pluma*** *que* ***tiene,*** *no haría ninguna falta…* • *Wenn der Bruder von Toño sich anderen Leuten vorstellt, sagt er immer: „Hallo ich bin Javi und bin schwul", aber ehrlich gesagt, so tuntig wie der ist, versteht sich das von selbst.*

polla *f (ugs)*

SCHWANZ, DING, PIMMEL

—*El típico capullo de discoteca: ¿Quieres ver mi* ***polla****? // Chica: ¡Vete a la mierda!* • *Das typische Arschloch: Willst du meinen Schwanz sehen? // Frau: Verpiss dich!*

Man kann auch sagen: **rabo, nabo, tranca, cipote, cola, picha, falo. Pito** y **pilila** sind etwas kindisch.

pollo *m*

montar un pollo *Redew*

STANDPAUKE HALTEN, ZUR SAU MACHEN

—*Me* ***han montado un pollo*** *por nada.* • *Die haben mich wegen 'ner Nichtigkeit zur Sau gemacht.*

polvo *m*

1 echar un polvo *Redew*

POPPEN, BUMSEN, FICKEN, VÖGELN

—*Hace la tira que no* ***echo un polvo.*** • *Seit Ewigkeiten hab ich nicht mehr gepoppt.*

2 tener un polvo *Redew*

GEILE SAU, HOTTIE (MANN)

—*Ese tío* ***tiene un*** *buen* ***polvo!*** • *Der Typ ist 'n Hottie!*

porro *m*

TÜTE, JOINT

*—¡Pásame el **porro,** colega!* • *Gib mir mal die Tüte, Kumpel!*

EBENSO: PETA, FLY

potar *V*

GÖBELN, KOTZEN, RÜCKWÄRTS ESSEN

*—¿Quién **ha potado** en el baño?* • *Wer hat denn ins Bad gekotzt?*

potra (tener) *Redew*

SCHWEIN HABEN

*—¡Vaya **potra** que tenéis! Nadie os ha pillado haciendo trampas.* • *Was habt ihr doch für ein Schwein! Keiner hat euch beim Bescheißen erwischt.*

primo/a *Adj, N*

DUMM, HONK, IDIOT, TROTTEL

*—No sé cómo lo haces pero siempre estás haciendo el **primo**.* • *Ich weiß nicht, wie du's machst, aber du spielst immer den Dummen!*

pringar *V*

1 SCHUFTEN

*—Aquí solo **pringo** yo.* • *Ich bin hier die Einzige, die am Schuften ist.*

2 pringado/a *Adj, N*

LOSER/IN, NIETE, NULL, VERSAGER/IN, VERLIERER

*—¡Eres un **pringado,** tío!* • *Du bist echt ein Loser, Mann!*

privar *V*

1 SAUFEN

*—Estuvimos **privando** toda la noche.* • *Wir haben die ganze Nacht über gesoffen.*

2 priva *f*

ALK

*—¿Llevamos **priva** a la fiesta?* • *Bringen wir den Alk mit auf die Party?*

¡puerta! *Interj*

RAUSSCHMEISSEN, DA IST DIE TÜR!, RAUS HIER!, VOR DIE TÜR SETZEN

*—Si quieres, dale otra oportunidad pero a la mínima, **¡puerta!*** • *Wenn du willst, gib' ihm nochmal 'ne Chance, aber bei der geringsten Kleinigkeit schmeiß ihn raus!*

pulirse *r V*

MIT VOLLEN HÄNDEN AUSGEBEN, GELD ZUM FENSTER HINAUSWERFEN, VERSCHWENDEN

*—**Me he pulido** toda la pasta durante las vacaciones. No me queda ni un duro.* • *In den Ferien hab ich die Kohle mit vollen Händen ausgegeben. Jetzt hab ich keinen Cent mehr.*

pulpo *m*

GRABSCHER

*—¡Las manos quietas, **pulpo**! • Finger weg, du Grabscher!*

punto *m*

1 DEN NAGEL AUF DEN KOPF TREFFEN, VOLLTREFFER

*—¡Eso ha sido un **punto**! ¡Un puntazo, sí señor! • Du hast den Nagel auf den Kopf getroffen. Ja, Mann, das war ein Volltreffer.*

2 coger el puntillo *Redew*

ANGEHEITERT SEIN, BESCHWIPST SEIN, SICH EINEN (SCHWIPS) ANTRINKEN

*—Anoche al final sin quererlo ni beberlo nos **cogimos el puntillo**, ¿verdad? • Dafür, dass wir gestern eigentlich nichts trinken wollten und auch nicht wirklich viel getrunken haben, waren wir letztendlich doch ganz schön angeheitert.*

3 darle un puntazo *Redew*

DURCHDREHEN

*—**Le dio el puntazo** y nos dejó allí tirados. • Er ist vollkommen durchgedreht und hat uns dann dort auf dem Trockenen sitzen lassen.*

4 y punto *fest A*

UND GUT, PUNKT AUS ENDE!, UND DAMIT BASTA, UND SCHLUSS

*—Si no te gusta, se lo dices **y punto**. Ya lo entenderá. • Wenn es dir nicht gefällt, dann sagst du es und gut ist. Er wird's schon verstehen.*

puta *f*

1 EULE, HURE, SCHLAMPE

Es gibt viele Namen für die Professionellen der Sex-Szene. Wenns um Männer geht, nennt man diese **putos**, **chaperos** oder, etwas feiner gesagt, **gigolos**. Die weiblichen sind **prostituta**, **fulana**, **furcia** etc. Will man eine Frau beschimpfen, die nicht aus der Szene ist, dann wird sie als **zorra**, **golfa**, **guarra**, **pilingui**, **putón** bezeichnet.

2 putada *f*

SAUEREI, SCHWEINEREI

*—¡Qué **putada** lo del piso! ¿Y ahora qué vas a hacer? • Was für 'ne Sauerei mit der Wohnung! Und was machst du jetzt?*

3 pasarlas putas *Redew*

DRECKIG GEHEN, DURCHMACHEN, SCHWITZEN

*—Si quieres **pasarlas putas**, apúntate a un curso de paracaidismo. • Wenn du willst, dass es dir dreckig geht, dann melde dich beim Fallschirmspringen an.*

Man kann auch **pasarlas moradas** und **pasarlas canutas** sagen.

putear *V*

FERTIGMACHEN, SCHIKANIEREN

*—Este año voy a **putearlo** a saco. Voy a ir a por él desde el primer día. • Dieses Jahr werd' ich ihn so richtig fertigmachen. Ich werd' ihn mir vom ersten Tag an vornehmen.*

Q

quedada *f*

SAUFPARTY, TREFFEN

*—Hemos convocado una **quedada** por internet para hacer un botellón en la playa.* • *Übers Internet hab'n wir zu 'ner Saufparty am Strand eingeladen.*

quedarse *r V*

1 quedarse con algo *Redew*

BEHALTEN, HÄNGEN BLEIBEN, SICH MERKEN

*—¿**Te has quedado con algo** de lo que ha dicho?* • *Hast du irgendwas davon behalten, was er erzählt hat?*

2 quedarse con alguien *Redew*

VERARSCHEN, ZUM NARREN HALTEN, FÜR DUMM VERKAUFEN

*—¿**Te estás quedando conmigo**?* • *Willst du mich verarschen?*

quemar *V*

FERTIGMACHEN, AUSGEBRANNT SEIN

*—Este curro me está **quemando** mogollón.* • *Diese Arbeit macht mich übelst fertig.*

que me quiten lo bailao *fest A*

ETWAS JDM WERT SEIN, ES HAT SICH GELOHNT

*—Me fui de fiesta y llegué sin dormir al avión, ¡pero **que me quiten lo bailao**!* • *Ich bin von der Party direkt und ohne zu pennen ins Flugzeug, aber das war es mir wert!*

quillo/a *N*

ASSI, PROLL

*—Esto está lleno de **quillos**.* • *Hier ist alles voller Assis!*

quisqui (todo) *fest A*

GOTT UND DIE WELT

*—En la reunión de exalumnos estaba **todo quisqui**.* • *Auf dem Ehemaligentreffen war Gott und die Welt versammelt.*

R

rajar *V*

1 ANSCHWÄRZEN, KRITISIEREN, LÄSTERN, SCHLECHTMACHEN, ÜBER JDEN HERZIEHEN

*—¡Ya vale de **rajar** de todo el mundo! Que tú tampoco eres perfecto.* • *Hör auf, Alter, über jeden herzuziehen, schließlich bist du ja auch nicht perfekt.*

2 rajarse *r V*

EINEN RÜCKZIEHER MACHEN, KNEIFEN

*—Al final **se rajó** y suspendió el viaje.* • *Am Ende hat er einen Rückzieher gemacht und die Reise gecancelt.*

3 rajado/a *Adj*

SCHISSER, ÄNGSTLICH, ANGSTHASE, FEIGE, FEIGLING, SCHEU, VERSCHÜCHTERT

*—¡Vaya **rajado**! Mira que suspender la fiesta por miedo al vecino…* • *Was für ein Schisser! Aus Angst vor seinen Nachbarn hat er die Party abgesagt.*

rascar *V*

ETWAS ZUSTANDE KRIEGEN, AUS ETWAS SEINE VORTEILE ZIEHEN, ETWAS ABGEWINNEN

*—¡Vámonos que aquí no hay nada que **rascar**!* • *Lass uns gehen, hier kriegen wir eh nichts zustande.*

raya *f*

1 EINE LINIE ZIEHEN, KOKSEN, SICH DIE NASE PUDERN

*—Entré en el baño y ví a un tipo que se estaba metiendo una **raya**.* • *Als ich aufs Klo ging, sah ich, wie sich dort ein Typ 'ne Linie zog.*

2 pasarse de la raya *fest A*

DEN BOGEN ÜBERSPANNEN, DIE GRENZE ÜBERSCHREITEN, ZU WEIT GEHEN

*—**Te pasaste de la raya** ayer en mi fiesta.* • *Gestern hast du auf meiner Party den Bogen überspannt.*

rayar a alguien *V*

AUF DIE EIER GEHEN, AUF DEN KEKS GEHEN, AUF DEN WECKER GEHEN, NERVEN

—*¡**Me estás rayando** mogollón con tus historias!* • *Du gehst mir mächtig auf die Eier mit deinen Geschichten.*

rebotarse *r V*

EINEN HALS KRIEGEN, SAUER WERDEN

—*¡No veas cómo **se rebotó** conmigo por una chorrada! Está fatal.* • *Wegen so 'nem Pipikram hat er 'nen Hals auf mich gekriegt. Der ist vielleicht mies drauf.*

regadera

estar como una regadera *Redew*

NICHT GANZ DICHT SEIN, SPINNEN, VERRÜCKT SEIN, ÜBERGESCHNAPPT SEIN

—***Estás como una regadera*** *pero me caes muy bien.* • *Du bist nicht ganz dicht, aber ich mag dich trotzdem.*

repatear *V*

ÄRGERN, AUF DEN GEIST GEHEN, NERVEN

—*Me **repatea** que le hayan dado el trabajo a ella.* • *Es ärgert mich, dass sie den Job gekriegt hat.*

resaca *f*, resacón *m*

BRUMMSCHÄDEL, DICKEN SCHÄDEL, KATER

—*No puedo salir del sobre, tengo un **resacón** de la leche.* • *Ich komm heute nicht aus den Federn, ich habe einen furchtbaren Brummschädel.*

rollo *m*

1 LANGWEILIG, STINKLANGWEILIG, ERMÜDENDE SACHE

—*¡Joder tío! ¡Qué **rollo** de clase!* • *Verdammt nochmal, was für ein stinklangweiliger Unterricht!*

2 AFFÄRE, TECHTELMECHTEL

—*¿Qué tal tu nueva novia? //No es mi novia. Solo es un **rollo**.* • *Wie geht es deiner neuen Freundin? //Sie ist nicht meine Freundin, sie ist nur eine Affäre.*

3 buen/mal rollo *Redew*

GUTE/SCHLECHTE STIMMUNG, GUTE/ SCHLECHTE ATMOSPHÄRE

—*En el curro hay muy **mal rollo**.* • *Auf der Arbeit herrscht ganz schlechte Stimmung.*

rosco *m*

no comerse un rosco *Redew*

NIEMANDEN ABSCHLEPPEN, KEINEN ERFOLG BEI ETWAS HABEN

—***No me comí un rosco*** *en la fiesta de anoche.* • *Gestern Abend auf der Party konnte ich niemanden abschleppen.*

S

sablazo *m*

ABZOCKE, BESCHISS, JDN ÜBERS OHR HAUEN

*—No vayas a ese restaurante; te van a meter un **sablazo** de la hostia.* • *Geh nicht in dieses Restaurant, die werden dich übel abzocken.*

saco (a) *Redew*

ORDENTLICH, IN GROSSEN MENGEN, REICHLICH

*—Cuando salgo con mis colegas privamos **a saco**.* • *Wenn ich mit meinen Kumpels ausgehe, wird ordentlich gesoffen.*

salir *V*

1 MIT JDM SEIN, AUSGEHEN, DATEN, ZUSAMMEN SEIN

*—¿Sabías que Víctor **está saliendo** con Ana?* • *Wusstest du, dass Víctor mit Ana zusammen ist?*

2 salir por patas *fest A*

HALS ÜBER KOPF ABHAUEN

*—Tuvimos que **salir por patas** porque casi zurran a Enrique.* • *Wir mussten Hals über Kopf abhauen, weil Enrique fast verprügelt wurde.*

3 salir el tiro por la culata *fest A*

NACH HINTEN LOSGEHEN (DER SCHUSS)

*—Si no vigilas, te puede **salir el tiro por la culata**.* • *Wenn du nicht aufpasst, kann der Schuss nach hinten losgehen.*

4 ir salido/a *Redew*

SCHARF, RALLIG, JUCKIG, GEIL

*—**Vas** más **salido** que el pico de una mesa.* • *Du bist wirklich rattenscharf.*

5 salirse *r V*

SICH SELBST ÜBERTREFFEN, ÜBERRAGEN

*—Benicio del Toro **se sale** en el "Ché".* • *In „Che" übertrifft sich Benicio del Toro selbst.*

Wenn es wirklich ganz toll war und du es wiederholen willst, kannst du sagen: **lo borda**

6 estar que se sale *Redew*

IN HÖCHSTFORM SEIN, EINE GLÜCKSSTRÄHNE HABEN

—CR7 ***está que se sale****: lleva seis goles en los últimos tres partidos.* • *Cristiano Ronaldo ist in Höchstform. In den letzten drei Spielen hat er sechsmal getroffen.*

segurata *m*

TÜRSTEHER, SICHERHEITSHEINI

—El ***segurata*** *de ayer era un gilipollas. ¡No nos dejó pasar!* • *Der Türsteher von gestern war vielleicht ein Arschloch. Der hat uns nicht reingelassen!*

sembrado/a (estar) *Redew*

1 EINE GLÜCKSSTRÄHNE HABEN, KLUG, GEISTREICH, GESCHICKT, SCHLAGFERTIG

*—****Estoy sembrado****. Llevo tres exámenes seguidos aprobados.* • *Ich habe eine Glückssträhne. Ich habe drei Prüfungen hintereinander bestanden.*

SEMBRADO WIRD HEUTE IMMER MEHR IM IRONISCHEN SINN VERWENDET

2 VÖLLIG DANEBEN SEIN, UNGESCHICKT SEIN

—Tío ***has estado sembrado*** *al preguntarle por su madre. ¿No sabías que falleció hace un mes?* • *Mensch, war das daneben, als du ihn nach seiner Mutter gefragt hast. Wusstest du nicht, dass sie vor einem Monat gestorben ist?*

sinpa *m, Abk* (sin pagar)

hacer un sinpa *Redew*

OHNE ZU BEZAHLEN, SCHMAROTZEN, SCHNORREN, SCHWARZFAHREN

—No me extraña que no os deje pasar, si siempre que podéis ***hacéis un sinpa****.* • *Es wundert mich gar nicht, dass er euch nicht reinlässt, wenn ihr immer versucht, ohne zu bezahlen, die Biege zu machen.*

sobar *V*

1 PENNEN, DÖSEN, SCHLUMMERN

—Esta noche ***sobamos*** *en casa de Raquel.* • *Heute Abend pennen wir bei Raquel.*

2 sobar (a alguien)

BETATSCHEN, BEFUMMELN, BEGRABSCHEN

—Las manos quietas que no me gusta que ***me soben****.* • *Hände weg! Ich mag nicht, wenn man mich betatscht.*

3 sobado/a *Adj*

a AUSGELAUGT, ERSCHLAGEN, ERSCHÖPFT, K. O.

—Estoy muy ***sobado****, me voy a la piltra.* • *Ich bin völlig ausgelaugt, ich hau mich in die Falle.*

b ABGEDROSCHEN, ABGEGRIFFEN

—Este chiste está muy ***sobado****.* • *Dieser Witz ist total abgedroschen.*

sobón/ona *Adj*

1 JD, DER AUF DIE PELLE RÜCKT

*—Tío, estás un poco **sobón** hoy. • Alter, du rückst mir heute aber auf die Pelle.*

sobrado/a *Adj*

ir de sobrado/a *Redew*

VON SICH ÜBERZEUGT SEIN, SICH WICHTIG VORKOMMEN

*—Una cosa es ser muy bueno en algo y otra es **ir de sobrado**. • Eine Sache ist, sehr gut in etwas zu sein, und eine andere, sehr von sich überzeugt zu sein.*

sobre *m*

KISTE, FALLE, FEDERN

*—Me voy al **sobre** que mañana curro temprano. • Ich hau mich in die Kiste, denn morgen muss ich ganz früh malochen.*

soplar *V*

1 KLAUEN, STIBITZEN

*—Me **han soplado** la cartera en el metro. • Man hat mir in der U-Bahn das Portemonnaie geklaut.*

2 VERRATEN, AUSPLAUDERN, PETZEN

*—Alguien les **sopló** dónde teníamos escondido el alijo. • Jemand hat verraten, wo wir die heiße Ware versteckt hatten.*

3 soplarse *r V*

HINUNTERSTÜRZEN, LEEREN, WEGHAUEN

*—Nos **soplamos** una botella de güisqui entre los dos. • Wir haben zu zweit eine ganze Flasche Whisky geleert.*

soplón/ona *N*

SPITZEL, PETZER/IN, VERRÄTER/IN

*—Cogieron al sospechoso porque los maderos tenían un **soplón**. • Den Verdächtigen haben sie gekriegt, weil die Bullen einen Spitzel hatten.*

subidón *m*

HOCHGEFÜHL

*—Solo con pensar en la posibilidad de ganar el premio me entra un **subidón**... • Allein schon der Gedanke, dass ich den Preis kriegen könnte, gibt mir ein Hochgefühl.*

sudársela *Redew*

SICH EINEN DRECK UM ETWAS SCHEREN, SCHEISSEGAL SEIN

*—**Me la suda** que no haya venido. ¡Allá él! • Ich schere mich einen Dreck um ihn. Wenn er nicht kommt, ist es sein Problem.*

¡VAYA TRUÑO DE PELI! • WAS FUR EIN SCHEISSFILM!
EL NOVIO DE MI VECINA ES UN TALIBÁN, A LA POBRE NO LE DEJA HACER NADA • DER FREUND MEINER NACHBARIN IST ECHT EIN MACHO, ER ERLAUBT IHR GAR NICHTS

tacos *m Pl*

JAHRE (ALTER)

—*Mi viejo cumple hoy 60* ***tacos.*** • *Mein Alter wird heute 60 Jahre alt.*

taja (pillar una) *Redew*

EINEN SITZEN HABEN, EINEN IN DER KRONE HABEN

—***Pillamos una*** *buena* ***taja*** *el viernes.* • *Am Freitag hatten wir ganz schön einen sitzen.*

tajada *f*

sacar tajada de *Redew*

VON ALLEM ETWAS ABHABEN, VON ETWAS PROFITIEREN

—*Mario siempre* ***saca tajada de*** *todo.* • *Mario will immer von allem etwas abhaben.*

taladrar *V*

1 ZUTEXTEN, BOHREN

—*Me* ***taladra*** *siempre con que quiere ir de vacaciones a Italia.* • *Sie textet mich die ganze Zeit damit zu, dass sie nach Italien in die Ferien will.*

2 taladro *m*

NERVENSÄGE

—*Es un* ***taladro,*** *más de media hora con él y acabas con la cabeza a punto de estallar.* • *Er ist so eine Nervensäge. Nach 'ner halben Stunde platzt dir der Kopf.*

talego *m*

1 KNAST

—*Estuvo tres meses en el* ***talego.*** • *Er war drei Monate im Knast.*

2 EINEN BLAUEN, SCHOTTER, KOHLE

Ursprünglich ein 1000-**Pesetas**-Geldschein, das sind ca. 6 €

—*¿Me prestas algunos* ***talegos****?* • *Kannst du mir einige Blauen leihen?*

talibán *m*

MACHO, AUTORITÄRE PERSON, TYRANN

—*El novio de mi vecina es un* ***talibán,*** *a la pobre no le deja hacer nada.* • *Der Freund meiner Nachbarin ist ein Macho, er erlaubt ihr gar nichts.*

tarro *m*

SCHÄDEL, BIRNE

*—¡Ah! Me duele mucho el **tarro**. // Pues tómate una aspirina. • Ah, ich hab vielleicht 'n Schädelficken! // Dann nimm doch 'ne Aspirin!*

tela (tener) *Redew*

HEIKEL, BRENZLIG, HAARIG, KNIFFLIG

*—El asunto **tiene** mucha **tela**. • Das ist eine äußerst heikle Angelegenheit.*

tema (haber) *Redew*

LÄUFT WAS

Dieser Ausdruck wird in der Regel verwendet, um anzugeben, dass zwei Personen zusammen sind, intim geworden sind etc. Mit anderen Worten: Sie sind mehr als nur Freunde.

*—Oye, ¿**hay tema** o no **hay tema** entre Borja y Patricia? // ¡Yo creo que sí, ayer los vi juntos! • Sag mal, läuft was zwischen Borja und Patricia oder nicht? // Glaub schon, gestern hab ich sie zumindest zusammen gesehn.*

tetas *f Pl*

TITTEN

*—¡Vaya **tetas**! • Was für Titten!*

ZU TITTEN KANNST DU AUCH SAGEN: LOLAS, PERAS ...

tigre *m*

oler a tigre *Redew*

STINKEN WIE DIE PEST

*—¡Abrid una ventana, por favor, que **huele a tigre**! • Macht bitte ein Fenster auf, hier stinkt's wie die Pest.*

tío/a *N*

ALTER, ALTE, DIGGA, DICKER, KEULE

*—¿Qué pasa **tío**? • Was ist los Alter?*

tipo *m*

TYP, KERL

*—Hay un **tipo** muy chungo en la puerta. • Da steht ein ganz mieser Typ an der Tür.*

tiquismiquis *Adj, m und f*

PINGELIG, AFFIG, ETEPETETE, JD DER SICH ZIERT, KLEINKARIERT, ZIMPERLICH

*—¡No seas tan **tiquismiquis** y cómetelo! • Sei nicht so pingelig und iss es auf!*

tira *f*

hacer la tira *Redew*

EINE EWIGKEIT, EWIG LANGE, JAHRELANG, LANGE ZEIT

*—¡Joder! **Hacía la tira** que no nos habíamos visto. No te había reconocido. • Verdammte Scheiße, wir haben uns ja eine Ewigkeit nicht gesehen. Ich hab dich gar nicht wiedererkannt.*

tirado/a *Adj*

1 SPOTTBILLIG

—*Esos zapatos están **tirados**.* • *Diese Schuhe sind spottbillig.*

2 KINDERLEICHT

—*El examen estaba **tirado**.* • *Die Klausur war kinderleicht.*

3 dejar tirado/a *Redew*

JDN SITZEN LASSEN, JDN HÄNGEN LASSEN, JDN IM STICH LASSEN, JDN VERSETZEN

—*¡De qué vais, tíos! Me **dejasteis tirada** en el último bar.* • *Was fällt euch ein, ihr Mistkerle! Ihr habt mich in der letzten Bar einfach sitzen lassen.*

tirar los tejos *Redew*

JDM SCHÖNE AUGEN MACHEN, ANBAGGERN, UMSCHMEICHELN

—*Le **tiré los tejos** toda la noche y total para nada.* • *Ich habe ihr den ganzen Abend schöne Augen gemacht, aber es hat nix genützt.*

tirarse a alguien *Redew (ugs)*

ES MIT JDM TREIBEN

—*Este tío es un salido: siempre intenta **tirarse a** cualquier tía, y si le dice que no, lo prueba con la siguiente.* • *Der Typ ist übelst penetrant. Der versucht, es mit jeder zu treiben. Wenn nicht eine, dann die andere.*

tocapelotas *m und f*

NERVENSÄGE; JD, DER AUF DIE EIER GEHT

—*David es un **tocapelotas**.* • *David ist eine echte Nervensäge.*

tocho *m*

1 SCHMÖKER, DICKES BUCH, DICKER WÄLZER, SCHINKEN

—*Me estoy leyendo un **tocho** de 900 páginas.* • *Ich lese gerade einen Schmöker von 900 Seiten.*

2 poner los tochos *Redew*

HÖRNER AUFSETZEN, EINEN SEITENSPRUNG MACHEN, FREMDGEHEN

—*Si me **pones los tochos**, te mato.* • *Wenn du mir Hörner aufsetzt, bring ich dich um.*

tope *Adv*

1 VOLL, ÜBEL

—*¡Es **tope** guay!* • *Das ist voll geil!*

2 a tope *Redew*

IN VOLLEN ZÜGEN

—*¡Hay que vivir la vida **a tope**!* • *Man muss das Leben in vollen Zügen genießen!*

3 hasta los topes *Redew*

ÜBERFÜLLT, BRECHEND VOLL, PROPPENVOLL

—*El concierto estaba **hasta los topes**.* • *Das Konzert war total überfüllt.*

toque *m*

dar un toque *Redew*

1 BESCHEID GEBEN, ANKLINGELN, ANRUFEN

*—¡**Dame un toque** cuando sepas algo!* • *Gib mir Bescheid, wenn du etwas erfährst!*

2 TRITT IN DEN ARSCH GEBEN, AUFRÜTTELN

*—**Dale un toque** a Pelayo que últimamente se está colgando mucho.* • *Pelayo braucht mal 'nen ordentlichen Tritt in den Arsch. Er lässt sich nämlich ganz schön gehen in letzter Zeit.*

tortillera *f*

LESBE

*—Su vecina era **tortillera**.* • *Seine Nachbarin war 'ne Lesbe.*

tostón *m*

STINKLANGWEILIG, EINSCHLÄFERND, ÖDE

*—La conferencia de ayer fue un **tostón**.* • *Der Vortrag gestern war stinklangweilig.*

total *Adv*

IM ENDEFFEKT, LETZTENDLICH, SCHLIESSLICH

*—Yo no perdería el tiempo intentando convencerle, **total,** no va a venir.* • *Ich würde keine Zeit vergeuden mit dem Versuch, ihn zu überreden. Im Endeffekt wird er eh nicht kommen.*

tranqui *Redew*

REG DICH AB, RUHIG BLUT

*—Eh, **tranqui** tío, ¡no vale la pena ponerse nervioso!* • *Reg dich ab, Alter! Es lohnt sich nicht, sich aufzuregen.*

trapichear *V*

1 DROGEN VERTICKEN, DEALEN, KRUMME DINGER DREHEN

*—Le han metido en el talego por **trapichear** con drogas en la puerta del insti.* • *Er sitzt im Knast, weil er vor 'nem Gymi Drogen vertickt hat.*

2 trapicheo *m*

(KRUMMES) DING LAUFEN, DEAL

*—Tengo un **trapicheo** con el de la tienda de la esquina: me vende el alcohol a precio de fábrica.* • *Mit dem Laden an der Ecke hab ich ein Ding laufen. Die verkaufen mir Schnaps unter der Hand.*

travelo *m*

TRANSVESTIT

*—Por la zona del estadio hay muchos **travelos**.* • *In der Nähe des Stadions tummeln sich viele Transvestiten.*

trola *f*

1 LÜGE, FLUNKEREI, GEFLUNKER

—Vaya ***trola*** *que nos ha contado tu hermano. No se lo cree ni él que sale con una modelo.* • *Was für eine Lüge, die uns dein Bruder da aufgetischt hat. Er glaubt's am Ende noch selbst, dass er mit 'nem Model ausgeht.*

2 trolero/a *Adj, N*

LÜGNER/IN, SCHWINDLER/IN

—De ese no te creas nada de nada que es un ***trolero.*** • *Glaub diesem Lügner kein Wort.*

truño *m*

SCHEISS, DRECK, KACK, MIST

—¡Vaya ***truño*** *de peli!* • *Was für ein Scheißfilm!*

tunear *V*

FRISIEREN, AUFMOTZEN, TUNEN

—Un colega mío se ha gastado un pastón para ***tunerar*** *el coche.* • *Ein Kumpel von mir hat richtig viel Kohle ausgegeben, um sein Auto zu frisieren.*

turca *f*

pillar una turca *Redew*

SICH ZULAUFEN LASSEN, SICH HEMMUNGSLOS BETRINKEN, SICH DIE KANTE GEBEN

—El finde ***pillaron una*** *buena* ***turca.*** • *Am Wochenende haben sie sich ganz schön zulaufen lassen.*

tute *m*

darse un buen tute *Redew*

ES SICH GEBEN

—Ayer ***nos dimos un buen tute****: primero corrimos diez kilómetros y luego hicimos treinta piscinas.* • *Gestern haben wir's uns gegeben. Zuerst sind wir zehn Kilometer gelaufen und dann haben wir dreißig Bahnen im Schwimmbad gemacht.*

tutiplén (a) *Redew*

HAUFENWEISE, MASSLOS, REICHLICH

—Había comida ***a tutiplén*** *en la fiesta.* • *Auf der Party gab es haufenweise zu essen.*

U

último (lo) *Redew*

DAS ALLERLETZTE, DAS LETZTE

—Esto es ***lo último****. ¡Y encima se enfada!* • *Das ist doch das Allerletzte; und jetzt ist es auch noch sie, die sauer wird.*

último mono (el) *Redew*

DER LETZTE DEPP

—A mí nadie me avisa de nada. Soy ***el último mono****.* • *Mir gibt nie jemand Bescheid. Ich bin immer der letzte Depp.*

ultra *m*

HOOLIGAN, RANDALIERER, RECHTSRADIKALER

—Los ***ultras*** *del Valencia estuvieron muy agresivos durant el partido.* • *Die Hooligans von Valencia waren während des Spiels übel aggressiv.*

urbanita *m und f*

GROSSSTADTJUNKIE, STADTMENSCH

—El tío no sale nunca de Madrid. Es 100% ***urbanita****.* • *Der Typ verlässt Madrid niemals. Er ist durch und durch ein Großstadtjunkie.*

uva *f*

1 **dar las uvas** *Redew*

BIS IN DIE PUPPEN

In Spanien gibt es den Brauch, in der Silvesternacht mit jedem Glockenschlag eine Weintraube zu essen. Wenn du sagst: **dar las uvas**, meinst du damit, dass es bis in die Puppen andauert.

—Estábamos tan a gusto que nos ***dieron las uvas*** *en aquel bar.* • *In der Bar war's voll krass, wir sind bis in die Puppen geblieben.*

2 **tener mala uva** *Redew*

HAARE AUF DEN ZÄHNEN HABEN

—Eufemiano ***tiene*** *muy* ***mala uva****. Grita por nada.* • *Eufemiano hat Haare auf den Zähnen. Er schreit gleich wegen jeder Kleinigkeit.*

vacas *f Pl, Abk*
(vacaciones)

URLAUB

*—¿Adónde vas de **vacas**?* • *Wohin fährst du in Urlaub?*

vacilar *V*

HERUMALBERN, SPASS HABEN, WITZE MACHEN

*—Tu primo me **estuvo vacilando** toda la noche. Al principio era divertido pero acabé hasta los huevos de él y de sus bromitas.* • *Dein Cousin hat den ganzen Abend mit mir herumgealbert. Anfangs war es ja noch ganz lustig, aber zum Schluss ging er mir mit seinen Witzen richtig auf die Eier.*

Vacilar bedeutet auch: an der Nase herumführen oder verarschen

vacilón/ona *Adj, N*

SCHERZKEKS, CLOWN, SPASSVOGEL, WITZBOLD/IN

*—Tu novio es un **vacilón,** nunca lo he visto serio.* • *Dein Freund ist ein Scherzkeks, ich habe ihn noch nie ernst gesehen.*

veleta *m und f*

FLATTERHAFT, LAUNISCH, WANKELMÜTIG

*—Eres un **veleta**. Siempre estás cambiando de opinión.* • *Du bist total flatterhaft. Ständig änderst du deine Meinung.*

ventilarse *r V*

AUF DEN KOPF HAUEN, VERPLEMPERN, VERPRASSEN, VERSCHLEUDERN

*—El alcalde dice que no hay pasta par construir la piscina. Claro, como **se la ventilaron** toda en el nuevo ayuntamiento...* • *Der Bürgermeister sagt, es gibt kein Geld um das Schwimmbad zu bauen. Logisch, nachdem sie die ganze Kohle für das neue Rathaus verprasst haben.*

verde *Adj*

1 estar verde *Redew*

NEULING/ROOKIE SEIN, GRÜN HINTER DEN OHREN SEIN, JUNG UND UNERFAHREN SEIN

*—Fernando **está** un poco **verde** para debutar con el primer equipo.*

• *Fernando ist noch ein Neuling, er kann noch nicht mit in der Ersten Mannschaft spielen.*

2 poner verde (a alguien) *Redew*

JDN FERTIGMACHEN, JDN IN DEN DRECK ZIEHEN, JDN RUNTERPUTZEN, ÜBER JDN HERZIEHEN

*—**Me puso verde** delante de todo el mundo.* • *Sie hat mich in aller Öffentlichkeit fertiggemacht.*

3 ser más raro que un perro verde *fest A*

KOMISCHER KAUZ/VOGEL

*—Pedro se ha ido de vacaciones a Somalia. //**Es más raro que un perro verde.*** • *Pedro macht Urlaub in Somalia. //Der is' schon ein komischer Kauz.*

víbora *f*

(FALSCHE) SCHLANGE, HEXE

*—¡Menuda **víbora** la vecina de abajo!* • *Die Nachbarin unter mir ist vielleicht eine falsche Schlange!*

vidilla *f*

dar vidilla *Redew*

AUFPEPPEN

*—Vamos a poner un par de fotos en la web para **dar**le un poco de **vidilla**.* • *Wir werden ein paar Fotos auf die Webseite laden, um sie etwas aufzupeppen.*

viejo/a *Adj*

1 ALTER, ALTE

Manchmal sind auch die Eltern damit gemeint.

*—¿Me das pelas, **viejo**?* • *Hast du etwas Kohle für mich, Alter?*

2 viejo verde *Redew*

GEILER BOCK, ALTER GEILER SACK

*—Mi vecino es un **viejo verde**. Está totalmente obsesionado con las chicas jóvenes.* • *Mein Nachbar ist ein geiler Bock. Er ist übel hinter den jungen Mädchen her.*

vino *m*

ni harto de vino *Redew*

AUF KEINSTEN

*—Con lo mal que pagan, yo no aceptaría ese curro **ni harto de vino**.* • *Der Job ist so schlecht bezahlt, ich würde den auf keinsten machen.*

AUSGESPROCHEN KLINGT'S SO:
NI JARTO VINO

voleo (a) *Redew*

AUF GUT GLÜCK, BLINDLINGS

*—Contesté casi la mitad de las preguntas del examen **a voleo**.* • *Ich habe fast die Hälfte der Fragen der Klausur auf gut Glück beantwortet.*

Y

ya te vale *fest A*

JETZT REICHTS ABER!, SCHÄM DICH!, WIE KANNST DU NUR?

—¡Joder, pavo, ***ya te vale****! Mira que no avisar de que no venías… • Verdammt nochmal, jetzt reichts aber! Du kommst nicht und gibst noch nicht mal Bescheid …*

ya vale *fest A*

ES REICHT, GENUG IST GENUG

*—**Ya vale** de pedir dinero. Apáñate con lo que tienes. • Jetzt reicht es mir mit deinem ewigen Schnorren. Du musst mit dem Geld klarkommen, das du hast.*

yayo/a *N*

OMA, OPA

—El ***yayo*** *me ha regalado un ipod y la* ***yaya*** *un diccionario de inglés. • Opa hat mir ein ipod geschenkt und Oma ein Englisch-Wörterbuch.*

yogurín *m und f*

TOY BOY, JUNGER HÜPFER, JUNGSPUND, (MILCH-)BUBI

—Dicen que Marta está saliendo con un ***yogurín****. • Man sagt, Marta hat sich einen Toy Boy angelacht.*

Man kann auch **bollicao** oder **petisuí** sagen. Diese Begriffe sind bekannte Lebensmittelmarken für Kinder und Teenager.

yonqui *m und f*

JUNKIE

—Esta zona está llena de ***yonquis****. • Diese Gegend ist voller Junkies.*

yuyu *m*

1 dar yuyu *Redew*

ANGST MACHEN, SCHISS EINJAGEN

—La magia negra me ***da yuyu****. • Schwarze Magie macht mir Angst.*

2 dar un yuyu *Redew*

IN OHNMACHT FALLEN, ZUSAMMENBRECHEN, ZUSAMMENKLAPPEN

—A una compañera de trabajo le ***dio un yuyu*** *ayer por la tarde mientras trabajaba. La tuvieron que ingresar y todo. • Eine Kollegin ist gestern Nachmittag bei der Arbeit zusammengeklappt. Die haben sie ins Krankenhaus eingeliefert und alles.*